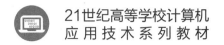

21世纪高等学校计算机
应用技术系列教材

信息化环境下的教学设计与实践

第2版·微课视频版

◎ 吴彦文 主编

清华大学出版社

北京

内容简介

随着教学理念和学习理论的发展以及信息技术在教学中的全面渗透,新的教学模式不断涌现,信息化教学方式的核心价值逐步凸显。本书系统、全面地介绍信息化教学的概念、特征、发展历程及各种教学模式的设计过程。全书共有9个主题,涉及不同教学模式下的教学设计、资源制作与实例,并对信息化教学评价、社会性软件的教学应用、新技术在信息化教学中的应用及展望等也进行了概要介绍,同时提供了配套的教学资源。

本书力求结合我国信息技术与教学融合的发展现状进行编写,在内容的选取上注重实际应用,包括各种软件、平台、技术在信息化教学中应用的技巧,兼顾了理论性、系统性、实用性和方向性,具有全面和深入的特点,是一本具有实用价值的专业书籍,可用作全国高等学校本科生、研究生的教科书,也可供教师或其他有信息化教学需求的教研人员参考。

本书封面贴有清华大学出版社防伪标签,无标签者不得销售。
版权所有,侵权必究。举报: 010-62782989,beiqinquan@tup.tsinghua.edu.cn。

图书在版编目(CIP)数据

信息化环境下的教学设计与实践:微课视频版/吴彦文主编.—2版.—北京:清华大学出版社,2022.6
(2024.7重印)
21世纪高等学校计算机应用技术系列教材
ISBN 978-7-302-60839-4

Ⅰ. ①信… Ⅱ. ①吴… Ⅲ. ①计算机辅助教学－教学设计－高等学校－教材 Ⅳ. ①G434

中国版本图书馆CIP数据核字(2022)第080630号

责任编辑:陈景辉
封面设计:刘 键
责任校对:徐俊伟
责任印制:刘海龙

出版发行:清华大学出版社
网 址:https://www.tup.com.cn,https://www.wqxuetang.com
地 址:北京清华大学学研大厦A座 邮 编:100084
社 总 机:010-83470000 邮 购:010-62786544
投稿与读者服务:010-62776969,c-service@tup.tsinghua.edu.cn
质量反馈:010-62772015,zhiliang@tup.tsinghua.edu.cn
课件下载:https://www.tup.com.cn,010-83470236

印 装 者:三河市天利华印刷装订有限公司
经 销:全国新华书店
开 本:185mm×260mm 印 张:21.25 字 数:531千字
版 次:2018年9月第1版 2022年6月第2版 印 次:2024年7月第4次印刷
印 数:4001~5000
定 价:59.90元

产品编号:093953-01

第2版前言

时光荏苒，岁月如梭。距离上一部《信息化环境下的教学设计与实践》出版，已经过去了三年有余。

这三年来，云、管、端的协同发展为数字化服务领域提供了新的爆发点，教育领域正经历百年未有之大变局。智慧校园建设已呈燎原之势，信息化教学已迈入了全新的发展阶段。然而，教学形态信息化又给广大教师带来了新的挑战，特别是后疫情时代，某些信息化教学技能已融入教学设计，成为教师们的必备技能。笔者认为师范生唯有提升信息素养和信息化教学能力，才能顺应深化教育改革的浪潮，当好新时代教育行业的排头兵。

本书第1版出版后反响极好，据读者反馈，《信息化环境下的教学设计与实践》一书对高效整合教学资源、提高教学效能大有裨益。实际上，本书不仅是一本信息化教学设计的工具书，同时还是一本教学软件的应用说明书。书中用大量的篇幅介绍不同教学模式下的教学设计和资源制作方法，探讨用科技为教学赋能的实践案例。

经过多年教学的实践，笔者深入思考了教学设计的内涵及促进信息技术效能最大化的途径，并把这些心得融入《信息化环境下的教学设计与实践》(第2版)里。同时，本书新增了教学计划、教学课件、教学设计文件、软件操作的视频教程等数字化资源，并修正了第1版中不准确的细节描述，希望本书能给您的教学工作带来帮助。

本书主要内容

本书力戒知识的生搬硬套，在编写过程中不忘引入新技术并注重对知识点深入浅出的解读，适合有一定计算机和教育理论基础的读者学习，全书通俗易懂，读者可在短时间内事半功倍地学习书中所有案例操作。

全书共有9章，主要侧重技术与应用两大部分，具体如下。

第1章——信息化教学概论。该章介绍信息化教学的含义、发展历程及对教育的影响、信息化环境下的教学设计概述、信息化环境下的教学模式概述等内容；

第2章——网络课程教学模式下的教学设计、资源制作与实例。该章介绍网络课程教学模式下的教学设计、教学资源制作技巧、平台部署与教学设计实例等内容；

第3章——翻转课堂模式下的教学设计、资源制作与实例。该章深入讲解翻转课堂模式下的教学设计、微课教学资源制作技巧、微课平台及其部署与教学设计实例等内容；

第4章——面向协同学习模式的教学设计、资源制作与实例。该章首先介绍协同学习模式的内涵、特征与发展历程，然后深入讨论协同学习模式下的教学设计、协同学习的课程资源制作与获取技巧、协同平台的教学部署与教学设计实例；

第5章——移动教学模式下的教学设计、资源制作与实例。该章首先介绍移动教学模式的内涵、特征与发展历程，然后重点说明移动教学模式下的教学设计、教学资源制作技巧、平台部署与教学设计实例；

第 6 章——基于微信的学习支持服务系统教学设计、资源制作与实例。内容包括基于微信的学习支持服务设计、微信教学资源制作技巧、应用技巧与实例；

第 7 章——信息化环境下的教学评价。该章旨在帮助读者掌握信息化教学评价的含义、发展历程、方法体系，在不同环境下实施教学评价的策略以及信息化环境下教学评价的技术工具；

第 8 章——社会性软件的教学应用。讲解实验类软件、作业类软件、试卷类软件、分享类软件、家校类软件和寓教于乐类软件等在教学中的应用；

第 9 章——新技术在信息化教学中的应用及展望。列举智慧教室、虚拟实验室、电子书包、3D 打印技术、VR 技术、AR 技术、交互技术等新技术在教学中的应用。

本书特色

(1) 学习脉络清晰，在每章学习内容前给出了学习目标、知识导图和学习要点。

(2) 案例丰富，技巧多变，涵盖 32 个知识点案例和操作技巧。

(3) 知识学习与具体课程的制作相结合，可操作性强。

(4) 语言通俗易懂，拓展阅读趣味性强。

配套资源

为便于教与学，本书配有 100 分钟微课视频、教学课件、教学大纲、教学设计表（思政版）、教学进度表、习题答案。

(1) 获取微课视频方式：读者可以先扫描本书封底的文泉云盘防盗码，再扫描书中相应的视频二维码，观看教学视频。

(2) 其他配套资源可以扫描本书封底的"书圈"二维码下载。

读者对象

本书可作为全国高等学校本科生、研究生的教材，也可作为教师以及其他有信息化教学需求的教研人员的参考书，目的是让他们了解信息化教学的方法。

本书由华中师范大学的吴彦文教授主编；华中师范大学物理科学与技术学院的曹双双、邵风华、徐寅琛、陈宇迪、韩园、谭溪晨、王伦等人为本书的资料收集与文字输入、绘图、视频录制等作了大量工作，在此表示诚挚的谢意。由于作者水平有限，书中错误和不当之处在所难免，敬请广大读者和同行专家批评指正。

编　者

2022 年 2 月

第1版前言

信息化教学的概念始于20世纪90年代美国所提出的"信息高速公路"计划。伴随着个人计算机、互联网、云计算、移动互联网、大数据与人工智能等技术的相继应用与普及,信息化教学也经历了萌芽阶段、互联共享阶段、信息技术与课程深入整合阶段,到现在的移动互联网条件下的智能教学阶段。这是因为传统的课堂讲授模式受场所、空间和时间的限制,且灌输式、应试式的教育模式不再符合我国长期发展的人才战略目标。而在信息化环境下,教学方式更加灵活多样,教学资源更加丰富易得,信息化教学所具有的个性化学习、自主化学习、学习管理自动化、学习环境虚拟化等特点更适合学习者终身学习的需求。

今天,各种教学软件、教学网络平台不断涌现,信息技术支持下的教学设备也在不断更新,信息技术已经深度融合到了教育领域的方方面面,不仅变革了教学方式、教学结构与教学媒介,还变革了教学情境的构建与教学评价、教学互动等环节。未来,智慧教室、虚拟实验室、电子书包、3D打印技术、VR技术、AR技术、交互技术等新型技术更会在教学中普及,这些都需要教师掌握信息化教学的技能。因为教师是信息化教学过程的主导者,他们主动地、与时俱进地提高自身信息化教学的能力,对培养学生的学习能力及创新意识都具有非常重要的意义。

本书的阅读对象是:
- 全国高等学校本科生、研究生。
- 在职教师。
- 对信息化教学有需求的教研人员。

全书共分9章,主要侧重于技术与应用两大部分,涉及信息化教学的相关概念、关键技术以及一些典型教学案例的分析和应用,包括各种软件在教学中的应用技巧。考虑到信息化时代,信息知识、信息产品更新较快,本书还在最后展望了未来教学的发展趋势。全书内容具体如下。

第1章主要涉及信息化教学的基本概念及特征、信息化教学的发展历程、信息化教学设计步骤和信息化教学模式等基本问题。

第2章先介绍了网络课程教学模式的内涵、特征与发展历程,然后重点介绍了该模式下的教学设计流程、课件制作技巧、平台部署与教学设计实例。

第3章先介绍了翻转课堂教学模式的内涵、特征与发展历程,然后重点介绍了该模式下的教学设计流程、微课制作技巧、平台部署与教学设计实例。

第4章先介绍了协同学习教学模式的内涵、特征与发展历程,然后重点介绍了该模式下的教学设计流程、协同学习资源制作技巧、协同平台的部署与教学设计实例。

第5章先介绍了移动教学模式的内涵、特征与发展历程,然后重点介绍了该模式下的教学设计流程、教学资源制作、平台部署与教学设计实例。

第6章重点介绍了基于微信的学习支持服务设计、微信后台的教学资源制作、内容部署与教学设计实例。

第7章主要涉及信息化教学评价的概念与特征、信息化教学评价的发展历程、教学评价方法体系、在不同环境下实施教学评价的策略以及信息化环境下教学评价的技术工具等基本问题。

第8章主要介绍了几种社会性软件在教学中的应用技巧,有实验类社会软件、作业类社会软件、试卷类社会软件、分享类社会软件、家校类社会软件等在教学中的应用。

第9章主要介绍了智慧教室、虚拟实验室、电子书包、3D打印技术、VR技术、AR技术、交互技术等新技术及其在教学中的应用。

本书为了方便读者阅读,在每章的学习内容之前均给出了学习目标、知识导图、学习要点,并且在每章的后面又给出了本章小结;为了加强学习的趣味性、激发学生的自主研究,每章的后面给出了思考与探索问题;同时,本着"学为所用""知识学习与具体课程的制作相结合"的指导思想,每章都精心选择了参考文献,读者可以进行拓展性阅读。

本书可作为师范类本科生、研究生的教材,也可作为在职教师以及其他有信息化教学需求的教研人员的参考书,目的是让读者了解信息化教学的方法。为此,在编写的过程中我们不忘引入新技术,并且注意知识点介绍得深入浅出。我们相信本书会是一本很好的参考书。

本书由华中师范大学的吴彦文教授主编。华中师范大学物理科学与技术学院的胡炎贵、刘闯、常栋杰、张嘉蓉、牛晓璇、李青、李斌、汤海波、黄凯、张楠等也参与了本书的编写工作,在此表示诚挚的感谢。由于作者水平有限,书中不当之处在所难免,敬请广大读者和同行专家批评指正。

作 者

2018年2月

目 录

第1章 信息化教学概论 ································· 1
  1.1 信息化教学的含义、发展历程及对教育的影响 ············ 2
    1.1.1 信息化教学的含义与特征 ························ 2
    1.1.2 信息化教学的发展历程 ·························· 3
    1.1.3 信息化教学对教育的影响 ························ 7
  1.2 信息化环境下的教学设计概述 ························· 11
    1.2.1 信息化环境下的教学设计含义 ···················· 11
    1.2.2 信息化环境下的教学设计新要求 ·················· 11
    1.2.3 信息化环境下的教学设计步骤 ···················· 13
  1.3 信息化环境下的教学模式概述 ························· 16
    1.3.1 教学模式的定义及分类 ·························· 16
    1.3.2 信息化环境下的教学模式定义及分类 ·············· 17
    1.3.3 信息化环境下的常用教学模式 ···················· 18
  1.4 信息化环境下的典型教学模式分析——以基于交互式电子白板的课堂面授教学为例 ········· 21
  1.5 基于交互式双轨电子白板的教学设计实例 ··············· 23
  本章小结 ··· 26
  思考与探索 ··· 26
  参考文献 ··· 26

第2章 网络课程教学模式下的教学设计、资源制作与实例 ···· 28
  2.1 网络课程教学模式概述 ······························· 29
    2.1.1 网络课程教学模式的内涵与特征 ·················· 29
    2.1.2 网络课程教学模式的发展历程 ···················· 30
  2.2 网络课程教学模式下的教学设计 ······················· 31
  2.3 网络课程教学模式下的教学资源制作技巧 ··············· 33
    2.3.1 PPT课件制作技巧 ······························· 33
    2.3.2 Excel课件制作技巧 ····························· 37
    2.3.3 Prezi课件制作技巧 ····························· 40
    2.3.4 思维导图课件制作技巧 ·························· 43
  2.4 网络课程教学模式下的平台部署 ······················· 45
    2.4.1 常用云平台介绍 ································ 45

2.4.2　基于云教云平台的网络课程资源部署 …………………… 53
　2.5　网络课程教学模式下的教学设计实例 ……………………………… 60
本章小结 …………………………………………………………………………… 64
思考与探索 ………………………………………………………………………… 64
参考文献 …………………………………………………………………………… 64

第3章　翻转课堂教学模式下的教学设计、资源制作与实例 …………… 66

　3.1　翻转课堂教学模式概述 ………………………………………………… 67
　　　3.1.1　翻转课堂教学模式的内涵及特征 …………………………… 67
　　　3.1.2　翻转课堂教学模式的发展历程 ……………………………… 67
　3.2　翻转课堂教学模式下的教学设计 ……………………………………… 68
　3.3　翻转课堂教学模式下的微课教学资源制作技巧 ……………………… 70
　　　3.3.1　微课音、视频教学资源常用指标概述 ……………………… 70
　　　3.3.2　视频资源制作技巧 …………………………………………… 71
　　　3.3.3　音频资源制作技巧 …………………………………………… 77
　3.4　微课平台及其部署 ……………………………………………………… 88
　　　3.4.1　常用微课平台介绍 …………………………………………… 88
　　　3.4.2　超星慕课平台的使用方法 …………………………………… 92
　3.5　翻转课堂教学模式下的教学设计实例 ………………………………… 103
本章小结 …………………………………………………………………………… 106
思考与探索 ………………………………………………………………………… 106
参考文献 …………………………………………………………………………… 106

第4章　面向协同学习模式的教学设计、资源制作与实例 ……………… 108

　4.1　协同学习模式概述 ……………………………………………………… 109
　　　4.1.1　协同学习模式的内涵与特征 ………………………………… 109
　　　4.1.2　协同学习模式的发展历程 …………………………………… 110
　4.2　协同学习模式下的教学设计 …………………………………………… 112
　4.3　面向协同学习的课程资源制作与获取技巧 …………………………… 114
　　　4.3.1　文本类教学资源的获取与处理技巧 ………………………… 114
　　　4.3.2　图片类教学资源的获取与处理技巧 ………………………… 117
　　　4.3.3　视频类教学资源的获取与处理技巧 ………………………… 121
　　　4.3.4　音频类教学资源的获取与处理技巧 ………………………… 122
　　　4.3.5　动画类教学资源的获取与处理技巧 ………………………… 123
　4.4　协同学习平台的教学部署 ……………………………………………… 125
　　　4.4.1　常用协同平台介绍 …………………………………………… 125
　　　4.4.2　基于Worktile平台的协同教学部署 ………………………… 128
　4.5　协同学习模式教学设计实例 …………………………………………… 133
本章小结 …………………………………………………………………………… 136

思考与探索 ………………………………………………………………………… 136
　　参考文献 …………………………………………………………………………… 137

第5章　移动教学模式下的教学设计、资源制作与实例 ………………………… 138

　5.1　移动教学模式概述 ……………………………………………………………… 139
　　　5.1.1　移动教学的内涵与特征 ……………………………………………… 139
　　　5.1.2　移动教学模式的发展历程 …………………………………………… 140
　5.2　移动教学模式下的教学设计 …………………………………………………… 141
　5.3　移动教学的资源制作技巧 ……………………………………………………… 143
　　　5.3.1　HTML 5课件简介 …………………………………………………… 143
　　　5.3.2　基于速课网的HTML 5课件制作技巧 ……………………………… 144
　　　5.3.3　汗微·微课宝微课制作工具 ………………………………………… 149
　5.4　移动教学的平台部署 …………………………………………………………… 152
　　　5.4.1　基于UMU互动教学平台的移动教学 ……………………………… 152
　　　5.4.2　基于QQ群的移动教学 ……………………………………………… 169
　5.5　移动教学模式教学设计实例 …………………………………………………… 180
　本章小结 …………………………………………………………………………… 182
　思考与探索 ………………………………………………………………………… 182
　参考文献 …………………………………………………………………………… 183

第6章　基于微信的学习支持服务系统教学设计、资源制作与实例 ………… 184

　6.1　学习支持服务概述 ……………………………………………………………… 185
　　　6.1.1　信息化环境下的学习支持服务的内涵与特征 ……………………… 185
　　　6.1.2　学习支持服务的发展历程 …………………………………………… 186
　6.2　基于微信的学习支持服务设计 ………………………………………………… 187
　6.3　基于微信的学习支持服务教学资源制作技巧 ………………………………… 189
　　　6.3.1　基于微信公众号的基本教学资源的制作技巧 ……………………… 189
　　　6.3.2　基于社会性软件的微信教学资源制作技巧 ………………………… 192
　6.4　基于微信的学习支持服务的应用技巧 ………………………………………… 197
　　　6.4.1　微信公众平台的申请流程 …………………………………………… 197
　　　6.4.2　利用关键词回复辅助自助答疑的学习支持服务 …………………… 199
　　　6.4.3　基于实时消息管理辅助交流互动的学习支持服务 ………………… 201
　　　6.4.4　基于用户分组功能提供差异化教学的学习支持服务 ……………… 202
　　　6.4.5　基于投票功能的评测学习支持服务 ………………………………… 203
　6.5　基于微信的学习支持服务实例 ………………………………………………… 203
　本章小结 …………………………………………………………………………… 207
　思考与探索 ………………………………………………………………………… 207
　参考文献 …………………………………………………………………………… 207

第 7 章 信息化环境下的教学评价 209

7.1 信息化环境下的教学评价概述 210
- 7.1.1 教学评价的含义 210
- 7.1.2 教学评价的发展历程 211
- 7.1.3 教学评价的发展趋势 212

7.2 教学评价方法体系 213
- 7.2.1 传统教学评价方法 213
- 7.2.2 现代教学评价方法 216

7.3 不同环境下的教学评价策略 219
- 7.3.1 课堂面授环境下的教学评价 220
- 7.3.2 网络教学环境下的教学评价 221
- 7.3.3 混合式学习环境下的教学评价 222
- 7.3.4 不同环境下的教学评价策略对比 222

7.4 信息化环境下教学评价的技术工具 223
- 7.4.1 基于 Excel 数据分析软件的教学评价 224
- 7.4.2 基于量规的教学评价 226
- 7.4.3 基于电子文件夹的教学评价 227
- 7.4.4 基于概念图的教学评价 228
- 7.4.5 基于教学管理软件的教学评价 230
- 7.4.6 基于数据挖掘的教学评价 239

本章小结 243
思考与探索 243
参考文献 243

第 8 章 社会性软件的教学应用 245

8.1 DISLab 软件在教学中的应用 246
- 8.1.1 DISLab 软件概述 246
- 8.1.2 DISLab 软件的安装使用 247
- 8.1.3 DISLab 软件的教学应用技巧 248

8.2 作业帮软件在教学中的应用 254
- 8.2.1 作业帮软件概述 254
- 8.2.2 作业帮软件的安装与使用 255
- 8.2.3 作业帮软件在教学中的应用技巧 255

8.3 作业盒子软件在教学中的应用 260
- 8.3.1 作业盒子软件概述 260
- 8.3.2 作业盒子软件的安装与使用 260
- 8.3.3 作业盒子软件在教学中的应用 261

8.4 菁优网软件在教学中的应用 264

8.4.1 菁优网软件概述 ·· 264
8.4.2 菁优网软件的安装与使用 ·································· 265
8.4.3 菁优网软件在教学中的应用技巧 ·························· 266
8.5 问卷星软件在教学中的应用 ·· 268
8.5.1 问卷星软件概述 ·· 268
8.5.2 问卷星软件的安装与使用 ·································· 268
8.5.3 问卷星软件在教学中的应用技巧 ·························· 269
8.6 有道云笔记软件在教学中的应用 ·································· 274
8.6.1 有道云笔记软件概述 ·· 274
8.6.2 有道云笔记软件的安装与使用 ····························· 275
8.6.3 有道云笔记软件在教学中的应用技巧 ···················· 276
8.7 爱耕云软件在教学中的应用 ·· 279
8.7.1 爱耕云软件概述 ·· 279
8.7.2 爱耕云软件的安装与使用 ·································· 280
8.7.3 爱耕云软件在教学中的应用技巧 ·························· 280
本章小结 ·· 282
思考与探索 ··· 282
参考文献 ·· 282

第9章 新技术在信息化教学中的应用及展望 284

9.1 智慧教室在教学中的应用 ··· 285
9.1.1 智慧教室概述 ··· 285
9.1.2 智慧教室在教学中的应用 ·································· 287
9.2 虚拟实验室在教学中的应用 ·· 291
9.2.1 虚拟实验室概述 ·· 291
9.2.2 虚拟实验室典型应用案例 ·································· 293
9.3 电子书包在教学中的应用 ··· 298
9.3.1 电子书包概述 ··· 298
9.3.2 电子书包典型应用案例 ····································· 300
9.4 3D打印技术在教学中的应用 ······································· 303
9.4.1 3D打印概述 ··· 303
9.4.2 3D打印技术典型应用案例 ································· 304
9.5 VR技术在教学中的应用 ·· 308
9.5.1 VR技术概述 ·· 308
9.5.2 VR技术典型应用案例 ······································ 310
9.6 AR技术在教学中的应用 ·· 313
9.6.1 AR技术概述 ·· 313
9.6.2 AR技术典型应用案例 ······································ 314
9.7 交互技术在教学中的应用 ··· 316

9.7.1 交互技术概述 …………………………………………………… 316
　　9.7.2 交互技术典型应用案例 …………………………………………… 318
9.8 "未来教学"展望 …………………………………………………………… 321
本章小结 ………………………………………………………………………… 325
思考与探索 ……………………………………………………………………… 325
参考文献 ………………………………………………………………………… 325

第 1 章 信息化教学概论

- 了解本课程的研究内容、研究对象、学科性质和应用范围。
- 了解信息化教学的定义、特征与发展历程,能够简单陈述信息化教学在现代教学中的意义,并客观对待信息化教学给教育带来的一系列影响。
- 掌握信息化教学的含义和设计步骤。
- 掌握信息化环境下的常用教学模式,包括各种教学模式的含义、特点、实施步骤和应用场景,并能够理解各个教学模式之间的相同点与不同点。
- 了解未来新技术将不断应用于课程教学中的发展趋势。

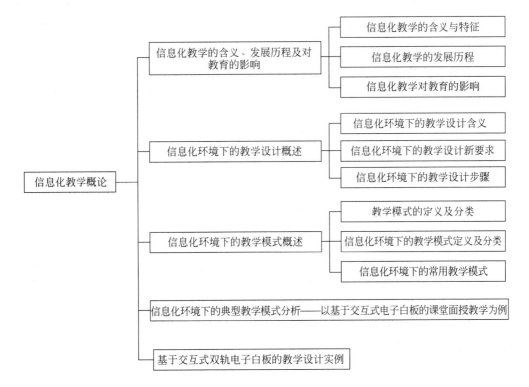

学习要点

本章主要涉及信息化教学的含义与特征、信息化教学的发展历程、信息化教学对教育的影响、信息化教学设计的基本特点和设计步骤、信息化环境下教学模式的含义以及各种教学模式的特点、实施步骤与应用场景等基本问题。对这些基本问题的理解与掌握有助于在后续章节的学习中建立一个理解信息化教学的基本认知框架。为了帮助读者掌握所学内容，建议在学习时充分利用本章的知识导图。

1.1 信息化教学的含义、发展历程及对教育的影响

"互联网+"理念提出以来，作为创新2.0下的新业态，移动互联网、云计算、大数据、物联网、智能家居、无人驾驶、人工智能等一系列新兴的技术正不断地改变着人们的工作和生活。在教育领域也不例外，而今，网络课程、微课、慕课、电子书包等新型信息技术不断与各种教学模式相融合，使得"互联网+教育"迅猛发展。信息化环境下的教学与传统的教学方式相比，具有教学方法更加灵活多样、授课地点不再局限于教室内、交流互动手段多样、教学资源丰富易达，以及授课内容还可以通过网络惠及更多的学生等优势。

未来，信息化教学能力是教师的必备能力，它对学生学习能力及创新意识的培养都具有重要意义。信息化教学不是简单地利用计算机、互联网、投影仪来实现教学的过程，而是借助各种信息设备与技术来提高教学效率，让学习内容更贴合学生的学习需求的过程。

1.1.1 信息化教学的含义与特征

信息化教学指的是以现代教学理念、学习理念为指导，以信息技术为支持，应用现代教学方法的新教学体系。信息化教学主要包括教学资源、教学设计、信息化平台、信息化政策与标准4个核心要素，如图1-1-1所示。其中，教学资源是基础，教学设计是核心，信息化平台是工具，而信息化政策与标准是保障。

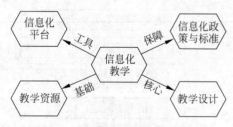

图1-1-1 信息化教学要素结构图

从教学实现过程上看，信息化教学具有教学资源多媒体化与共享化、教学个性化、学习模式多样化、管理自动化、环境虚拟化等显著特点。

（1）教学资源多媒体化与共享化就是利用多种媒体，使得教学内容可以结构化、动态化、形象化地呈现，并通过网络使全世界的教育资源连成一体，供广大教育用户共享。

（2）教学个性化即以学生需求为中心，利用人工智能、大数据分析等技术建构一个智能导学系统，可以根据学生的不同个性特点和学习需求提供个性化的教学和学习支持服务。

（3）学习模式多样化即依托信息化平台，可开展多样化的学习形式，不仅能开展包括教师直播或录播讲授、学生个人自主学习、小组协作探究等这些类似传统课堂形式的网上学习

方式,还可以开展翻转课堂、移动学习、VR/AR(虚拟现实/增强现实)支持下的虚拟情境学习等新型网上学习方式。

(4) 管理自动化即通过搭建计算机软硬件管理环境,实现教学过程管理的自动化开展,其中主要包括计算机自动测试与评分、学习问题诊断、学习任务分配等功能。

(5) 环境虚拟化意味着教学活动可在虚拟的学习环境下开展,从而摆脱物理时空的限制。

简言之,在教学观念、教学组织、教学内容、教学模式、教学技术、教学评价及教学环境等一系列因素全面信息化的驱动下,发展信息化教学成为时代的必然趋势和要求。

1.1.2 信息化教学的发展历程

1. 萌芽阶段

20 世纪 80 年代到 20 世纪 90 年代中期,是信息化教学的萌芽阶段。在此阶段,各种新技术媒体开始进入教育教学领域,包括幻灯片、投影、广播、影视、计算机辅助教学软件等。随着微型计算机的普及,各种辅助教学的软件(如图 1-1-2 所示)成为信息化教学应用的热点。这是因为计算机可以表现更加丰富的视频、音频、动画、图片等多媒体信息。因此,在教育领域中掀起了第一次信息化教学的高潮。

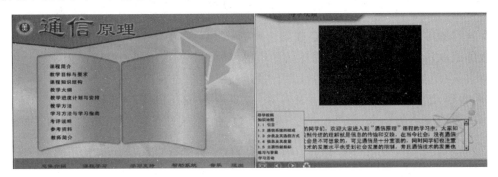

图 1-1-2 "通信原理"CAI 课件

此阶段信息化教学的主要特点是应用计算机的多媒体教学课件,开展演示型、讨论型以及练习型等各种教学活动。但由于多媒体课件受技术的影响较大,制作花费时间长,教师不可能在繁忙的工作之余制作大量的课件。同时,由于每个教师的教学风格不同,多媒体课件的移植性也比较差,从而也限制了多媒体课件的交流和应用。

这一阶段只是将计算机作为一种媒体加以应用,是信息化教学的初始阶段。

2. 互联共享阶段

20 世纪 90 年代中期到 21 世纪 00 年代中期,是信息化教学的互联共享阶段。在此阶段,信息化教学资源在量和质上都有了显著的提高,产生了一系列以提高资源利用率与可复用度为目标的教学资源库和教学资源聚合平台,如图 1-1-3 中所示的是人民教育出版社教学资源网站。

在此阶段,教师和学生普遍接受了多媒体的教学方式,如 PPT 课件展示、动画仿真实

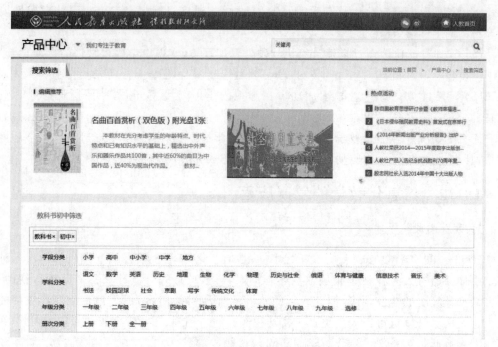

图 1-1-3　人民教育出版社教学资源平台

验、科普视频等。但这一阶段也存在着一些新问题,如因教学资源数量多、质量参差不齐,教师获取所需的优质教学资源反而变得更加困难;再如这些教学资源无统一格式、资源利用存在困难等。因此,该阶段信息化教学的工作重点是以信息化教学资源的建设及资源平台建设为中心,如建设教学资源库,以提供多样化的教学素材、案例、习题、测试等,为方便使用者搜索资源而提供资源导航,为避免教师的重复劳动提供可编辑的课件等。

这一阶段,互联网上的教学资源共享机制给信息化教学带来了一个新的发展高潮。

3. 信息技术与课程深入整合的阶段

21世纪到来以后,信息化教学开始进入信息技术与课程深入整合的阶段。在这个阶段,随着互联网的普及,信息化教学转向建设一种集教学平台、教学资源、教学活动于一体的信息化教学环境。例如,搭建基于 Moodle 的各种学习管理系统,如图 1-1-4 所示。

在此阶段,各种信息化教学工具已经在教师中普及,如各种演示工具、资源管理工具、交流工具、个别辅导工具、测评工具等,而集成的信息化教学环境又可以将这些工具的使用统一到一个完整的教学活动中。这种信息化教学环境能支持实现情境创设、启发思考、信息获取、资源共享、多重交互、自主探究、协作学习等各种教学活动与学习方式,即基于某个平台就可以开展完整的教学活动,包括在网上进行课程讲授、实验演示、小组研讨、协同学习、虚拟实验、学习评价等多个教学环节。

在此阶段,集成的信息化教学环境为教师提供了整合各教学环节的教学实施环境,为学生提供了新颖、多样、智能的学习环境,为教学管理者提供了自动化管理环境,是信息技术与课程深入整合的阶段。

图 1-1-4　基于 Moodle 的学习管理系统

4. 移动互联网条件下的智能教学阶段

移动互联网条件下的智能教学阶段是信息化教学现在所处的阶段。个性化推荐技术的成熟与移动学习终端的普及，使得泛在学习成为可能。

2010 年后，互联网逐渐从计算机互联向移动互联方向发生转变，这也使得传统学习在经历了 E-learning（网络学习）和 M-learning（移动学习）后，向 U-learning（泛在学习）方向发展，如图 1-1-5 所示，而学习终端也逐步转向智能手机、平板电脑、电子书、MID 等移动设备。

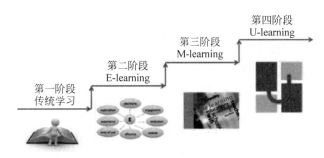

图 1-1-5　学习发展阶段

第一阶段传统学习，即基于书籍、面对面传授等方式的学习。第二阶段 E-learning，即基于互联网、个人计算机的电子化学习，如视频学习。第三阶段 M-learning，即基于移动互联网和手机终端的学习，如短信学习。第四阶段 U-learning，即基于泛在网、任何接入终端的学习。U-learning 是一种任何人可以在任何地方、任何时刻获取所需的任意学习资源的方式。从图 1-1-6 中可以看出，该阶段的教学是构建在随处可见的教学资源空间及群体的个性化学习需求模型的基础上的,通过云计算、大数据等技术的支持,为学生提供所需的各种学习支持服务,包括学习资源支持、学习管理支持以及情景交互支持等。

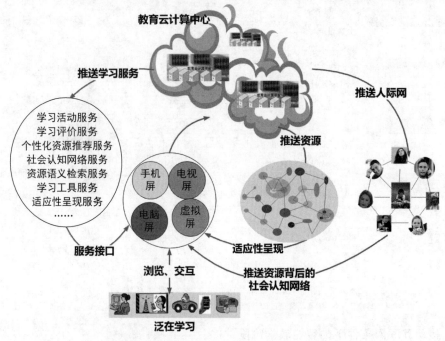

图 1-1-6　泛在学习下的学习资源推荐模型

同时,在该阶段中移动学习终端如电子书包、电子课本等相关学习工具型产品正逐步取代传统的教学工具与学习工具。这种整合了教学内容、课堂互动教学工具、教学过程管理于一体并且能基于不同平台操作的智能移动学习终端,将是未来信息化教学资源的重要载体。以电子书包为例,它并不只是简单地将课本上的文字图片转换为电子版本,而是以动画或录像等方式展现学习内容,学生可通过对终端的触摸操作,开展与教学内容的互动,如虚拟实验、电子测评、师生交流等。

这一阶段,移动互联网和移动学习终端使得信息化教学拓宽了现实学校的时空,使得实现泛在学习和个性化学习成为可能。

综上,随着计算机技术、互联网、云计算、移动互联、大数据与人工智能等技术的相继应用与普及,如图 1-1-7 所示,信息化教学也经历了从萌芽阶段、互联共享阶段、信息技术与课程深入整合阶段,到现在的移动互联网条件下的智能教学阶段。未来各种信息采集、信息传递、信息处理等智能技术会进一步发展,并更深度地与教学相融合,甚至也会将游戏元素融入教学环节,这些将使"未来教学"更加智能化、虚拟化以及交互社交化等,将正式学习与非正式学习、学校教育与社会教育有机融合,更有利于人们的终身学习。

图 1-1-7　关键技术驱动的五个阶段

1.1.3 信息化教学对教育的影响

1. 对教师教学过程的变革

对教师而言,信息技术为教学提供了丰富多彩的教育环境和有力的教学工具,使教学方式突破了单一性和封闭性,逐渐走向多样化和综合化。与传统的教学方式相比,信息技术支持下的教学方式转变是全方位的,也是深层次的,主要体现在教学情境、教学结构、教学媒介和教学评价四个方面。

(1) 教学情境的改变。

受建构主义学习理论的影响,情境创设在教学中越来越受重视,而信息技术的发展为此提供了更加便利的条件和资源。教师可以利用人工智能技术、仿真技术、虚拟现实技术创设或模拟真实的教学情境与活动,利用虚拟教室、虚拟社区等技术提供有效的学习支持服务,以同步或异步的方式充当学生学习的组织者和指导者,实现个性化的教学,促进学生创新精神和实践能力的培养。

(2) 教学结构的改变。

教学结构是教学系统中各个要素之间相互联系与相互作用的具体体现。传统的教学方式一直局限于"讲解—接受"式,教师处于教学中的主导地位和中心地位,教学目标的确定、教学活动的设计和教学过程的安排都是由教师决定并围绕教师展开的,学生只能被动地接受知识。信息技术的介入,变革了传统的"以教师为中心"的教学结构,构建了新型的"主导—主体"相结合的新型教学结构,主张同时关注学生的主体地位和教师的主导作用。

(3) 教学媒介的改变。

传统教学主要以教材、黑板、粉笔为教学媒介,虽然有利于显性知识和系统知识的传承,却阻碍了学生隐性知识的学习和创新能力的培养。在信息环境的支持下,教师可以利用电子教学资源、电子白板等教学工具,让教学内容的呈现集"声、色、画、乐"于一体,也可以根据学生认知水平和学习风格的不同,利用文字、图像、声音、动画及多媒体课件等多种媒介创作个性化的、形象化的学习内容和学习资源。这些都能极大地丰富和增强教学内容的表现力和感染力,帮助学生主动完成知识意义的建构。

(4) 教学评价的改变。

传统的教学评价标准相对固定和统一,其关注的重点往往是评价学习的结果,即学生有没有学到规定的知识,而信息化教学评价较为灵活,可以把学生在课堂上的表现、学生应用知识的能力、学生的个性化学习活动过程中的表现等都列入教学评价中。同时,相对于传统教学,信息化教学让学生在如何学、学什么、如何评价等方面有一定的控制权,学生是主体,教师起督促和引导作用。随着学习资源的增多,如何在丰富的资源海洋里得到合适的学习资源困扰了很多学者,这样,学习资源使用的评价也可以纳入教学评价中。因此,在信息化教学中,评价是镶嵌在教学过程的每个环节中的,是基于教学过程并指向学习结果的,是整个教学过程中不可分割的部分。

综上,信息技术引发了教师的教学过程的变革,强调以学生为中心,重视知识意义的自我建构、创新精神和实践能力的培养等。在信息化教学模式下,教师是学习的组织者和指导者,教学不再是仅仅关注学生的智力发展,而是关注学生作为一个"完整的人"的发展,关注智力和人格的协调发展。

2. 对学生学习过程的变革

信息技术支持下的学习过程是由一系列信息化环境下的学习活动所构成的。其中,在各种数字化学习资源的支持下,学生可以分别与教师、其他学伴、数字化学习环境等进行交互,并在交互过程中实现预定的学习目标。

(1)学习内容的自主性。

传统环境下的学习内容都是严格按照课程标准和教学大纲的要求,根据教材内容的编排,以线性顺序呈现给学生的。学生没有自由的选择空间,只能按部就班地接受和理解这些学习内容。但是在信息化环境下,学习内容是分布式地存在于整个学习空间和知识空间的,加上超媒体技术的支持,学生不仅可以自主选择学习内容,还可以自定步调、自主控制学习进程,在不同的学习主题和学习内容之间自由切换,享受学习内容选择上的自主性和灵活性,而这也从侧面体现出了学习过程的自主性。与此同时,信息化环境下有着丰富的拓展学习资源,学有余力的学生可以自主地利用这些学习资源去拓展学习内容的深度与广度。

(2)学习时间的自主性。

信息技术支持下的学习在时间维度上呈现出间断的离散性特点。传统教学的授课时间相对集中统一,学生只能在规定的时间内进行学习。但在信息技术营造的数字化学习环境中,学生可以突破传统学习方式的时空限制,从自己的实际情况出发,个性化地安排学习时间。同时,针对同一个学习主题,学生可以在不同的时间片段内进行学习。

(3)学习空间的多样性。

经过数字化改造和升级,信息化环境突破了传统教室的物理空间局限,将学习空间以分布式的方式置于一个超越了传统课堂边界的开放性空间场所内。学生可以通过虚拟和现实两个世界所营造的更加"真实"的学习情境,达到对问题的深刻理解和对知识的深层次掌握与运用,从而促进自身高级认知能力的发展。

(4)知识传递的拖拉性。

在传统的学习过程中,知识是以教师课堂讲授的形式单向传递给学生的,学生只能被动地接受教师呈现的学习内容。然而,在信息技术的支持下,学习工具和学习资源的极大丰富,为学生进行自主学习、自主探索提供了强有力的支持。在此背景下,学生成为学习过程中真正的认知主体,可以根据个人的学习需要,自主确定学习目标,并利用计算机多媒体和网络通信技术自由选择能够帮助自己达成学习目标的学习内容,这正是一种拖拉式的信息传递过程。

(5)课后练习与测试的多样性。

信息技术环境下,多样化的课堂练习与测试丰富了课堂教学,也调动了各个层次学生的积极性。例如,一些社会性学习软件提供了多样化的练习与测试功能,使得学生在课后不再是单调地刷题、刷试卷,学生可以自主地选择练习的内容与方式等。同时,基于互联网的电子测评系统,可以更精准地定位学生的知识点掌握程度或知识点薄弱项,提供相关的习题与测评让学生反复练习,以帮助学生更好地巩固和掌握相关的知识点。

(6)沟通方式的多样化。

传统的沟通一般安排在课内面对面地进行,沟通的方式无非是学生间或师生间的讨论。

而由于互联网的迅速发展,沟通的时间和空间以及对象都得到了扩展,从课内延伸到课外,从学校延伸到家庭。师生之间的沟通不再仅仅局限于和本校教师沟通,通过线上线下还可以和外校教师甚至是虚拟教师进行沟通。同样,学生之间的沟通也从本校同学之间的沟通拓展到了同龄学生和虚拟学伴之间的沟通。

(7) 学习支持的便捷性。

信息化技术为学生的学习过程提供了便捷的学习支持服务,学生通过互联网不受物理空间、时间的限制可以随时随地学习,丰富的学习资源又给学生的自主学习提供了可能。随着大数据、人工智能和虚拟现实等新一代技术的出现,学习支持服务变得更为优质。例如,利用大数据技术对学生学习过程中的数据进行分析,给学生推荐更好的个性化学习资源与学习方法,为学生提供详细的学习过程指导,帮助学生了解适合自己的学习风格等。

综上,信息化环境给学习过程带来了方方面面的改变。在信息化环境下,学习的内容和时间更具自主性,学生可以自定步调、自主控制学习进程以满足自己个性化的学习需求。除此之外,信息化教育让课后练习、测试、沟通方式等更具多样性,让学习支持服务更加便捷化,在激发学生学习兴趣的同时也为学生的碎片化学习、终身学习提供了可能。

3. 对教师的教学能力提出了更高的要求,未来教师利用信息技术实施教学成为必然趋势

传统教学模式是选择适合教育的学生,而信息化教学模式是选择适合学生的教育。在传统教学中,教师是教学活动的主体,是知识的传授者,学生是知识的接受者,媒体是教学的工具,教材是教学的内容,课堂是教学的主要环境。而在信息教学中,教师不再维持自己作为"专家"的角色,不再是权威,而转变为帮促者,通过帮助学生获得、组织和转换大量的信息来促进学习过程的发生,并解决实际的问题。

信息化时代下教师的定位如图 1-1-8 所示。相对于传统教学,信息化教学提升了对教师教学能力的要求,即除了要求教师具备现代教育与现代学习理念外,还需具备教学设计、教学实施、教学监控、教学能力及终身学习等能力,更需要具备较高的信息素养、整合能力与教学反思能力等。其中,信息素养主要包括信息获取与理解能力、信息组织与加工能力、信息开发与利用能力等;整合能力主要包括教育教学知识技能整合能力、学科知识技能整合能力、信息技术与学科课程整合能力等;教学反思能力主要包括复杂情境中的问题解决能力、行动能力和教学创新能力等。

图 1-1-8 信息化时代下教师的定位

事实上,教师利用信息技术实施教学已成为必然趋势。特别是随着"互联网+"概念的不断深入,"互联网+教学"的各种信息化教学资源、技术、平台及应用已经日趋成熟。教师作为教学信息化的主要实施者负责通过信息的流动把学生、教学内容、教学方式等要素结合在一起,从而使教学过程得以完成。其中,教师是教学信息的信源和传播者,处于教学信息传播的起始端,是教学信息化改革的动力源。因此,教师利用信息技术实施教学是必然趋势,这不仅使得知识呈现更为方便,还可以开展多样化的教学活动,更方便了师生之间的互动答疑。

与此同时,风起云涌的云存储、SaaS(软件即服务)等技术,又为教学资源的共享提供了非常便利的平台。在信息化教学中,通过信息技术打破由地域限制所导致的资源壁垒,可以让不同区域、城乡、学校间实现优质课程和教学资源的共享。一些教师先进的教学理念、独特的教学方法、丰硕的教学成果通过互联网就能让其他教师和学生受益。

在先进的信息技术支持下,教师可以更关注学生如何去学,即不仅关注学生是否掌握了相关的学科知识,还关注学生综合素质的发展以适应社会对创新型人才的要求。过去对抽象的、难理解的内容,教师要靠粉笔板书、挂图展示等方式花费很多时间去讲解,学生可能还难以理解,因而丧失了学习兴趣。运用合适的信息技术后,就能通过形象、具体化的手段,让学生快速理解和掌握核心知识。例如,细胞的有丝分裂可通过动画展示,一方面让学生理解细胞分裂的具体过程,另一方面,动画的效果可以提高学生的学习兴趣,激发学生的求知欲,让学生以愉快的心情主动探索新知识和掌握新技能。

可见,信息化环境下的新颖、多样、智能化的学习环境,促成了学生对信息技术学习的依赖性,这对教师的信息化教学能力提出了更高的要求。教师作为信息化教学过程的主导者,应该明了应用信息技术实施教学是必然趋势,所以要主动地、与时俱进地提高自身信息化教学的能力。

综上,信息技术的应用,使人类知识得以迅速传播与积累,从而让人们用更多的手段来利用、获取并再次开发知识,因而知识的增长速度在信息时代极为迅猛,形成"知识爆炸"。信息化教学要跟上这样的形式。从上文所述可见,信息化环境对教学的方方面面都产生了巨大的影响。它不仅改变了教学方式、教学结构与教学媒介,还推进了教学情境的构建与教学评价、教学互动等环节。未来,随着 AR、VR 等交互式、沉浸式信息技术进一步融入教学过程中(如图 1-1-9 所示),还可能给教学工作者提供全新的教学工具,从而更好地创设学习情境,激发学习动机,提升学习兴趣。这是不可避免的大变革,这些信息技术手段拥有跨越时空界限、增强学习体验、动感交互和跨界知识融合等多方面的优势,它们正越来越深入地

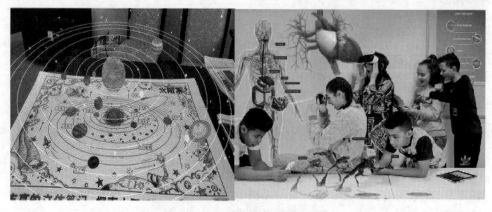

图 1-1-9　基于 AR、VR 的教学实例

渗透到社会的各个领域，包括教育领域。因此，这些新技术的运用，能够在越来越短的时间内为人们传递越来越多的知识，同时也为教学工作开辟新的道路。

1.2 信息化环境下的教学设计概述

1.2.1 信息化环境下的教学设计含义

教学设计（Instructional Design，ID）是以传播学、学习理论和教学理论等为基础，运用系统论的观点与方法，分析教学中的问题及需求，将教学的诸要素合理安排的一种理论和方法，一般包括学生分析、学习需求分析、教学目的、教学策略、教学活动和教学评价等多个环节。一方面，教学设计是一种将教与学的原理转化成教学材料和教学活动方案的系统化计划过程；另一方面，它也是一种教学问题的求解，侧重于问题求解中方案的寻找和决策的过程。与此同时，教学设计并不是发现客观存在的、还不曾为人所知的教学规律，而是运用已知的教学规律去创造性地解决新的教学问题。

随着信息技术与课程整合的不断深入，教学方式和学习方式都已经发生了变革，教学设计的重点也随之转向了信息化环境下教学设计。为此南国农教授提出，信息化环境下的教学设计又称为信息化教学设计，是充分利用现代信息技术和信息资源，科学安排教学过程的各个环节和要素，为学生提供良好的信息化学习条件，实现教学过程最优化的系统方法，其目的在于培养学生的信息素养、创新精神和综合能力，从而增强学生的学习能力，提高学生的学业成就，并使他们最终成为具有信息处理能力的、主动的终身学生。

因此，信息化环境下的教学设计需要改变传统以教师为主导的讲授型教学、单学科和脱离情境的封闭型教学、学习环境单一等缺陷，使得教学活动更为多样化，教学内容更为丰富。这是教师应具备的基本素质之一，也是信息化教学的关键所在。

1.2.2 信息化环境下的教学设计新要求

在理论方面，基于人本主义、认知主义而发展起来的现代教学理论，以及基于建构主义、联通主义而发展起来的现代学习理论，对信息化环境下的教学设计提出了新要求。

（1）要求以学生为中心，组织教学活动。人本主义学习理论强调以生为本，注重信息技术运用过程中自主学习的设计，注重激发学生的学习动机和学习的主动性，促进学生之间的协作。

传统的教学设计将教师放在主导地位，忽视了学生作为学习主体的能动性，而信息化教学设计改变了传统教学设计中学生被动接受学习的方式，引导学生参与教学目标的拟定、学习过程的设计、学习过程和学习结果的评价，强调学生的情感体现与学习的自主性。在信息化教学中，教师通过帮助学生获得、解释、组织和转换大量的信息，以促进学生的知识内化并解决实际生活中的问题。

总之，在信息化教学设计的各个要素（包括教师、学生、媒体、内容等）中，学生居于中心地位，其他要素的存在都要为这一中心而服务。

（2）强调学生的主体地位，这就不仅要注重培养学生的知识和能力，还要关注学生的情感与态度。

认知学习理论强调,学生认知结构的形成和发展是通过积极主动的内部信息加工活动来实现的,信息技术的应用则可以促进这一过程的实现。

在信息化教学设计中,最能体现这一思想的就是问题驱动教学法。该教学法提倡在学习情境中设置问题或者任务,确定学生活动的主题。这样,学习活动就有了明确的任务与目的,让学生知道为什么学或做。这些问题或者任务要隐含所要学习的新知识,贯穿学习活动的始末,数量可以是一个或者多个。学生在教师的指导和帮助下,围绕共同的任务活动,通过对问题的分析、与他人讨论,找出新旧知识的联系,并找出解决问题的方法,最后通过任务的完成实现对所学知识的建构。

因此,信息化教学设计要求让学生自主解决或完成的任务要适当且新颖,贴近学生的生活,考虑学生的兴趣以吸引学生。

(3) 要求以提升学习兴趣为目标。建构主义学习理论认为,学习不是被动地接受,而是主动地建构。因此,教学设计应注重创设学习情境,采用教师起主导作用与学生居主体地位相结合的方式,强调协作、会话和知识的意义建构。可见,建构主义学习理论的四要素包括情境、协作、会话、意义建构。其中,情境是教学设计的新要求,协作发生在学习过程的始终,会话是协作过程中不可缺少的环节,意义建构是整个学习过程的最终目标。

通过现代信息技术获取的学习资源和学习工具可以让现实中的情境打破时空的限制,移植到课堂中,为学生创设与当前学习主题相关的情境,这样学生的求知欲就会被极大地激发,适当地抛给学生具有驱动性的问题或者任务,同样也能更好地激发学生的学习动机。同时在整个学习过程中,引导学生们相互协作,通过会话的方式商讨如何完成规定的学习任务。最后,帮助学生理解当前学习内容所反映的事物的性质、规律以及该事物与其他事物之间的内在联系,以达到意义建构的目标。

因此,信息化教学设计要求教师引导学生主动探索,通过协作与会话的方式,完成学习任务,以达到提升学习兴趣的目标。

(4) 引导学生掌握创建个人知识网络的能力。联通主义学习理论认为学习是一个连续的知识网络形成的过程,强调人与外部关系的建立和知识网络的建立。它的核心要点是:学习是一种学生通过对知识的选择来构建个人内部知识网络和外部知识网络的生态网络过程;通过不断地优化学生自身的内外知识网络,达到不断学习、与时俱进的目的;同时,知识基础的迅速改变导致决策的改变,使得发现新信息的能力也发生了改变,此时区分重要信息、真实信息等信息鉴别能力至关重要。

因此,在信息化教学设计中,教学重心不仅是传授知识内容本身,还包括帮助学生掌握如何创建个人知识网络,从而提高学生对知识的鉴别、理解、加工、运用的能力。例如,每个教师都有自己的知识网络,每个学生也有自己的知识网络,而教学的过程就是使学生的知识网络结构朝着正确的方向发生变化的过程。以各种信息技术为中介,可以有效地帮助学生创建和形成有意义的知识网络,使学习不仅是一个人的活动,还可以是多人协作的活动。这样,个人的知识组成了一个网络,这种网络被编入各种组织与机构,反过来各组织与机构的知识又被回馈给个人网络,从而优化学生的内外网络结构,最终使学生不断进步。

今天的互联网发展,使人与人、知识与知识、人与知识之间都建立了联系,因此引导学生掌握创建个人知识网络的能力成为信息化教学的新要求。这是因为知识更新的速度越来越快,单靠记忆知识已不能满足人们对新知识学习的需求,而通过网络存储和传递检索来存储和获取知识,学生才得以保持与时俱进。其中,保持知识的流通是构建和不断完善个人知识网络的关键一步,因为持续学习的能力和获取知识的通道比掌握当前的知识更重要。

可见,引导学生掌握创建个人知识网络的能力,是当今知识型社会发展的需求。

1.2.3 信息化环境下的教学设计步骤

教学设计是根据课程标准的要求和教学对象的特点,有序安排教学的各个要素,确定合适的教学方案、设想和计划。其中,教学基本要素有四个,即学生、教学目标、教学策略和教学评价。在信息化环境下的教学设计过程中,教师可以根据实际教学情境的需要和学生的特点确定合理的教学目标,选择适当的教学策略、教学方法,制作相应的信息化教学资源并创设良好的信息化教学环境,然后依据合理的教学评价方案,制定实施系列教学活动的方案。归纳起来,信息化环境下的教学设计过程模式如图1-2-1所示。

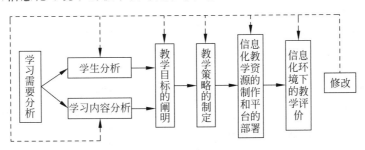

图 1-2-1 信息化环境下的教学设计过程模式

1. 学习需要分析

所谓学习需要,是指学生的学习期望值与学生实际状况之间的差距。譬如,随着计算机技术的飞速发展,学生可能会发现自己所掌握的计算机知识远远不能满足工作和生活的需要,因而就形成了一种"学习需要"。因此,进行学习需要分析的实质就是找出学生的预期学习需求,一般来说有如下两种方法。

(1) 内部参照需要分析法:将学生所在的组织机构所确定的目标与学生的现状相比较,找出两者的差距,从而鉴别学习需要的一种方法。

(2) 外部参照需要分析法:将学生的学习现状与外界社会所提出的要求相比较,找出两者差距,从而了解学习需要的一种分析方法。

教学活动归根到底是为学生的学习目的服务的,因此合理的学习需要分析,可提高学生的学习兴趣,促进对知识的理解、消化和吸收,实现对知识的长时记忆。

2. 学生分析

在教学活动中,教学内容的选择、教学策略的制定等都是为了尽量满足学生的学习需求。因此,教学内容的安排还应当考虑学生的实际状况,从而进行合理的安排和选择,包括目标人群学习需求的信息、对该领域已有的知识储备、对教学内容的态度、学习动机、能力水平和学习风格偏好等各方面。

3. 学习内容分析

学习内容分析是根据总的教学目标,去规定学习内容的范围和深度,并揭示出学习内容中各个组成部分之间的联系,以实现教学效果的最优化。主要着力去分析解决"学什么"和"怎样学"这两方面的问题。

(1) 分析"教什么"或让学生"学什么"。

通过学习需要分析可得出教学的目的就是要消除学生的学习期望值与学生的实际状况之间的差距。学生的实际状况即是学习新的知识的起点,因此,要改变这一起点水平,以期向期望水平转变,这就涉及一个"教什么"或者"学什么"的问题。

先根据学习需要的分析得出总的教学目标,然后教学设计者进行教学设计,这时应认真考虑好向学生传输哪些知识单元、知识单元中有哪些具体的知识结构等。假如教师计划通过多媒体教学课件来表现教学内容,"教什么"就是课件所要解决的问题,而这又涉及学科的知识体系或从事某项具体工作所要求掌握的基本技能。

(2) 分析"怎么教"或让学生"怎么学"。

在确定了教学知识单元后,如何将这些内容传递给学生,哪些应该先教,哪些应该后教,各知识单元之间的相互关联程度如何等,这些都涉及"怎么教"或者让学生"怎么学"的问题。

在知识的传递过程中,学生是通过教学设计者所融入的"教"的思想来学习的,因此,在"怎么教"的分析中,应该考虑到不同的学习对象之间,或同一学习对象在不同的年龄发展阶段,在接受知识的能力方面存在的差异。

总之,学习内容设计的好坏,主要体现在学生在经历了该设计之后的效果如何,即能否消除其知识水平与期望之间的差距等方面。

4. 教学目标的阐明

教育部《基础教育课程改革纲要》将教学目标分为知识与技能、过程与方法、情感态度与价值观三个方面,构建了课程的"三维目标"体系,即认知目标、能力目标和情感目标。这是布鲁姆(Bloom)的教育目标分类理论、加涅(Gagne)的学习结果分类理论与我国教育实际相结合的产物,是结果与过程的统一、认知与情感的统一。

以认知目标的编写为例,可采用马杰(Rober Mager)提出的 ABCD 模式,具体如下。

(1) A 是对象(audience),即教学对象。

(2) B 是行为(behavior),即通过教学后,学生应能做什么(行为的变化),可使用"知道""了解""理解""掌握""应用"等动词来描述学习过程目标的不同程序。

(3) C 是条件(condition),即说明上述行为在什么条件下产生。

(4) D 是标准(degree),规定达到上述行为的最低标准。

鉴于篇幅的原因,能力目标和情感目标的编写这里就不详述了,但不论是哪种教学能力目标,其编写都要满足社会发展的需要。信息化环境下的教学模式是以学生为中心的学习模式,学生必须熟练掌握 21 世纪的技能与思维,如掌握批判性思维、创造性思维、建构性思维等,具备解决问题、开展合作、运用技术、自主交流等能力。

5. 教学策略的制定

教学策略是为实现某一教学目标而制定的，付诸教学过程实施的整体方案，它包括合理组织教学过程，选择具体的教学方法和材料，制定教师与学生所遵守的教学行为程序等。为了达成教学目的，对教学活动进行调节和控制时要注意以下三点。

(1) 教学策略包括教学活动的元认知过程、教学活动的调控过程和教学方法的执行过程。

(2) 教学策略不同于教学设计，也不同于教学方法，是教师在现实教学活动中整体性把握和推进教学过程的措施。

(3) 教师在教学策略的制定、选择与运用中，要从教学活动的全过程入手和着眼，要兼顾教学的目的、任务、内容、学生的现状和现有的教学资源等因素，机动灵活地采取相应措施，以保证教学的有效进行。

6. 信息化教学资源的制作和平台的部署

信息化教学资源的制作和平台的部署是信息化教学设计过程中重要的环节之一，它是教师开展教学任务的基础要素，否则就"巧妇难为无米之炊"。信息化教学资源不同于传统的教学资源，其往往基于特定的平台，如交互式电子白板、课程网站、协同学习平台、微信平台、虚拟实验平台等。

(1) 信息化教学资源的制作。

目前，各种形式的信息化教学资源充足而丰富，有文本教学资源、音频教学资源，也有视频教学资源，而且每天还在不断地更新与充实。但对于教师某个特定的教学活动来说，绝大部分教学资源不能直接利用，可能需要经过简单的二次开发完善后才可利用，或者就没有满足需求的信息化教学资源。所以，具备对教学资源的设计与制作能力是必要的，这样教师还可以基于特定的教学模式，开发、制作、整合、扩展相关学习资源以满足不同层次学生的学习需求。

(2) 平台部署。

教学平台是指有助于教师查找、获取和处理信息，以及交流协作、建构知识、评价学习效果的软件系统及其运行的硬件环境。教学平台是支持信息化教学过程的必要手段，教师基于特定的教学平台可以进行信息与教学资源的获取、处理和编辑等工作，还可以通过平台实施教学、交流、评价等教学环节。

教学平台一般能提供各种可促进教学过程的工具。例如，信息处理工具(如文字及数据处理软件、作图软件等)、信息搜索工具、情境工具(如模拟仿真、游戏等)、交流工具(如 QQ、WeChat、Skype、E-mail、BBS 等)、认知工具(概念图、超媒体、电子报表等)以及评价工具(电子绩效评估系统、电子评价量规、电子档案袋、日志等)。

基于教学平台，可以实施多种教学模式，如基于交互式电子白板的教学模式、基于课程网站的教学模式、基于 QQ 群的移动教学模式、基于微课平台的翻转教学模式、面向协同平台的协同学习教学模式和基于一些社会性软件的教学模式等。

7. 信息化环境下的教学评价

信息化环境下的教学评价也是信息化教学活动中不可缺少的一个重要环节。所谓教学评价,是指以教学目标为依据,制定科学的标准,运用科学的方法和手段,对教学活动的过程及结果进行测定衡量,并给予价值判断。教学评价的最终目的是评定学生通过学习是否达到预期的目标,并通过反馈信息,发现教学中存在的问题,为今后的教学活动做出决策。在教学评价的过程中须遵循客观性原则、整体性原则、可行性原则和科学性原则这四个基本原则。

信息化环境下的教学评价与传统教学评价的区别如表1-2-1所示。

表 1-2-1 信息化环境下的教学评价与传统教学评价的区别

类 别	传统教学评价	信息化环境下的教学评价
评价内容	教学结果与教学目标期望之间的符合程度	以学生为中心,满足不同能力偏向以及不同风格的学习需求
评价结果应用	选择适合教学的学生	创造适合学生的教学
评价工具	作业、测试等方式方法	量规、电子文件夹、概念图、评价软件等方式方法
评价场景	面授课堂为主	面授课堂、网络课堂、混合式课堂等
评价方法	诊断性评价、形成性评价、总结性评价	真实性评价、表现性评价、发展性评价

表1-2-1中,评价软件又可分为专用的教学评价软件、公共性的教学评价软件、专业数据分析的教学评价软件和基于数据挖掘的教学评价软件四种。

随着云计算、大数据、人工智能等技术的发展,基于数据挖掘的教学评价将是大势所趋。未来,可以在大数据环境下将多种来源、结构不同的数据汇总,并确立各类参数和模型,从而为信息化教学提供更精准的服务。例如,可以根据学生的基本信息、绩效信息、学习历史、学习偏好、知识结构等已有信息,挖掘学生的特征,从而帮助学生发现并提升自己的优势、诊断和补救自己的劣势等。

1.3 信息化环境下的教学模式概述

视频讲解

1.3.1 教学模式的定义及分类

教学模式是指在一定的教学理论或学习理论指导下,在某种学习环境中建立起来的较为稳定的教学活动结构框架和活动程序。换言之,教学模式是开展教学活动的一套方法论体系,它具有要素关系的结构化、理论和实践的结合性、功能目标的针对性,可操作性和灵活性四个基本特点。

教学模式可以有很多种分类方法,具体如下。

(1) 按教学系统的结构关系来分:"以教师为中心"的教学模式、"以学生为中心"的教学模式和"双主型"的教学模式。

(2) 按教学组织形式来分:班级教学模式、小组教学模式、个别化教学模式。

(3) 按教学目标来分:基于"做"的教学模式、基于"思维"的教学模式、基于"事实"的教学模式。

(4) 按"课堂教学模式"分:赫尔巴特的四段(或五段)教学模式、凯洛夫的课堂教学模式、加涅的课堂教学模式、"五段"课堂教学模式、"六步三段两分支"课堂教学模式等。

（5）按学习形态来分：自主学习模式和协作学习模式。

（6）按学习理论来分：行为修正模式、社会互动模式、人格发展的个人模式、信息加工模式、建构主义模式。

（7）按教学环境来分：课堂教学模式、网络教学模式和混合教学模式。

这些教学模式都包含着一定的教学思想，以及在此教学思想指导下的课程设计、教学原则、师生活动结构、方式、手段等。在教师们的凝练下，这些教学模式可以为表达教学活动的基本程序或框架，易学易用。需要指出的是，在一种教育模式中可以集成多种教学方法。因此，教师们应该从教学的整体出发，根据教学的规律采纳与实际需求相符合的教学模式，不可生搬硬套。换而言之，任何教学模式都不是僵死的教条，而是既稳定又有发展变化的教学活动程序框架，都是以满足学生的学习需求为目标的。

1.3.2 信息化环境下的教学模式定义及分类

信息化环境下的教学模式是指根据信息的传递方式和学生对知识信息加工的心理过程，充分利用信息化教学手段，在教师的组织与指导下，发挥学生的主动性、积极性、创造性的教学活动结构框架和活动程序。其主要特点是以学生为中心，在教师所创设的情境、协作与会话等环境中充分发挥学生自身的主动性与积极性，对当前所学的知识进行意义建构，以达到学以致用的教学目标。

信息技术环境下的教学模式也可以进行如下分类。

（1）按教学平台可以分为：基于交互式电子白板的教学模式、基于课程网站的教学模式、基于微课平台的翻转的教学模式、基于协同平台的协同学习教学模式、基于QQ群的移动教学模式和基于一些社会性软件的教学模式等。

（2）按教学资源可分为：基于问题的教学、基于项目的教学、基于案例的教学、基于资源的自主学习等。

（3）按教学方法可分为：基于翻转课堂的教学、面向协同探究的教学、基于移动学习模式的教学、基于网络的探究式教学、个别授导、基于电子文档的学习等。

（4）按教学环节可分为：操作与练习、教学测试、教学模拟、教学游戏、智能导师、虚拟实验室和情境化教学等。

如果按照集体主义与个体主义、建构主义与客观主义两个维度，又可将以上各教学模式分布于四个象限中，如图1-3-1所示。

信息化环境下的教学模式是根据信息时代对人才素质培养的要求，以素质教育理念和新课程改革精神为指导，以现代学习理论为基础，以信息技术为支持，从教学模式创新的角度，主动回应了信息化社会对教育教学提出的严峻挑战。信息化环境下的教学既是对传统教学的继承，同时也是对技术环境下教学新模式的探索与建构过程，是将各类教学模式的结构成分与技术应用条件之间的"整合"过程。其中，教师是信息化教学模式的实践者和创造者，丰富多变的实践情境是其教学模式创新的源泉，而信息技术为教学设计、教学分析、教师授课、学生评测、师生互动等教学环节提供了丰富的资源、工具以及交流与合作平台。

同样，教师们应该从教学的整体出发，根据教学的规律原则采纳与实际需求相符合的信息化教学模式，不可生搬硬套，更不能为了信息化而信息化、为了模式化而模式化。因此，信

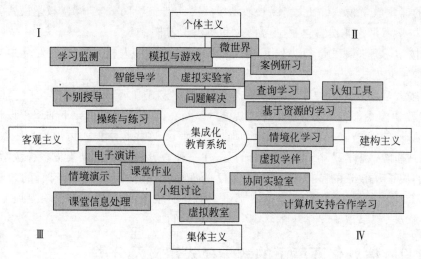

图 1-3-1 教学模式关系图

息化教学环境中施行的教学,更要考虑到学科的特点、教学内容的特点、学生的学情特质等,采用合适的信息化环境及模式进行教学,并与其他教学模式中的教学方法互相渗透,以达到更优化的教学设计和更优化的教学效果。

1.3.3 信息化环境下的常用教学模式

依托信息化教学平台和信息化教学手段的不同,可开展多样化的教学模式,包括基于交互式电子白板的教学模式、基于网络课程的教学模式、基于翻转课堂的教学模式、面向协同学习的教学模式、基于移动教学的教学模式、基于微信学习的教学模式和基于一些社会性软件的教学模式等,常用的如表1-3-1所示。这些教学模式各有特点与优势,可以应用在不同的教学场景中。例如,强调知识内化时,可采用翻转课堂的教学模式。当然,这些教学模式也有共同点,就是以学生为中心、强调情境与协作学习的重要作用,并利用各种信息资源来导学等。

表 1-3-1 常用的信息化教学模式

教学模式	含义及主要教学活动	教学场景	特点与优势	教学环节
基于交互式电子白板的教学模式	依托白板开展以教师施教为主导、以学生认知为主体的课堂教学活动过程,如图1-3-2所示	基于交互式电子白板开展面授课堂的教学活动	全方位增强型互动、丰富的教学资源呈现等	学习需求分析、教学资源制作、情境的创设、互动交流、归纳小结、评价反馈和课外拓展等
基于网络课程的教学模式	依托课程网站平台而开展的教学活动,如图1-3-3所示	基于教学云平台开展各种线上教学活动	时空的自主性、教学单元模式化、教学资源的多媒体化和共享化、人机间的多向互动等	学习需求分析、教学资源制作与平台部署、线上教学、在线互动答疑、归纳小结、评价反馈、在线检测、课外拓展等

续表

教学模式	含义及主要教学活动	教学场景	特点与优势	教学环节
基于翻转课堂的教学模式	依托微课平台而开展的教学活动,包括学生课前自主学习和课中教师协助下的学生知识内化两个环节,如图1-3-4所示	基于微课平台开展课上交流研讨、课下自主学习的教学活动	颠倒教学流程、提高学习效率、加强知识内化、课堂互动性强、实现个性化学习、提高学生创新能力等	学习需求分析、制作教学视频与练习、平台部署、学习任务布置、学生课前自主交流学习、课堂选择问题讨论、成果交流、反馈评价、课外拓展等
面向协同学习的教学模式	依托协同平台,在一定的激励机制及教师指导下,学生以小组形式参与,为达到共同的学习目标而合作互助的教学活动,如图1-3-5所示	基于协同平台开展小组分工协作、探究研讨、成果展示的教学活动	多边互动的教学方式、多样的交互方式、快乐的学习方式及团队合作的培养模式等	平台部署、学生分组、教师发布课题及相关学习资料、学生申请子课题、学生进行小组讨论与自主学习、教师对小组成果点评、课外拓展等
基于移动教学的教学模式	依托教学云平台和移动学习终端,在移动环境下,学生随时随地获取需要的学习资源后,与教师进行实时交流、讨论、学习的一种教学过程,如图1-3-6所示	基于移动学习终端开展师生间实时交流互动式的教学活动	教学与学习方式灵活多变、师生可实时交流、资源更新速度更快、学生学习效率更高等	学生分析与教学情境分析、移动学习资源制作与平台部署、移动学习教学策略设计、教学活动实施、交流互动、移动学习结果评价、课外拓展等
基于微信学习的教学模式	利用微信和微信公众号,搭建移动学习平台,实现集教学资源制作、展示、推送于一体的教学模式,如图1-3-7所示	基于微信平台开展教师主动推送的教学活动	微信使用方便、满足学生碎片化交互学习需求和社交化学习需求、易于交互沟通等	学习需求分析、教学资源制作、平台部署、资源主动推送、答疑互动、学习成果展示与评价等

图 1-3-2 基于交互式电子白板的教学活动示意图

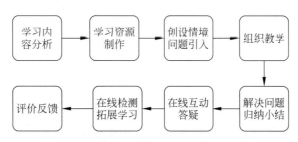

图 1-3-3 基于网络课程的教学活动示意图

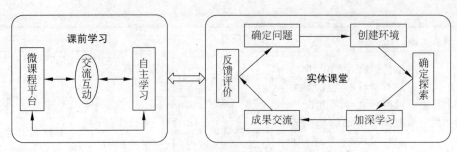

图 1-3-4 基于翻转课堂的教学活动示意图

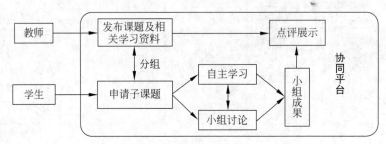

图 1-3-5 面向协同学习的教学活动示意图

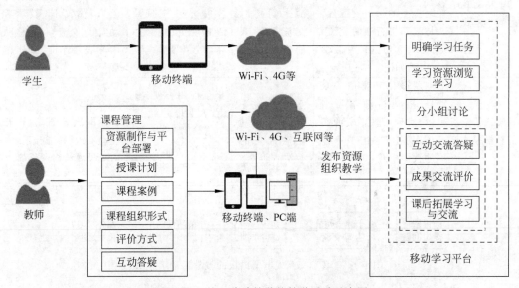

图 1-3-6 基于移动教学的教学活动示意图

除此以外,依托社会性软件开展教学活动也是现在信息化教学的一大趋势。

由于社会性软件的种类非常多,其功能也各有所异,因此针对不同的教学需要,可采用不同的社会性软件来实现各种教学活动和学习活动,如通过博客、有道云笔记、思维导图等软件进行知识点的结构化整理;利用教师在线、教学助手等软件进行教学辅助;通过"课后网""扇贝单词""百词斩"等软件进行课后知识学习与巩固等。所以,对各个软件的选择和其教学运用是技巧点。为方便教师对软件的筛选,进行了如下分类。

(1) 按照使用对象不同分为:助学型软件(CAI,即辅助学生自己使用的教学软件)和助

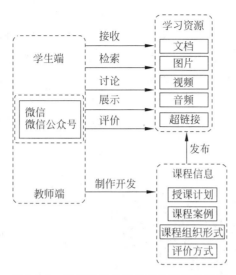

图 1-3-7　基于微信学习的教学活动示意图

教型软件(CAT,即辅助教师教学使用的教学软件)。

(2) 按照内容与作用的不同形式分为如下类型。

① 模拟实验型:虚拟实验室、AR 教学软件、NB 物理实验等。

② 训练复习型:沪江开心词场、课后网、扇贝单词、百词斩等。

③ 教学游戏型:我要当学霸、单词锁屏等。

④ 资料、工具型:思维导图、超级课表、有道云笔记、线上表格等。

⑤ 协作交流型:掌上校园、家校通等。

⑥ 教学办公型:教师在线、教学助手、优课数字化教学应用系统等。

⑦ 辅助答疑型:作业答疑 App 等。

⑧ 课堂辅导型:网易云课堂、腾讯课堂、粉笔公考、有道学堂等。

在选择学习平台和社会性软件时应注意,对于教师应该根据教学需求和教学目标来选择合适的教学软件,而对于学生则应根据自己的学习个性和学习方式来选择适合的助学软件。若所选的软件功能相似时,可以考虑选用易用性强、容易上手、学生与教师都相对熟悉的软件,尽可能地选择功能聚合性强的软件,精简软件数量,避免学生在不同工具间频繁地跳转,同时还应该注意避免工具间的功能重叠。

1.4　信息化环境下的典型教学模式分析——以基于交互式电子白板的课堂面授教学为例

传统的面授教学主要是教师利用黑板粉笔就可以开始一堂课的教学,这样的教学更多的是能靠教师的个人魅力及教学经验去吸引学生的注意力。而基于交互式白板开展的课堂面授,不仅可以保留传统面授的教学优势,还可以通过丰富的媒体展现、多样化的交互等提高课堂教学效果,并激发学生的学习兴趣与交互能力等。因此,本节以基于交互式电子白板的课堂面授教学为例,分析信息化教学模式的教学流程及其优势。

电子白板兴起于20世纪80年代,起初使用电子白板主要目的是避免粉尘侵害师生健康。进入21世纪以后,加拿大SMART公司率先研发了交互式电子白板,这种交互式电子白板真正实现了白板与计算机、演示者与听众之间的双向互动。交互式电子白板作为一种信息化教学平台,已经在教学中被广泛应用。

交互式电子白板(Interactive Whiteboard,简称交互白板)是电子感应白板及感应笔等附件与白板操作系统的集成。交互式电子白板是一个具有正常黑板尺寸的电子感应屏板,如图1-4-1所示。它既具有普通白板和联网多媒体计算机的功能,又可以实现普通白板与信息化教学资源、人机与人际等多重交互功能。

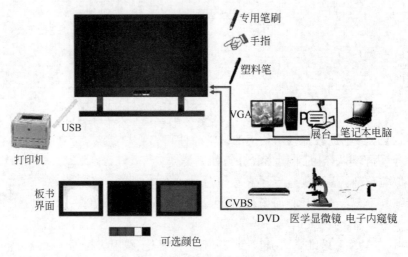

图1-4-1 交互式电子白板

所谓基于交互式电子白板的教学模式就是在交互式电子白板的教学环境下,教师的主导施教和学生的主体认知相辅相成的课堂教学活动框架,其教学活动包括依托白板进行情境创设、互动交流、知识运用、评价反馈、归纳小结和拓展延伸等,具体如下。

1. 创设情境,提出问题

所谓创设情境是指利用交互白板的多媒体呈现功能,通过视频、音频、动画、图片、文字等教学资源的导入来创设学习情境的环节。该环节也可以利用交互白板自带的多种辅助教学工具,进行当场教学资源的制作来创设教学情境。该环节可以灵活使用。例如,在复习课中,可不使用情境创设环节,而更换为核心知识点的回顾等情境环节,便于复习课的开展。

2. 探究新知,互动交流

该环节主要需要实现师生间、学生间的个别与群体的互动交流。教师可以通过组织学生开展小组合作或自主学习的形式让学生探究新知,也可以在讲授过程中使用白板工具进行教学重难点的解析,还可以通过白板展示师生间、学生间的交流互动。

3. 知识运用,评价反馈

该环节是课堂学习的后半部分,这时学生对所学的知识有了一定的掌握,教师应及时地利用白板上的习题对学生进行习题训练,让学生对所学知识进行迁移和内化。教师还可以根据学生完成测试练习的情况来评价学生,评价应从多角度出发,以激励为主。另外,教师也可以利用白板进行记录并保存板书,提供给学生让其课后复习以巩固所学知识点。

4. 解决问题,归纳小结

学生探讨、交流、练习等任务完成后,教师应当对本次教学及课堂讲授内容做进一步的解析和归纳。在学生探究的基础上,结合课前准备的教学资源,利用交互白板总结呈现知识点间的关联与应用技巧等。

5. 课外学习,拓展延伸

学习不仅局限于课堂,还需要课外更多地拓展与训练。课堂上,教师虽然讲授了基础的知识体系和一些学习方法,但更多的知识和问题仍需要学生自己去学习和解决。教师可以为学生提供课外学习的"脚手架",让学生自主学习或进行小组合作学习,以达到不同层次的学习目标。

综上,交互式电子白板课堂面授的信息化教学模式,既打破了传统的"粉笔+黑板"的教学方式,又避免了粉尘侵害师生健康。其最重要的优势在于交互性。这种交互性不仅实现了白板与计算机之间的互动、人与教学资源之间的互动,也实现了师生间回答、讨论、辩论、协商、探究、评价等形式的双向互动,使得教学课堂、教师、学生成为一个多元化互动的统一体。同时,交互式电子白板还具有实时记录的功能,师生在电子白板上的操作历史(包括对教学内容的修改和补充)都可以被记录下来,这样便于学生课后复习。

总之,交互式电子白板作为一种信息化教学平台,能否灵活地应用于课堂教学,取决于教师能否熟练地掌握它所特有的教学功能。

1.5 基于交互式双轨电子白板的教学设计实例

"引力波"概念介绍的教学设计

1. 教学内容分析

"引力波"在爱因斯坦基于广义相对论中被预言。因为引入了相互作用的传播速度有限的概念,所以"引力波"与牛顿的经典引力理论有很大区别。由此可见,"引力波"是一个比较抽象难懂的知识点。对于引力波的概念,可采用视频播放的方法以加深学生对"引力波"的印象和理解。这一方面可以让学生通过视频等对引力波的概念有初步了解,激发他们的好奇心、使他们对物理产生兴趣;另一方面又可以让学生学会联想,以熟悉事物构建引力波的概念。

2. 学情分析

学习对象主要以青少年为主,也包括一些对物理有兴趣、有一定的物理知识基础的人。这些人的物理知识水平参差不齐,但是普遍具有强烈的好奇心,对未知事物有强烈的探索欲望。同时,因为缺乏引力波的认识基础,注意力集中时间有限,所以讲解者需要充分利用学生的好奇心,可以通过现实中具体的例子,用生动、具体、简明的语言来吸引学生的注意力,在尽量短的时间内讲明白引力波是什么,以达到科普的效果。

3. 教学目标分析
(1) 了解引力波的概念。
(2) 学会联想,以熟悉的事物构建引力波的概念,并激发学生的好奇心和对物理的兴趣。

4. 教学重点与难点
引力波概念的理解。

5. 教学过程设计
本次教学设计是基于PGP电子双板的引力波教学,能让两张幻灯片同时投影在两个白板上。例如,在讲解引力波的定义时,可以在一块白板上固定有引力波定义的这张PPT,而在另一块板上播放相应的视频。这样,学生在观看视频时可以随时看到定义这部分内容,以加深对定义的理解,具体步骤如表1-5-1所示。

表1-5-1 教学过程设计

教学环节	教学活动		设计意图
	教师活动	学生活动	
(1) 新课导入 (3分钟)	基于白板通过新闻完成情境设置:2016年2月12日正值猴年新春,当大家还沉浸在鞭炮和红包中时,手机和电视被一则新闻刷屏了,是什么比晒红包还重要呢?图1-5-1所示的左板中引出什么是引力波的疑问	学生思考引力波是什么,并在现有知识水平下猜想。 ① 引力波是引力发出的波吗? ② 引力波究竟是什么? ③ 引力波对人们的生活有什么影响?	在这么热闹的过年环境下,引力波刷屏了,引力波是什么?种种疑问引发学生思考,同时也激发了他们的探索欲望
(2) 课程讲授 (25分钟)	① 引力波的定义。 初始概念:很多人对引力的认识还只是停留在"重力"的层面上,脑海中闪现的是"一颗苹果砸到牛顿脑袋上"的故事,如图1-5-1所示的右板。 ② 教师通过电子双板播放视频,解释宇宙中引力波的运作机制,如图1-5-2所示的左板,结合图1-5-2所示的右板得到如下结论。 • 小质量物体会沿着大质量物体周围空间的弯曲部分运动。 • 大质量物体穿行宇宙会发出引力波导致时空弯曲。 • 一般认为,宇宙中所有运动物体都能产生引力波,只是太微弱我们无法检测到	学生回忆牛顿和苹果的故事是什么。 学生回忆曾经学过的引力究竟是什么。 学生观看视频思考:能从视频中学到什么;或者是看完视频后,知道了什么。用自己的话说出来。 学生通过观看电子白板切换的视频思考:引力波的概念是什么?引力波的形态是什么? 学生深入思考:为什么引力波不像其他的如声波、光谱一样容易被探测到?是工具的限制,还是认识的限制	① 教师利用电子双板的"随手写"功能,直接在白板屏幕上标注重点强调的概念,引力不是力,使学生能清晰抓住学习重点。 ② 左板展示视频,右板放思考题,引导学生边看边想。 ③ 通过视频讲解后总结,让学生了解相关概念。 ④ 电子双板的双轨教学可以将不同资源整合,如视频和PPT可以相互关联展示,还有图片、动画和文字可以关联展示。这样,学生在观看视频不理解某些概念时,可以直接通过另一块白板看到相关的知识讲解

续表

教学环节	教学活动		设计意图
	教师活动	学生活动	
（3）反馈练习 （7分钟）	学完本节之后，你可以完成相关习题吗（如图1-5-3所示的左板）	学生在课堂有限时间内完成习题。完成的问答题学生可以通过直接在平板上书写传到教师终端，教师选择一些同学的答案在电子双板上显示	通过习题检测学生学习成果，及时反馈与巩固上课内容。针对学生出现的错误及时纠正和补救，加深学生对所学知识的记忆
（4）课堂小结 （5分钟）	总结：回顾本堂课学习的知识点（如图1-5-3所示的右板）	学生总结自己在本节课上的收获，既包含知识，也包含方法，还可以包含情感、态度方面的收获，并可以进行质疑	将知识进行梳理，让学生形成清晰的主线
（5）课后作业及知识拓展	布置课后作业。 拓展材料阅读：为什么我们难以发现引力波	完成课后作业。 学有余力的同学，查看教师下发的拓展阅读材料，完成知识的拓展学习	利用电子双板中的"聚光灯"工具，可以将复杂的文字屏蔽，着重展现出引力波竖直穿过由静止粒子所在的圆平面时所发生的变化
（6）教学反思			

图1-5-1 引力波的引出

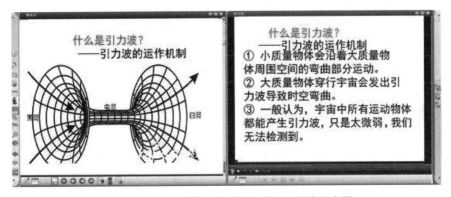

图1-5-2 引力运行方式与引力波原理总结示意图

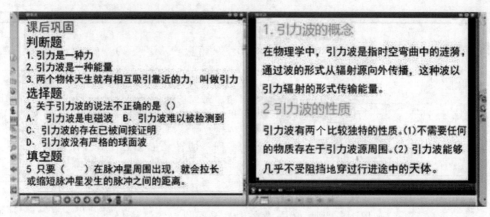

图 1-5-3 课堂练习

本章小结

综上，随着信息化教学模式的日益丰富，未来的教学方式和学习方式必将更加智能化、多元化、个性化和社交化，从而打破学校教育与社会教育、正式学习与非正式学习之间的壁垒，为学生的终身学习提供服务。

要想真正熟练掌握信息化教学的一套基本理论、方法与设计模式，首先必须对信息化教学的基本概念及特征、信息化教学的发展历史、信息化教学的设计步骤、信息化教学模式等问题具有基本的把握，形成基本的认识。在此基础上，学校、社会也要注意营造良好的信息化学习环境，教师要始终以适当的教学设计为原则，有效利用多样的信息资源，让信息化教学惠及更多的学生。本章涉及的基本概念、基本原理较多，建议读者利用本章的知识导图对上述问题进行深入的学习与理解。

思考与探索

1. 信息化教学主要包括教学资源、_____、_____、_____四个核心要素。
2. 教学设计主要以_____、_____、_____、_____四个理论为基础。
3. 简述信息化教学的主要特征及对教育所带来的影响。
4. 信息化教学的发展主要分哪几个阶段？并分别概括各个阶段的特点。
5. 什么是教学设计？信息化教学设计又是什么？简述信息化环境下的教学设计步骤。
6. 简述常用的信息化环境下的教学模式有哪些？分别概述其特点。

参考文献

[1] AHMET,KARA. Simulations of information technology-induced teaching performance in cross-disciplinary settings: A model and an application[J]. Procedia-Social and Behavioral Sciences, 2017, 237: 882-886.

[2] 南国农.信息化教育理论体系的形成与发展[J].电化教育研究,2009,8:5-9.
[3] 胡钦太,郑凯,胡小勇,等.智慧教育的体系技术解构与融合路径研究[J].中国电化教育,2016(1):49-55.
[4] 祝智庭.智慧教育新发展:从翻转课堂到智慧课堂及智慧学习空间[J].开放教育研究,2016(1):18-26,49.
[5] 方颖莹,司静静,王及时.基于虚拟现实技术在教育中的创新性应用研究[J].亚太教育,2016(13):105.
[6] 刘清堂,毛刚,杨琳,等.智能教学技术的发展与展望[J].中国电化教育,2016(6):8-15.
[7] 刘海韬,尚君,吴旭.可穿戴技术对智慧教学环境构建的启示[J].中国电化教育,2016(10):57-61.
[8] 杨现民,余胜泉.智慧教育体系架构与关键支撑技术[J].中国电化教育,2015(1):77-84,130.
[9] 康淑敏.信息化背景下的教学方式变革研究[J].教育研究,2015(6):96-102.
[10] 王寅龙,李前进,李志祥,等.信息化教学设计的过程、方法及评价要点探究[J].中国教育信息化,2011(6):15-18.

第 2 章

网络课程教学模式下的教学设计、资源制作与实例

 **学习目标**

- 掌握网络课程教学模式的内涵、了解网络教学模式的发展历程。
- 理解网络课程教学模式的特点与教学理念,客观看待网络课程相对于传统课程的优势。
- 熟练掌握网络课程教学模式的教学设计方法。
- 掌握基于网络课程教学模式的教学资源制作技巧。
- 至少掌握一种云平台的使用方法及技巧,同时掌握网络课程教学模式下的教学设计。

 知识导图

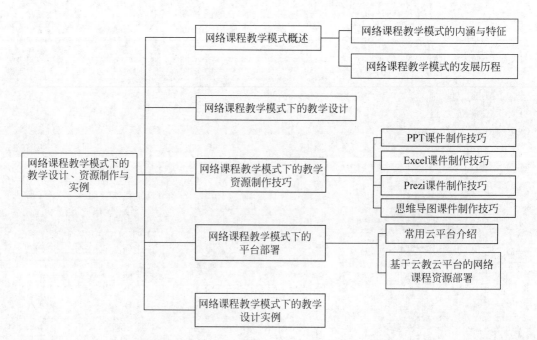

学习要点

本章主要讲解网络课程教学模式下的教学设计、资源制作与实例。本章概述了网络课程教学模式的内涵与特征,重点介绍了网络课程教学模式下的教学设计流程以及课件制作技巧和平台的部署。对这些基本内容的理解和掌握有助于教师更好地实施网络课程教学模式和开展网络课程教学。其中,网络课程教学模式下的教学设计流程是本章的学习重点与难点,教师只有深刻理解了网络课程教学模式与传统教学模式的区别,才能更好地进行教学设计,从而制作出合适的教学资源并进行教学平台的部署。为此,本章以云教云平台为例,详细介绍网络课程平台的部署方法。又通过几个有代表性的课件资源制作工具,具体介绍网络课程教学模式下的课件资源制作方法,供教师在教学过程中参考借鉴。为帮助读者理解学习内容,建议在学习过程中充分利用本章的知识导图。

2.1 网络课程教学模式概述

2.1.1 网络课程教学模式的内涵与特征

网络课程是通过网络表现的教学内容及实施教学活动的总和,是信息时代条件下的课程新表现形式。它包括按一定的教学目标、教学策略组织起来的教学内容和网络教学支撑环境,其中网络教学支撑环境特指支持网络教学的软件工具、教学资源以及在网络教学平台上实施的教学活动。与传统的课程教学模式相比,网络课程教学模式具有以下特征。

1. 网络课程的开放性

受教育者范围的开放性:不同地域的教师和学生均可以通过网络共享网络课程的学习资源;学习时空的开放性:在网络课程的学习中,任何人在任何时间都可以选择自己需要的任何一门课程进行学习;学习资源的开放性:网络课程不但可以给学生展示固定的教学内容和教学资源,而且可以通过网络搜索海量的学习信息;学习过程的开放性:在网络课程的学习过程中,教师与学生可以进行实时和非实时的互动交流。

2. 网络课程的自主性

自主性是网络课程的一个重要特征。学生可以在教学目标的指导下,根据自己的实际水平或兴趣选择适当的学习内容,并运用适当的方式进行以学生为中心的自主学习。因此,网络课程的学习是一种个性化的学习,学生可以自主构建知识并进行信息的加工。

3. 网络课程的虚拟性

在网络课程的教学中,可以通过各种软件技术、音频技术和视频技术来实现虚拟教室、虚拟图书馆、虚拟实验室、虚拟讨论小组等虚拟环境的构建,教师不仅可以讲授课程,也可通过网络平台组织讨论与交流,这样能更好地提高学生学习的积极性,提升学习效率。

4. 网络课程的交互性

网络课程是指师生通过网络进行教学互动,即可实现师生间、生生间的实时或非实时的互动。由于教学交互在课程教学中占重要地位,故在使用网络课程进行教学的过程中,应尽量采取多种多样的互动方式,如留言回复、在线答疑、分享文章、小组讨论、教师点评等。

2.1.2 网络课程教学模式的发展历程

1. 起步阶段:主题式课程网站模式

1989年,Tim Berners-Lee提出了World Wide Web(WWW),中文名字为"万维网"。20世纪90年代中期,互联网被引入教育行业,开启了网络课程教学模式的1.0阶段——主题式课程网站模式。主题式课程网站模式也称为主题学习网站,是指针对那些特定的人群,围绕特定的学习主题、科研主题、学习素材类事物主题,完成特定信息的搜索和提供、组织与发布,以提供围绕着某门课程的一个或多个学习主题的深度学习资源,该主题课程网站可以组织学生对该主题进行全面的学习,以培养学生的创新精神、实践能力,并提高学生的综合信息素养。

在该阶段,大量的网络教学资源以静态页面的形式展现,其网络学习平台没有后台数据库,交互功能较弱。主题课程网站上的每个网页都有一个固定统一的网页地址,作为独立的文件保存在教育平台上,内容相对稳定,易于检索和查阅。例如,人民教育出版社的课程资源网站等。

基于静态网页的课程网站适合作为单纯教学信息呈现的载体,直截了当地将教学资源展示给学生,易于管理网站内容。但是由于静态网页更新麻烦,因此,这种主题式资源学习型网站适用于教学资源更新较少的展示型课程网站,可初步实现基于网络的探究课程教学模式。

2. 发展阶段:精品课程网站模式

教育部于2003年启动了精品课程建设,自此开启了网络课程教学模式的2.0阶段——精品课程网站模式。在该阶段,大量的网络课程资源以精品课程网站的形式展现,既有如国家高等教育智慧教育平台,又有各高校自己建设的特色精品课程网站,例如,华中师范大学外国语学院精品课程网、华南理工大学精品课程网等。

精品课程网站主要采用的技术是动态网页模式。动态网页一般基于高级程序设计语言与数据库的混合编程,可以实现对教学网站内容高效、动态和交互式的管理。由于精品课程网站以数据库为支撑,只要对教学资源库进行更新就可以完成对整个网络平台信息呈现的更新,相较于静态网页更新工作量要小得多;由于采用动态网页技术,相较于静态网页可以实现更多的交互式功能,可以实现教学信息的发布管理、实现对学生信息和学习资源的后台管理、实现学生对学习资源的检索、实现师生之间的交流留言等功能。因此,精品课程网站阶段已经可以实现基于网络课程的教学模式了。

3. 普及阶段：基于云平台的课程网站模式

2008年，Google宣布启动"云计算学术计划"，将先进的、大规模、快速的云计算技术推广到校园，将云平台服务引入到教育模式，自此网络课程教学模式进入了3.0阶段——基于云平台的课程网站模式。在该阶段，大量的网络课程资源具有基于云平台、支持跨平台多点接入、支持按需服务等功能，教学信息系统的体系结构也从以资源为中心转变为以服务为中心的"云"时代。例如，网易公开课、慕课网等基于云平台的课程网站都深受广大"淘课者"的欢迎。

教育云平台简称为教育云，它将计算分布在大量的分布式计算机上，而非本地计算机或远程服务器中。同时，将数据存储于分布式数据服务器上。用户工作界面通过浏览器或客户端来实现。系统功能的核心部分集中于服务器，虽有极少部分事务逻辑在前端实现，但是主要事务逻辑都在服务器端实现。这样，大大简化了学生客户端计算机载荷，减轻了课程网站的系统维护与升级的成本和工作量。

教育云平台具有良好的资源共享性，可以在任意时间与地点，跨平台、多点接入对其进行操作，同时还可实现实时的教学互动与交流，消除教学信息孤岛，实现对学生学习记录的挖掘、统计学习规律、分析学习风格、评估学习效果，并给出适当的个性化学习指导建议等。

4. 现阶段：基于移动互联网的移动教学模式

伴随着移动互联网的迅猛发展，以及智能手机、平板电脑、笔记本的快速普及，网络课程教学模式进入了4.0阶段——基于移动互联网的移动教学模式。在该阶段，大量的网络课程资源转向支持移动智能终端的访问。例如，UMU互动学习平台等都支持移动终端上课与听课、作业与练习、考试与评估等功能。由于移动互联网将移动通信和互联网合二为一，使得基于移动互联网的移动教学模式更符合终身学习的要求，它帮助人们摆脱了时间和空间的束缚，根据自身的学习需求随时随地进行学习。因此，移动学习是未来远程学习的重要形式。

下面将以基于云平台的课程网站模式为基础，讲述网络课程教学模式的教学设计、资源制作与平台部署。

2.2 网络课程教学模式下的教学设计

网络课程教学模式是基于互联网的远程教育方式，其优势主要体现在时空的便利性、资源的丰富性、互动的高效性和学习的个性化等多个方面。同时，网络课程教学模式强调以学生为中心，在整个教学活动中教师起组织者、指导者、帮助者和促进者的作用。通过充分发挥技术的优势，围绕学生的学习需求设计学习过程，尽量满足学生个性化的学习目标。

网络课程教学设计形式多样，并无固定的模板要求，但归纳起来整个教学设计流程如图2-2-1所示。

(1) 在网络课程的教学过程中，教师首先要对学习内容进行分析，然后准备教学资源，如提供一些参考书籍、电子课件和教案、微视频教程、相关的专题学习网站等类型的素材。将教学资源分类为基础学习资源和扩展学习资源，为不同基础的学生准备，并提前上传到云

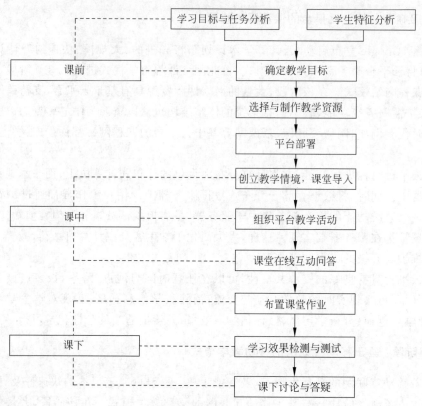

图 2-2-1　网络课程教学模式教学设计流程

平台,使学生可以提前利用云平台进行预备学习。资源准备完成后,教师要将课前学习任务明确地告知学生,并在学生自学完毕后,在线统计学生的问题,及时了解学生的预习情况。

(2) 在课前预习的过程中,学生要充分利用网络平台,了解教师安排的学习任务,提前进行预习并记录好问题。学生针对遇到的问题对教师进行在线提问或重点学习,有能力的同学可以浏览扩展学习资源。由于网络课程教学模式是完全基于互联网平台的学习,教学课件资源均提前上传到云平台,学生可以根据自己的情况选择资源和自定学习时间。

(3) 课堂导入是课堂教学过程的起始阶段。积极的思维活动是课堂教学成功的关键,而富有启发性的导入语可以激发学生的思维兴趣,所以教师在上课伊始就应当注意通过导入语来激发学生的思维,以引起学生对新知识新内容的热烈探求。用简洁的语言或辅助动作拉开一堂课的序幕,随之进入正式的课堂教学。课堂导入是课堂教学的主要环节之一,课堂导入的成败直接影响着整堂课的效果。在此过程中,教师还要对学生如何学好该节课程进行学习方法等方面的指导。

(4) 课堂教学主要是围绕所提供的内容展开视频讲授、研讨与答疑,进一步促进知识的内化。通过开展专题研讨和小组辩论,增加学生对重点知识的了解,从而掌握各知识点及其联系,并学会运用相关知识点解决实际问题。

(5) 在课堂教学结束后,教师对本堂课程布置线上作业,学生通过提交网络作业巩固相关知识。教师还可以布置探究型作业,通过有意识地创设问题情境或任务,组织学生进行课下的探索活动,再组织在线考试检测,以帮助学生掌握相关的知识与操作。

(6) 利用网络平台与学生进行沟通交流和课业指导。在网络课程教学模式的使用过程中，教师在课余时间可以通过 QQ、微信、聊天室等渠道与学生进行沟通交流，深入了解并解决学生们的问题，同时指导或监督学生在家中的学习情况；学生们也可以通过 QQ、微信、聊天室等方式寻求教师的帮助，构建和谐的师生关系。

在网络课程教学模式的教学设计流程中，(1)~(2)为课前环节，(3)~(4)为课中环节，(5)~(6)为课下环节。

2.3 网络课程教学模式下的教学资源制作技巧

网络课程教学模式下的教学资源核心就是教学课件。

教学课件是一种重要的信息化教学资源，包括 PPT 课件、Word 课件、Flash 动画课件、网页课件等多种形式。教学课件是在一定的教学理论与学习理论的指导下，根据教学目标而设计的，体现某种教学策略、表现特定教学内容的教学辅助软件。

合适的教学课件可以帮助学生更好地融入课堂氛围，其重要的特征都是要将教学内容以尽量丰富的形式呈现出来，吸引学生关注课堂教学知识，增进学生对教学知识的理解，从而更好地实现学习目的。而在网络课程教学模式下，教学课件尤为重要。因此，掌握一定的教学资源制作技巧，将会更好地促进网络课程教学模式的实施。

2.3.1 PPT 课件制作技巧

1. PPT 录课功能

第一步：打开 PPT，在导航栏里找到并单击"插入"选项卡，在该选项卡中找到"屏幕录制"按钮，然后单击该按钮录制视频，如图 2-3-1 所示。

视频讲解

图 2-3-1 PPT 录制按钮示意图

第二步：查看按钮说明。单击"屏幕录制"按钮后，显示如图 2-3-2 所示。

第三步：开始录制。单击"录制"按钮后，使用麦克风即可，对需要讲解的内容进行录制。录制完成后，会自动退出放映界面，进入大纲视图，此时每张幻灯片的左下角都会出现刚才录制记录的时间，如图 2-3-3 所示。

图 2-3-2 PPT 录制工具示意图

第四步：保存文件。切换回"文件"选项卡，选择"导出"→"创建视频"命令，单击最右边一栏中的"创建视频"按钮，如图 2-3-4 所示。

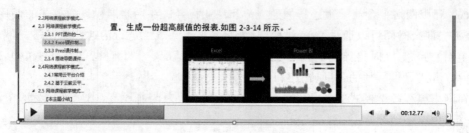

图 2-3-3　PPT 录制展示示意图

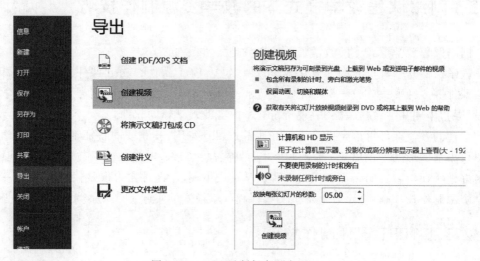

图 2-3-4　PPT 录制保存示意图(1)

在弹出的"另存为"对话框中选择视频保存位置并修改视频名称,单击"保存"按钮即可,如图 2-3-5 所示。

图 2-3-5　PPT 录制保存示意图(2)

[经验分享]

(1)录制时声音要大一些,杂音要小一些,记得关闭手机声音。

(2) 可以按照上述步骤先操作一遍,等操作熟悉后,再进行正式录制。

(3) 录制完成后一定要检查一遍,查看有无错误和疏漏,若有问题,需重录一遍。

2．PPT 中使用"插入对象"的技巧

打开 PPT,单击导航栏中的"插入"选项卡,如图 2-3-6 所示,在这里可以插入图片、图表、超链接、动作、公式、视频和音频等对象。

图 2-3-6　PPT 插入对象示意图

例如,单击"图表"按钮后,如果计算机中存在符合要求的资源,便可直接插入,然后保存到 PPT 软件中。但是在实际教学过程中,需要将制作好的 PPT 课件复制到教室计算机上进行放映,如果在插入课件资源时,没有将资源一起复制或者教室计算机上无相应的打开软件,则无法进行 PPT 课件的正常演示。所以在插入资源时,需要将待插入的资源复制在同一个文件夹目录下,并且设置相对路径,正确安装对应的编辑软件,这样才可以保证该课件的正常演示。

3．PPT 课件应用快速版式的技巧

PPT 提供了为当前文件的每页幻灯片设置统一版式的方法,不仅可以统一设置幻灯片,还可以统一设置备注和讲义模块,如图 2-3-7 所示。

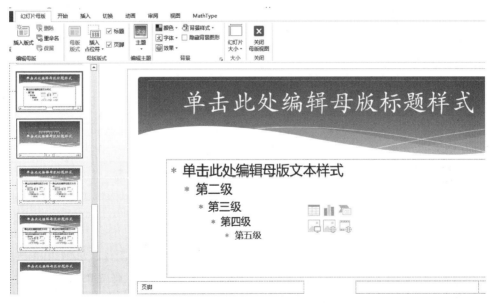

图 2-3-7　PPT 设置统一版式示意图

PPT 还提供了为播放幻灯片画重点的功能。当幻灯片在放映的时候，鼠标一般是空闲的，如果想在这个时候作标注或者画重点，可以右击幻灯片，调出指针选项进行操作实现，如图 2-3-8 所示。

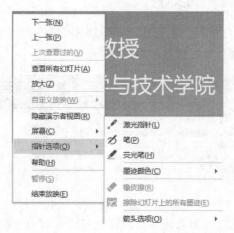

图 2-3-8　PPT 快速画重点示意图

4．制作简单的三维模型

PPT 提供了三维绘图工具栏，可制作一些简单的三维模型并可设置其形状、颜色等属性。例如，选择"插入"→"形状"→"立方体"命令后，按 Shift 键，然后按下鼠标左键拖动鼠标，可以得到一个正矩形，如图 2-3-9 所示。

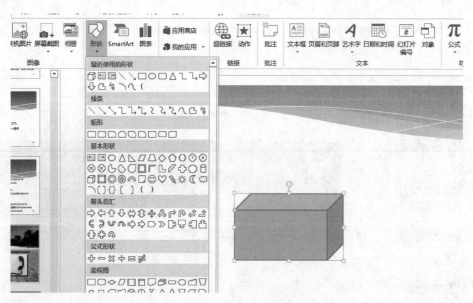

图 2-3-9　PPT 快速制作三维模型示意图

单击绘图工具栏里的相应功能，如填充、描边、虚线等可快速制作简单的三维模型，还可以通过进一步的设置修饰其三维立体效果，如图 2-3-10 所示。

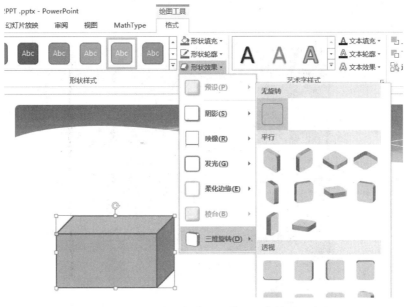

图 2-3-10　PPT 快速制作三维模型立体效果示意图

5. 快速演示文档

选择一个 PPT 文档,单击文件名后进行文件名修改,即将原扩展名改为.pps,如图 2-3-11 所示。

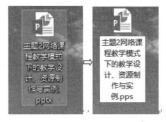

图 2-3-11　PPT 文件修改扩展名

视频讲解

2.3.2　Excel 课件制作技巧

Excel 是一个电子表格软件,可以实现对日常生活、工作中的表格数据进行处理。它通过友好的人机界面、方便易学的智能化操作方式,使用户轻松拥有实用美观、个性十足的表格,为教师处理学生成绩等数据提供很大的方便。

Power BI 是微软官方推出的可视化数据探索和交互式报告工具。也就是说,现在可以把 Excel 中的数据一键导入到 Power BI 中,然后通过简单的图表配置,生成一份"超高颜值"的报表,如图 2-3-12 所示。

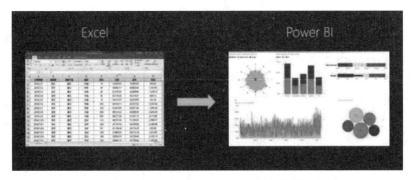

图 2-3-12　从 Excel 到 Power BI 可视化数据示意图

Excel 2016悄悄更新了一个功能：将工作簿上传到Power BI，但这个新功能并不显眼，其隐藏在"发布"里，如图2-3-13所示。

图2-3-13　从Excel到Power BI可视化发布示意图

如果计算机上还没有Excel 2016，那么可以先下载一个Power BI桌面版。然后把数据导入Power BI。

打开Power BI，单击左上方的"获取数据源"按钮，导入如图2-3-14所示的Excel表格。上传成功后，右侧的图表配置栏会自动读取Excel表格的所有字段，如图2-3-15所示。

	A	B	C	D	E	F	G
1	订购日期	推销员	销售产品	地区	数量	金额	成本
2	2016/1/1	阿辉	黄瓜	朝阳区	16	19.2	18.3
3	2016/1/2	阿辉	黄瓜	朝阳区	40	39.5	27.2
4	2016/1/3	阿辉	黄瓜	朝阳区	20	21.2	20.3
5	2016/1/4	阿辉	黄瓜	朝阳区	20	23.3	21.2
6	2016/1/5	阿辉	黄瓜	朝阳区	16	20.2	19.8
7	2016/1/6	文钱	茄子	东城区	200	40.3	37.4
8	2016/1/7	文钱	茄子	东城区	100	21.2	19.4
9	2016/1/8	文钱	茄子	东城区	200	40.2	39.5
10	2016/1/9	文钱	茄子	东城区	400	84.2	83.1
11	2016/1/10	文钱	茄子	东城区	212	48.3	47.3

图2-3-14　Excel数据示意图

对数据进行可视化处理，只需要通过勾选和拖曳字段，就能配置图表。例如，勾选"推销员"和"金额"字段，再选择一个合适的图表类型，就能自动生成图表。

接下来，如果想看全年中每个月的销售概况，只需要勾选"订购日期"和"金额"字段，就能生成一个图表，如图2-3-16所示。但如果横坐标是以年为单位，只有一条柱线图。这时只需要单击左上角的"往下深化"按钮，就能把数据进行细分到年、季、月份等。

细分完后把图表拉伸至合适大小。同理，还可以把想看的其他数据也一起配置到画布上，然后加上标题，调整一下颜色，如图2-3-17所示。

第2章 网络课程教学模式下的教学设计、资源制作与实例

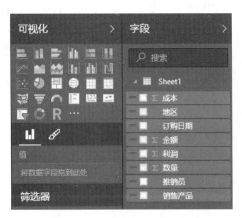

图 2-3-15 Excel 数据字段示意图

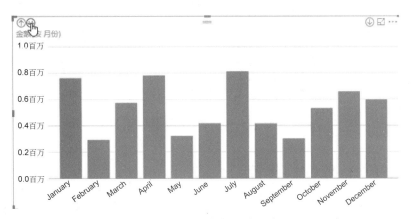

图 2-3-16 Excel 数据柱线示意图

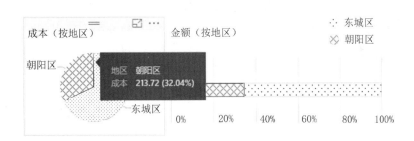

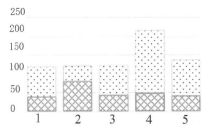

图 2-3-17 Excel 数据配置示意图

该软件还具有自动筛选、缩放等功能。利用各个图表中的数据互相关联,还可以形成互相约束。例如,若看其中一个推销员的数据,单击饼图中的一部分,其余图表会自动筛选出相应的数据,如图 2-3-18 所示。单击图表右上角,还可以放大、缩小,或对其中的图表进行仔细查看。

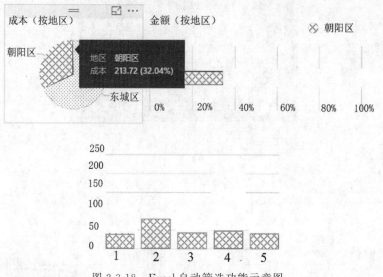

图 2-3-18　Excel 自动筛选功能示意图

2.3.3　Prezi 课件制作技巧

视频讲解

　　Prezi 是一款基于网络且适用于触屏的演示软件。不同于传统的基于幻灯片的演示方式,它采用了可缩放用户界面(Zooming or Zoomable User Interface,ZUI)技术,只用一张无限大的"画布"作为展示的界面。Prezi 在呈现海量信息、非连续性内容等方面有很大的优势。它可以很好地展示按照时空逻辑顺序、非线性关系、并列关系等方式呈现的教学内容。

　　下载安装包 ,安装完成后,单击 ![icon] 安装 PREZI 3.0(请记住 PREZI 的安装路径),软件的安装过程相当简单,不需要做详细解释。

　　打开 Prezi,进行登录注册的操作,如图 2-3-19 所示。

图 2-3-19　Prezi 登录注册示意图

单击图 2-3-19 中的 Sign up now 进入注册界面，如图 2-3-20 所示。单击 Basic 下的 Continue 按钮，然后进入 Create your free Basic account 进行注册。

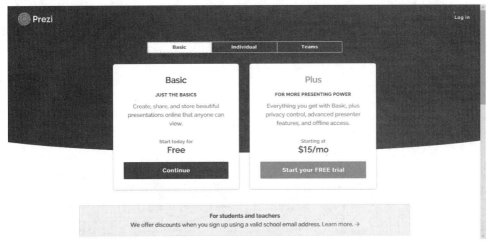

(a) Prezi 不同账户选择示意图

(b) 创造免费账户示意图

图 2-3-20　用户注册图

1．添加中文字体包

打开事先下载好的中文字体包，双击可执行文件，一键安装中文字体包，然后按任意键退出。接着，仍需手动将 font 文件夹内的字体文件复制到安装目录的对应路径文件夹中的 fonts 文件夹内，如图 2-3-21 所示。

2．工具介绍

插入 Insert，可以完成不同对象的插入操作，如图 2-3-22 所示。其中，插入框架 Frame 时，框架的功能相当于一页 PPT 幻灯片，文字、图片、视频会作为框架中的内容。当元素存在于框架中时，缩放框架的时候会同时缩放框架所包含的内容。框架类型有括号型、圆形、

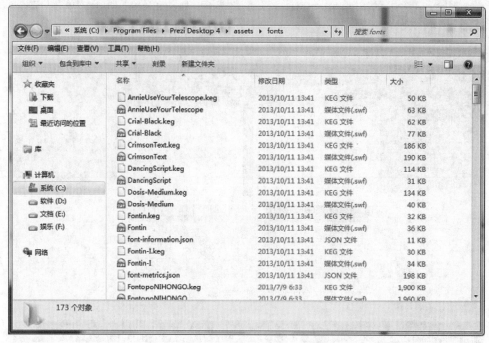

图 2-3-21　Prezi 字体路径示意图

矩形和隐形，其中缩放隐形框架的时候内容不会动。隐形框架在展示的时候是隐藏的，如图 2-3-23 所示。

图 2-3-22　Prezi 插入对象示意图

图 2-3-23　Prezi 插入框架示意图

插入路径 Path 时，如图 2-3-24 所示，路径规定了展示时播放的顺序，路径中的每个点可以是任何一个元素，包括文字、图片、视频等。当一个 Prezi 开始播放的时候，该元素就会充满整个屏幕，所以一个 4∶3 的框架就相当于 PPT 的一页。

那么，如何把某个元素添加在两个路径点之间呢？

方法 1：先单击，添加在最后，再从后面添加到前面去。

方法 2：路径状态下，编辑区会有路径

图 2-3-24　Prezi 插入路径示意图

线,将路径线上两个路径点中的加号拖到一个元素上,其中路径线上路径点也可以拖动。

3. 保存方法

Export as protable prezi 非常重要,是保存中的一种基本方法。单击后会生成一个压缩包,里面有 EXE 文件,直接将整个包备份就可以在任何计算机上运行。

值得注意的是:所有插入的图片和视频名称必须用英文。

2.3.4 思维导图课件制作技巧

思维导图又称为心智图、脑图、脑力激荡图、灵感触发图、概念地图等,是一种图像式思维的工具以及一种利用图像式思考辅助工具来表达思维的工具,也是一种将放射性思考具体化的方法。它运用图文并重的技巧,把各级主题的关系用相互隶属与相关的层级图表现出来,并与图像、颜色等建立记忆链接,充分运用左右脑的机能,利用阅读和思维的规律,协助人们在科学与艺术、逻辑与想象之间平衡发展。

(1)基于思维导图进行知识总结:在学习过一节或是一章的内容之后,可对知识点进行整理,对重点内容进行标记或备注。这可以使学生对所学的知识点进行更为系统的理解和深化,同时也利于个性化发展。

(2)基于思维导图的演示文档:可将思维导图作为新课的演示文档。思维导图的特点在于逻辑性和系统性强,从开始学习时就按照逻辑顺序对知识点进行讲解,更利于学生的学习。

常用的思维导图制作软件有 MindManager、XMind、Imindmap、百度脑图等。下面以 MindManager 为例,讲解思维导图课件的制作流程。

MindManager 功能区如图 2-3-25 所示。

图 2-3-25　MindManager 功能区示意图

通过功能区命令,可以快速地选择命令创建和编辑思维导图。所有命令分组放在各标签下,包括开始、插入、任务、设计、高级、审阅、视图及帮助等,有的命令还包含小箭头,可以打开列表或者对话框选择更多选项。单击功能区右上角的小箭头,可以收起展开功能区。

1. 新建添加操作

可选择各种结构形式的空白模板,也可选择已设计好的模板。双击"空白模板",即可新建空白思维导图,选中"中心主题",单击两侧的"+"按钮,可添加子主题,效果如图 2-3-26 所示。

图 2-3-26　MindManager 新建子主题示意图

对"子主题"也可进行同样的编辑,直到按照自己的逻辑网络将知识整理出来。其中,上方功能区的"字体"按钮可以对字体、大小、颜色、标注等进行设置。

2. 添加备注操作

选中"滑动摩擦"图标并右击,选择"图标"命令,在展开的子菜单中可选择在文字前添加的图标样式(起到提示等作用),如图2-3-27所示。

图2-3-27　MindManager添加图标示意图

选择"备注"命令,可在主题右下角添加备注,如图2-3-28所示。

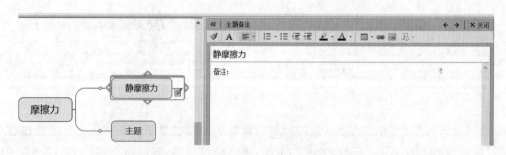

图2-3-28　MindManager编辑备注示意图

选中"滑动摩擦"图标,单击功能区中的"链接"按钮,可添加各种格式的链接,如图2-3-29所示。

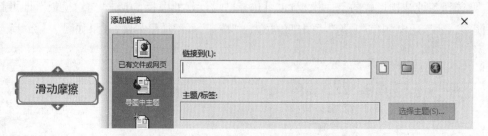

图2-3-29　MindManager添加链接示意图

同理,单击"附件"按钮,可添加附件。

3. 放映

思维导图可进行类似 PPT 的播放功能。首先将导图中的子主题进行收缩,之后选择"视图"→"演示文稿"→"穿行"命令,就进入了思维导图的放映模式,单击"下一步"按钮,就会将导图一步步展开。

2.4 网络课程教学模式下的平台部署

当前网络课程平台多为云平台模式,并朝着社会化、大规模化、自组织化的方向发展。为了实施基于网络课程的教学模式,教师们需要将制作好的课程资源部署到相应的网络平台上,为学生提供多样化的学习资源与服务。

2.4.1 常用云平台介绍

1. 头歌

头歌是一款信息技术类实践教学平台,支持从教学到实践的课程服务,可为高校提供立体化的教学实践运行环境、课堂教学工具与专业课程资源等服务。头歌主页如图 2-4-1 所示。

图 2-4-1 头歌主页

头歌的服务宗旨是开展实践性的教学活动,将知识传授和工程实战有机结合。其主要功能如图 2-4-2 所示。

(1) 实践课程功能:面向高校创新实践的课程发布平台,资源发布方既可以自行建设实践课程,又可以灵活地借鉴他人的资源、重组资源,进而发布课程。教师可以借助平台的

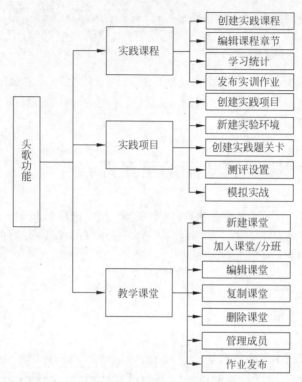

图 2-4-2　头歌的主要功能

实践项目体系,由浅入深地规划实践项目路径,帮助学生快速提升实战水平,如图 2-4-3 所示。

图 2-4-3　实践课程功能示意图

(2)实践项目功能:面向工程实践的协同实战平台,在实践项目环节中引入游戏通关元素,在促进实践能力培养的同时激发学习者的学习兴趣,如图 2-4-4 所示。

图 2-4-4　实践项目功能示意图

(3)教学课堂功能:面向课堂教学的协同交流平台,以"教师主导、学生主动"为目标,能够有效地促进教学互动交流、有效支持社区型学习、实践和创新活动,全面提升教师施教效率和水平,如图 2-4-5 所示。

图 2-4-5　教学课堂功能示意图

此外，头歌还有在线竞赛、教学案例、交流问答等功能，如图 2-4-6 所示。

图 2-4-6　头歌在线竞赛、教学案例、交流问答等功能示意图

头歌软件的优势是可以实现在线虚拟仿真实验，即提供完善的配套工具与服务，支持专用仿真引擎、3D 虚拟引擎、混合编程驱动的各类虚拟仿真实验，实现了理论教学与实践教学的一体化教学模式。

2．网易云课堂

网易云课堂同样是在线教育服务平台。该平台主要为学生提供海量、优质的课程，向用户提供"观看视频-课程笔记-答疑解惑-参与讨论-课程测验"整套闭环体验，用户可以根据自身的学习程度，自主安排学习进度。网易云课堂主页及主要功能示意分别如图 2-4-7 和图 2-4-8 所示。

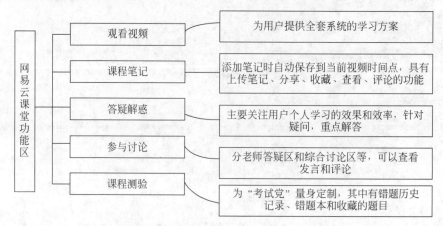

图 2-4-7　网易云课堂主页

图 2-4-8　网易云课堂主要功能示意图

此外，网易云课堂的特色功能还有如下四个。

(1) 讨论功能：该功能提供了老师答疑、课堂交流、综合讨论和测验作业讨论等子板块，如图 2-4-9 所示。

图 2-4-9　网易云课堂讨论区示意图

(2) 读书笔记功能：该功能为视频学习做了专门设计，如图 2-4-10 所示。

图 2-4-10　网易云课堂读书笔记示意图

(3) 题库功能：该功能为"考试党"量身定做，其中有做题历史记录、错题本和收藏的题目子板块，如图 2-4-11 所示。

图 2-4-11　网易云课堂题库示意图

(4) 学习监督功能：云课堂关注用户的学习效率和效果。学生在学习过程中，云课堂支持自动/手动标记课时完成状态，或标记为"重要/有疑问"等，以便用户回顾和把控学习进度。

简而言之,网易云课堂实现了连接教师和学生、支持教学全过程的功能,以满足互联网用户多层次的学习需求,如图 2-4-12 所示。

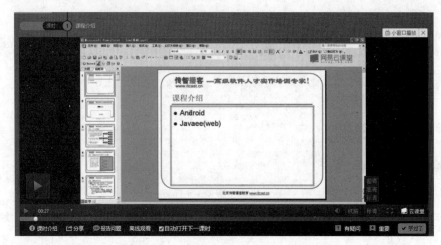

图 2-4-12　网易云课堂学习监督示意图

3. 其他常用云平台简介

(1) 人民教育出版社学科网站。其上提供电子课本、教师用书、教学设计、多媒体课件、试卷等一系列教学资源,如图 2-4-13 所示。

图 2-4-13　人民教育出版社学科网站主页

(2) 学堂在线。学堂在线是免费公开的 MOOC(大规模开放在线课程)平台,其上运行了包括清华大学、北京大学、复旦大学、斯坦福大学、麻省理工学院、加州大学伯克利分校等国内外几十所顶尖高校的优质课程,涵盖计算机、经管创业、理学、工程、文学、历史、艺术等多个领域,致力于通过来自国内外一流名校开设的免费网络学习课程,为公众提供系统的高等教育,如图 2-4-14 所示。

图 2-4-14　学堂在线主页

（3）云朵课堂。云朵课堂提供一个低成本实现在线教育平台的一站式解决方案，包含课程点播、教学管理功能，可快速搭建属于自己的网络教育平台，即建立自己的网校，如图 2-4-15 所示。

图 2-4-15　云朵课堂主页

（4）慕课网。慕课网是以视频教学为特色的资源类平台，可为学习者打造一个能迅速提升 IT 技能的共享学习平台。该平台设有免费课、实战课、体系课、慕课教程等功能区，提供基础课程、实用案例、进阶实战三大类型的课程，具体包括前端、后端、移动端等技术开发课程，适合不同阶段的学习人群。其主页如图 2-4-16 所示。

慕课网的优势功能主要包括提供独家视频教程功能、记笔记功能、资料共享功能。

（1）提供独家视频教程功能：慕课网能够根据学习者的需求，定制专属体系课程，体系课程涵盖各个热门技术领域，如图 2-4-17 所示。

（2）记笔记功能：可实现边学边记、随用随查等功能，旨在打造用户专属的技术手册，笔记区如图 2-4-18 所示。

（3）资料共享功能：给用户带来丰富、便捷的学习体验，共享学习资源包括讲师源码、工具素材、配套教辅、Git 仓库等。

信息化环境下的教学设计与实践(第2版·微课视频版)

图 2-4-16　慕课网主页

图 2-4-17　慕课网独家课程

第2章 网络课程教学模式下的教学设计、资源制作与实例

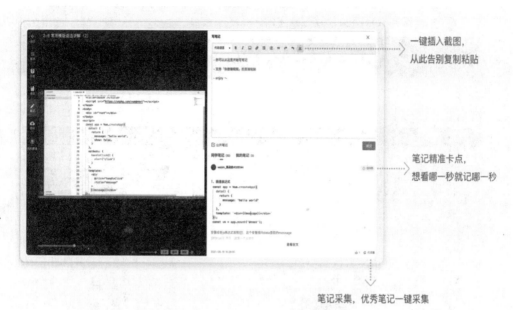

图 2-4-18 笔记区

2.4.2 基于云教云平台的网络课程资源部署

本节以云教云平台为例,具体介绍云平台的使用方法,其部署流程如图 2-4-19 所示。

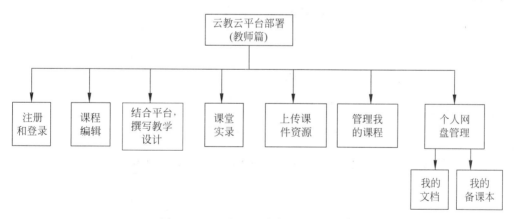

图 2-4-19 云教云平台部署流程示意图

1. 注册和登录

进入平台后,进入注册界面。先阅读用户须知,然后选择身份,填写信息,最后注册成功。注册完成后,如图 2-4-20 所示。

在资源平台页面的导航条右侧有"我的空间"按钮,单击将进入登录页面。用户登录成功后,会跳转到用户的个人空间,如图 2-4-21 所示。

图 2-4-20　云教云平台注册流程图

图 2-4-21　云教云平台个人空间示意图

2. 课程编辑

登录成功后，用户进入"个人空间"，单击右上角的"一师一优课一课一名师"模块中的"我要晒课"按钮，即可进入课程编辑界面，如图 2-4-22 所示。

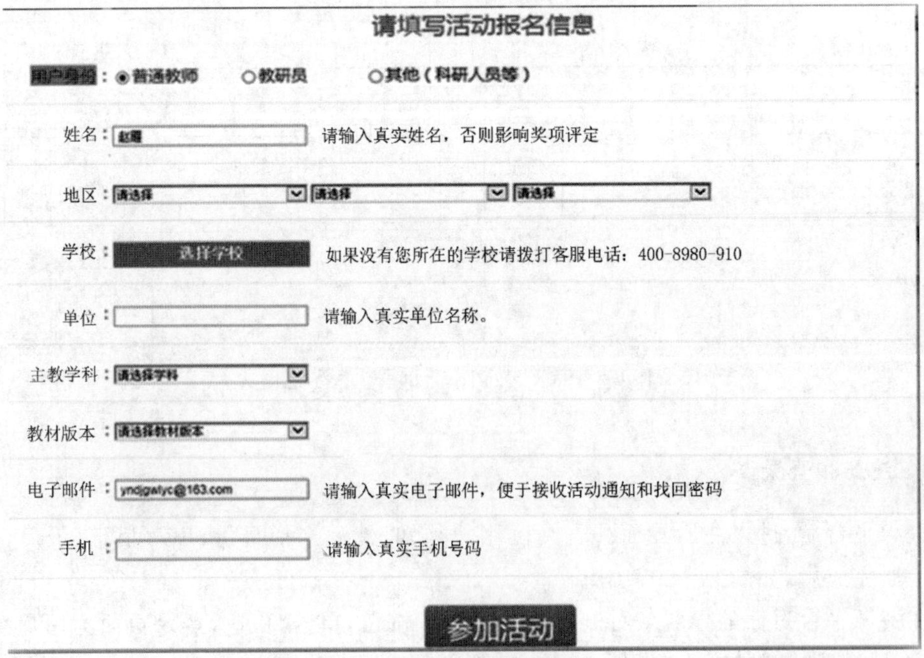

图 2-4-22　云教云平台课程编辑示意图

选择学科和教材版本，如图 2-4-23 所示。

图 2-4-23　云教云平台选课示意图

3. 结合平台，撰写教学设计

单击"我要晒课"按钮后，进入相应课程下的教学设计编辑界面，在此界面可依次对教学目标、学情分析、重点难点、教学过程等教学设计过程环节进行内容编辑，如图 2-4-24 所示。

图 2-4-24　云教云平台教学设计编辑示意图(1)

单击如图 2-4-25 所示的"编辑"下拉列表框，会弹出修改、删除、上移、下移、上方插入、下方插入等选项，这里不一一介绍了。

注：在"我要晒课"界面的右下方，悬浮着一个所晒课程教学设计的结构树，单击树上的每个分枝，都可实现教学设计内容的具体定位，方便教师的整体浏览与操作，如图 2-4-26 所示。

以上是撰写教学设计的全部操作步骤，教师完成此步骤后单击页面底部的"下一步"按

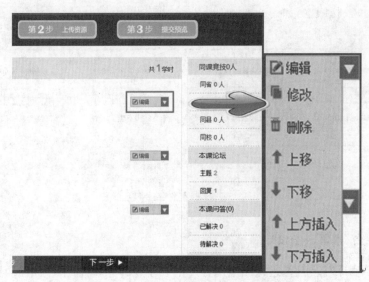

图 2-4-25　云教云平台教学设计编辑示意图(2)

图 2-4-26　云教云平台教学设计编辑示意图(3)

钮即可进行下一步的操作。

接下来介绍如何将课堂实录、课件、素材资源、课后作业等内容在平台上进行上传,如图 2-4-27 所示。

4. 课堂实录

课堂实录是指教学过程视频,展现的是课堂教学的所有内容,过程要完整,画面要清晰。建议教师做好课堂实录后对其进行适当的后期剪辑处理,在适当环节插入教学资源呈现画面,保证资源呈现画面清晰可见。该技巧在前期均已进行了详细讲解,在此不对制作技巧进行过多说明,如图 2-4-28 所示。

第2章　网络课程教学模式下的教学设计、资源制作与实例

图 2-4-27　云教云平台资源上传示意图

图 2-4-28　云教云平台课堂实录示意图

5. 上传课件资源

此步骤主要是将之前所准备的课件、课后作业和其他相关的数字教育资源上传至平台。在课堂教学过程中用到的素材资源可在此上传。上传时需对资源类型（包括微课、素材、习题、实验、工具、数字教材、课标解读、教材教法分析）进行选择，其他操作方法同课堂实录，完成后单击"保存"按钮即可，如图 2-4-29 所示。

课后作业上传与课件上传方法相同，这里不做展示。当全部资源上传完毕后，页面底部会出现"上一步"和"保存"两个按钮。单击"上一步"按钮，可回到之前教学设计的编辑页面，此时仍可对教学设计内容进行修改编辑。单击"保存"按钮，即可进入预览提交页面。"我晒的课"界面如图 2-4-30 所示。

6. 管理我的课程

完成了教学设计的撰写、教学资源的上传以及提交预览后，即来到"我晒的课"界面。在此界面，晒课状态已变成了"已提交"。在这里可以查看"晒课"的轨迹，方便对自己的"晒课"内容进行管理。

（1）查看课程：单击"我晒的课"，在此界面下单击"全部"按钮，可在此板块下查看所晒"优课"的各种状态，如"待提交""待审核""审核通过""退回"等，如图 2-4-31 所示。

图 2-4-29 云教云平台素材资源上传示意图

图 2-4-30 "我晒的课"界面

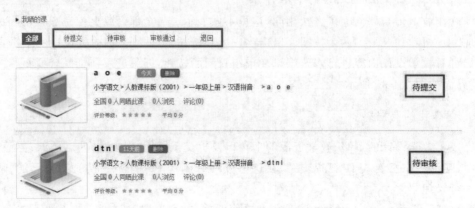

图 2-4-31 云教云平台查看晒课示意图

(2) 修改课程。

① "待提交"状态下,单击课程名称,可跳转至未完成的晒课界面,教师仍可对教学设计进行撰写,也可对教学资源进行上传。

② "待审核"状态下,单击课程名称,可跳转至所晒的本优课展示页,此状态下,仍可返回到上一步对教学设计进行修改完善,也可对教学资源进行上传。

③ "退回"状态下,可在该类别下查看未被管理员审核通过的晒课记录,需要对列表中被退回的课程进行修改后,可再次进行上传,如图 2-4-32 所示。

图 2-4-32　云教云平台课程修改示意图

7．个人网盘管理

(1) 我的文档。

进入"我的网盘"之后,单击"我的文档"就可以显示保存在网盘里的文件,同时用户也可以将本地资源上传到网盘进行永久性存储管理,如图 2-4-33 所示。

图 2-4-33　云教云平台个人文档示意图

对于"我的文档"中的资源可以实现分享、下载、移动、复制、重命名、删除等操作。此外,用户还可以利用移动设备对"我的文档"中的资源通过扫描二维码进行下载,如图 2-4-34 所示。

图 2-4-34　云教云平台二维码扫描示意图

(2) 我的备课本。

用户单击"新建"按钮可以创建备课本,然后选择学段、学科、版本、年级后完成备课本的创建,如图 2-4-35 所示。备课本创建完成后课本目录结构会显示出来,并且每课资源按教案、课件、素材、习题、其他等类别进行显示。

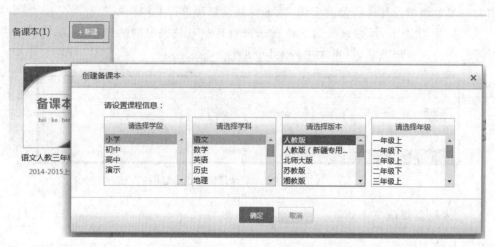

图 2-4-35　云教云平台备课本示意图

用户单击课程目录,进入上传资源页面,可以选择将本地资源或者云端资源保存到课程目录下,并按教案、课件、素材、习题、其他进行分类。同时用户还可以在此看到系统推荐的有关此课程的优质资源,单击"下载"按钮可将资源下载到本地计算机中,如图 2-4-36 所示。

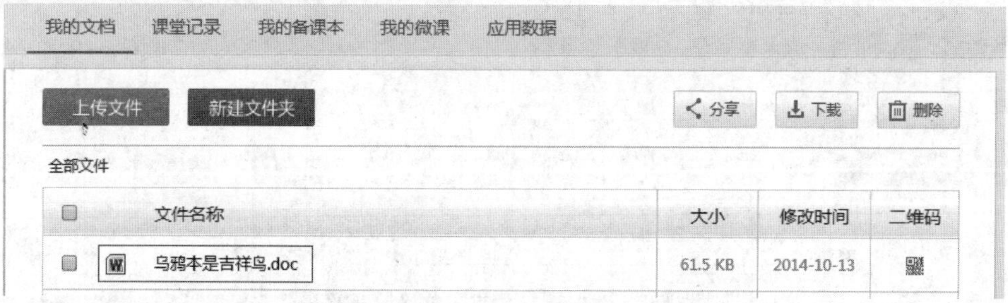

图 2-4-36　云教云平台下载资源示意图

综上,本节介绍了基于云教云平台的网络课程部署方法,它为教师提供了一个晒课的平台,也为学生提供了一个多样化的在线学习选择。

2.5　网络课程教学模式下的教学设计实例

前面详细介绍了网络课程教学模式的内涵、特征与发展历程,详述了其教学设计过程、教学资源制作技巧和平台部署方法。因此,本节参照 2.2 节"网络课程教学模式下的教学设计",以云教云为网络课程教学模式的部署平台,选择"密度与浮力"这个知识点,设计相应的教学过程,供读者参考。

"物体的浮与沉"的教学设计

1. 教学内容分析

"物体的浮与沉"是八年级物理第七章"密度与浮力"的最后一节,这之前,学生已学习了牛顿第一定律、重力、密度、阿基米德原理等知识。由此可见,本节知识具有一定的综合性,教学难度也较大,可利用多媒体课件进行展示,以调动学生的学习积极性。同时可通过仿真实验,完成网络课程的教学。

2. 学情分析

学生特点:该年级学生具有一定的发现问题、分析问题和解决问题的能力,能够与其他同学讨论,流利地表达自己的思想和批判他人的观点。同时,他们具有很强的好奇心、敏锐的观察力和一定的动手能力,这些对他们学好物理有极大的帮助。

学习障碍:学生有思维定式,容易认为重的东西易沉。因而,本节课首先引导学生正确理解浮力的来源和作用效果,然后探究影响浮力大小的因素。他们的抽象思维能力和逻辑推理能力还不够强,对于物理实验数据的分析和处理能力较弱,他们对于物理问题的认识还停留在感性层面,需要过渡到理性认识上来。

3. 教学目标分析

(1) 通过仿真实验探究、理解物体的浮沉条件。

(2) 通过对轮船、潜水艇、气球、飞艇和密度计浮沉原理的学习,培养学生运用物理知识解决实际问题的能力。

4. 教学重点与难点

(1) 物体浮沉条件的分析。

(2) 浮沉条件的实际应用——密度计、潜水艇、气球的工作原理。

5. 教学过程设计

教学过程设计如表 2-5-1 所示。

表 2-5-1 教学过程设计

教学环节	教学活动		设计意图
	教师活动	学生活动	
(1) 教师准备教学资源(课前)	教师设计并制作课件,将制作好的课件上传到云平台,供学生预习时使用	学生通过云平台完成课程预习	提前部署好教学资源,方便课前学习活动的开展,促进学生的预习
(2) 自主学习(课前)	情景设置1,温故知新。PPT课件回顾浮力的定义、测量方法、阿基米德原理及公式,如图 2-5-1 所示。情景设置2,启发引导。① 视频课件:《飞屋环游记》视频片段,如图 2-5-2 所示。② PPT课件——观察几个物体的浮沉情况,如图 2-5-3 所示	情景设置1,通过观察《飞屋环游记》视频,探索发现其中的原理。情景设置2,感受水对不同物体的作用力	通过情境导入的形式,寓教于乐地拉近科学与生活的距离,使学生感到科学就在身边,激发学生的学习兴趣和探究欲望,从而将教师的"导"与学生的"学"有机地结合起来

续表

教学环节	教学活动		设计意图
	教师活动	学生活动	
（3）网络课堂（直播或录播）	演示实验：分别将木块、乒乓球、小铁钉、橙子放入水中，哪些沉、哪些浮？仿真探究实验：布置学生探究实验，怎样使物体上浮和下沉，见图2-5-4	仿真探究实验：怎样使物体上浮和下沉。通过Flash仿真实验，完成以下表格的填写，并在平台上提交，如图2-5-5所示	让学生理解影响浮力大小的因素，强化科学思维。仿真实验可以帮助学生形成感性的认知，同时可以更好地激发学习兴趣与创新思维
（4）互动与答疑	教师可以通过QQ群和学生随时联系，回答学生在学习与实验过程中提出的问题，及时与学生进行交流。教师可以要求学生使用QQ空间进行实时学习记录	每个学生仿真实验后，思考改变浮沉的不同方法或向教师提问	答疑
（5）联系实际生活进行知识运用	解密生活（10 min）学完本章节之后，你可以解释潜水艇的沉浮原理吗	学生回答教师提问，回归生活、活学活用本节课上的知识	引导学生利用所学知识分析蕴含在科技、生活等场景中的实际物理问题，突出新课标"从生活走向物理"的课程理念
（6）课外知识拓展	今天你到底学得如何？让我们一起完成课堂检测。必做题：一艘轮船从海里航行到河里，其重力和浮力会怎么变化？（其他略）深度思考：古今中外对浮力利用的例子特别多，请学生参考自学	学生在规定时间内，独立完成导学案检测题部分，如图2-5-6所示。核对答案，做错的同学分析原因。学有余力的同学，登录链接，完成知识的拓展学习	针对制定的教学目标，精选习题检测学习效果，及时反馈与巩固本节课的知识点。针对学生出现的错误及时进行纠正和补救，提升学习效果
（7）教学反思			

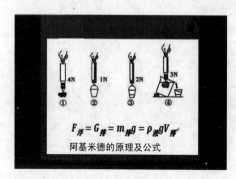

图2-5-1　阿基米德原理及公式

图2-5-2　《飞屋环游记》视频片段

第2章 网络课程教学模式下的教学设计、资源制作与实例

图 2-5-3 物体浮与沉视频案例

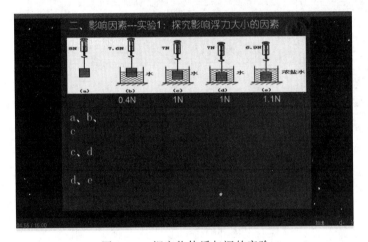

图 2-5-4 探究物体浮与沉的实验

实验序号	实验方法	观察小瓶运动情况	小瓶受力情况分析 受力示意图
1	把盖上盖子的空小瓶浸没于盐水中，再松手	上浮	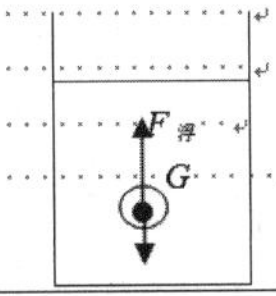 $F_{浮}$ ↑ ⊙ ↓ G
2	把装满水并盖上盖子的小瓶，浸没于盐水中，再松手	下沉	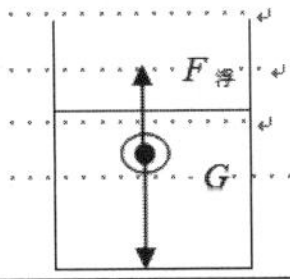 $F_{浮}$ ↑ ⊙ ↓ G
3	调整小瓶中的水量并盖上盖子（使其悬浮）浸没于盐水中，再松手	悬浮	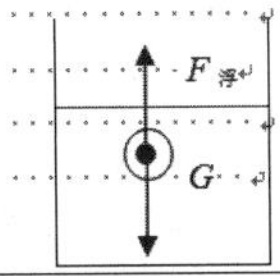 $F_{浮}$ ↑ ⊙ ↓ G

图 2-5-5 物体浮与沉的实验记录

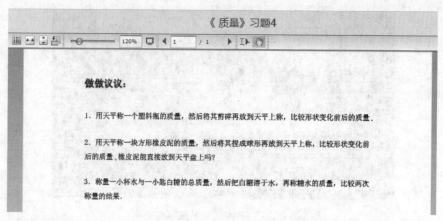

图 2-5-6　独立导学检测练习

本章小结

基于网络课程的教学模式以其特有的师生异时异地性，可以很好地实现优质师资的共享、优质教学资源的共享、师生的良好沟通与互动等功能，为教学带来极大的便利。基于网络课程的教学模式在一定程度上弥补了传统课堂教学模式的不足，极大地促进了教育公平。未来的网络课程教学将逐渐向知识碎片化与图谱化相结合、教学沉浸化与趣味性相结合、与其他教学模式相融合等方向发展。

要真正掌握网络课程教学模式的基本理论、方法与技术，首先必须对网络课程教学模式的内涵、特征以及教学设计过程有基本的把握，形成认知体系。其次，本章涵盖了大量的网络课程教学资源制作技巧和平台部署方法，读者需要结合习题，在课下勤习勤练，从而熟练掌握相关技巧。

思考与探索

1. 网络课程教学模式的发展经历了哪几个阶段？
2. 请任意选择一个知识点完成课程的 PPT 录屏。
3. 请任选一个教学云平台完成网络课程教学资源的部署。
4. 以网络课程教学模式下的教学设计为内容，完成一篇课程论文。

参考文献

[1] 陆泽旭,陈江鸿.远程教育云平台发展现状分析[J].江西广播电视大学学报,2014(2)：15-18.
[2] 孙博.网络课程教学资源制作思路[J].吉林省教育学院学报(上旬),2014(3)：53-54.
[3] 宫正.我国网络课程发展初探[J].长春教育学院学报,2013(1)：8-9.
[4] 揭后新."双主体"教学设计模式在网络课程中的研究[D].成都：西南交通大学,2011.

[5] 唐庆强.《多媒体网络课件设计与制作》精品课程网络教学资源建设研究[D].南昌:江西师范大学,2010.
[6] 王瑞娥.网络课程的教学设计模式研究[D].北京:北京邮电大学,2010.
[7] 李婷.网络课程中教学活动的设计与应用研究[D].长沙:湖南师范大学,2012.
[8] 黄晓,乜勇,陈江华.基于网络课程混合教学模式的应用研究[J].中国教育信息化,2015(12):49-51.
[9] 孟香惠.基于网络课程的融合式教学模式设计与实践探索[J].中国远程教育,2013(6):56-60.
[10] 高东怀,裴立妍.基于网络课程的教学模式构建与应用[J].现代教育技术,2013(1):80-83.

第3章 翻转课堂教学模式下的教学设计、资源制作与实例

学习目标

- 掌握翻转课堂教学模式的内涵、发展历程。
- 理解翻转课堂的特点与教学理念,客观看待翻转课堂教学模式。
- 熟练掌握翻转课堂教学模式的教学设计方法。
- 掌握视频类、音频类等教学资源的制作方法与技巧。
- 至少掌握一种微课平台的使用方法及技巧,同时掌握翻转课堂模式下的教学。

知识导图

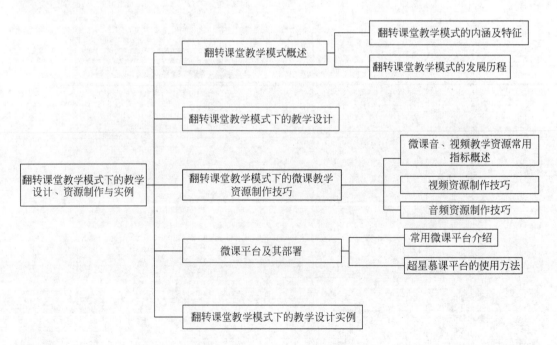

> **学习要点**

本章主要涉及翻转课堂教学模式下的教学设计、资源制作与实例。本章概述了翻转课堂教学模式内涵与特征,重点介绍了翻转课堂教学模式下的教学设计流程以及微课制作技巧和微课云平台的部署。对这些基本内容的理解和掌握有助于教师更好地实施翻转课堂教学模式和开展课程教学。其中,翻转课堂教学模式下的教学设计流程是本章的学习重点与难点,教师只有深刻理解了翻转课堂教学模式与传统教学模式的区别,才能更好地进行教学设计,从而制作出合适的教学资源并进行教学平台的部署。为此,本章以超星慕课平台为例,详细介绍微课平台的部署方法;又通过几个代表性的微课资源制作工具,具体介绍翻转课堂教学模式下的微课资源制作方法,供教师在教学过程中参考借鉴。为帮助读者理解学习内容,建议在学习过程中充分利用本章的知识导图。

3.1 翻转课堂教学模式概述

3.1.1 翻转课堂教学模式的内涵及特征

传统的教学过程通常包括知识传授和知识内化两个阶段。知识传授是通过教师在课堂中的讲授来完成的。知识内化则需要学生在课后通过作业、操作或者实践来完成。在翻转课堂上,这种传统的教学形式受到了颠覆,知识传授通过信息技术的辅助在课下完成,知识内化则在课堂中经教师的帮助与同学的协助而完成。随着教学过程的颠倒,课堂学习过程中的各个环节也随之发生了变化。教师与学生之间、学生与学生之间的互动探究在翻转课堂里将是一种常态,包括问题的答疑、知识的运用等。这样的课堂将会是一个知识碰撞、灵感迸发的地方。学生由原来知识学习的被动者变为知识学习的主动者,从而达到良好的学习效果。教师在课前主要负责制作帮助学生学习知识的教学课件及内容的准备,课中帮助学生完成知识的内化。这就是所谓的颠倒课堂,即翻转课堂教学模式的内涵。

与传统课堂模式相比,翻转课堂教学模式具有以下鲜明特点。

(1) 颠覆了教学理念:翻转课堂强调以学生为中心,做到真正意义上的"因材施教",强调学生个性化学习以及教师针对性的指导。

(2) 重构学习流程:对学生的学习过程进行了重构。"知识获取"是在课前进行的,"吸收内化"是在课堂上通过互动来完成的。

(3) 重塑了师生角色:与传统课堂不同的是,学生是主动内化知识的自主学习者,教师是学生学习的指导者、资源的提供者、课堂活动的组织者,负责个性化指导和答疑解惑。

3.1.2 翻转课堂教学模式的发展历程

1. 早期翻转课堂教学模式的提出

早期关于"翻转式教学"的实践和研究主要是在美国高校中进行的。例如,20 世纪 90 年代,哈佛大学的物理教授埃里克·马祖尔(Eric Mazur)就对"翻转学习"开展了研究工作,将翻转学习与他创立的"同伴教学法"进行了整合：学生在课前看视频、阅读文章或运用自己原有的知识来思考问题，然后回顾所学知识，提出问题；教师在课前针对学生提出的问题进行教学设计和开发课堂学习材料；在课堂上引发学生讨论，共同解决难题。

2000 年，翻转课堂作为一种概念被明确提出，如 J. Wesley Baker 在第 11 届大学教学国际会议上发表的论文里提到了翻转课堂的概念，英语中被称为 Inverted Classroom 或 Classroom Flip。

2. 翻转课堂的应用现状

基于网络的翻转课堂最早的探索者是孟加拉裔美国人萨尔曼·汗，2006 年 11 月，他制作的第一个教学视频传到了 YouTube 网站上，并很快引起了人们的关注。

2007 年后，他将课程全部上线并建立了可汗学院。同年，美国科罗拉多州森林公园高中的化学教师乔纳森·博格曼(Jonathan Bergmann)和亚伦·萨姆斯(Aaron Sams)在课堂中采用翻转课堂教学模式，并推动了这个模式在美国中小学教育中的使用。

2010 年，克林顿戴尔高中对 140 名学生进行翻转课堂教学改革试验。经过一个学期的学习，学生的学习成绩得到了大幅提高，各门课程的不及格率(原先一直在 50% 以上)分别降低为：英语语言艺术, 33%；数学, 31%；科学, 22%；社会研究, 19%。

2012 年 6 月，美国教育咨询公司针对已经采用翻转课堂的 453 位教师进行了问卷调查，67% 的受访教师表示学生在标准化考试中的成绩得到了提高，80% 的受访教师认为学生的学习态度得到了改善。

2011 年，翻转课堂教学模式传入我国，无论是教育学界的专家、学者，还是来自一线的中小学教师都开始了翻转课堂教学模式的实践探索。

2013 年 2 月 26 日，我国主流教育媒体《中国教育报》以"一个人的网络教学震动了世界"为题全面介绍了美国可汗学院的视频教学。文中没有使用"翻转"，而译为"颠倒"一词，认为"颠倒的课堂"使教育者赋予学生更多的自由，把知识传授的过程放在教室外，让人们选择最适合自己的方式接受新知识；而把知识内化的过程放在教室内，以便同学之间、同学和教师之间有更多的沟通和交流。

到如今，翻转课堂已成为一种在全世界范围广为应用的教学模式。

3.2 翻转课堂教学模式下的教学设计

尽管信息化环境下的教学模式有多种，但无论教学方法方式如何，信息化环境下教学设计所关注的基本点都是一致的，基于翻转课堂教学模式的教学设计也是这样，其教学设计流程如图 3-2-1 所示。

(1) 首先，教师根据学生要学习的内容，上传课件资料到云平台供学生学习。一般情况下，将资源分为基础资源和扩展资源两个等级，为不同基础的学生准备。其中，微视频的制作是资源准备中的核心内容。根据每节课的课堂目标，一般可以为学生准备 1～3 个微视频，每一个微视频只介绍一个知识点或者呈现一个案例。可以利用一些视频制作软件(如 Camtasia Studio 6.0)来进行微视频的录制与后期制作。制作完成后，将视频和其他电子资源上传到网盘，方便学生们下载观看。资源准备完成后，教师要将课前学习任务明确地告知

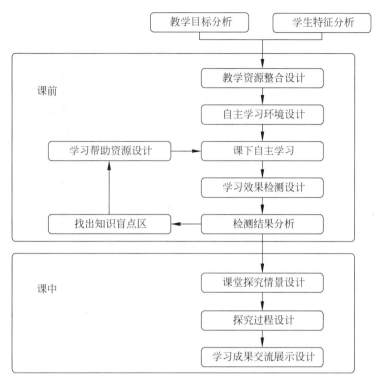

图 3-2-1　翻转课堂教学模式教学设计流程图

学生,并在学生自学完毕后,统计学生的问题,及时了解学生的自学情况。

(2) 学生完成课下自主学习。学生要充分了解教师安排的任务,学习教师准备好的微视频内容,有能力的同学可以浏览学习扩展资源。学生自主学习完成后,进行自我测评。学生要总结自己学到的知识以及存在的问题,并将问题反馈给小组长,由小组长将问题汇总后反馈给教师。这种方式最大的好处就是实现了个性化学习,学生可以根据自己的情况选择资源和自定学习时间。

(3) 教师根据学生的学习状况和知识掌握程度以及学生学习过程中遇到的疑难问题,准备上课所需要的课件。

(4) 课中,教师设计教学活动帮助学生完成知识的内化,解决学生在课前学习时遇到的疑难问题,巩固所学知识。由教师安排任务或提出相关问题,由小组同学合作完成。学生可以充分利用这段时间来和学习伙伴讨论自主学习时遇到的问题,或者根据教师任务发表自己的观点。

(5) 进行学习成果交流。首先由几个小组的学生代表总结本次课程的收获及已解决的疑难点。之后教师针对各个小组出现的重点问题与重点知识集中讲授,对整节课的知识进行系统化梳理,引起学生注意,并对课程学习过程进行总结。

(6) 反馈评价阶段是课程的最后环节,教师要从学生个人、各个小组以及整体的角度,对课程进行整体评价,重视评价的多元性和公平性,以激励为主。之后教师可以引导学生进行课后的复习。同时,教师应注意引导学生培养积极探索以及交流协作的精神,潜移默化中提高学生的自学能力和问题解决能力。

在翻转课堂教学模式的教学设计流程中,(1)~(3)为课前环节,(4)~(6)为课中环节。

3.3 翻转课堂教学模式下的微课教学资源制作技巧

微课又称为微课程,是指以微型视频等教学资源为主要载体,教师针对某个学科知识点(如重点、难点、疑点、考点等)或教学环节(如学习活动、主题、实验、任务等)而设计开发的一种情景化、支持多种学习方式的在线视频课程。根据教学论的系统观,对"微课程"的定义是:时间在10分钟以内,有明确的教学目标,内容短小,集中说明一个问题的小课程。翻转课堂的三要素包括微课视频、教学活动和支撑环境,其中微课视频是核心要素。因此,一节好的微课课程,必然需要有好的微课教学资源制作技巧做支撑。

3.3.1 微课音、视频教学资源常用指标概述

1. 视频资源的常用指标

在制作微课课程的过程中,视频的制作和处理是必不可少的环节,因此视频制作的好坏直接影响着微课课程的质量高低。在微课视频的制作过程中,教师必须要了解视频制作资源的技术要求。

(1) 分辨率的高低决定了视频的清晰程度,分辨率越高视频越清晰,但是占用的存储空间也就越大,因此要选择最佳的微课视频分辨率,视频分辨率一般设定为 $720 \times 576 px$、$1280 \times 720 px$。在同一课程中,视频分辨率应统一,不建议将高清、标清等分辨率混用。

(2) 视频码流率要求动态码流不高于 2000kb/s,最低不低于 1024kb/s,视频帧率建议为 25 帧/秒,扫描方式采用逐行扫描。

(3) 所谓视频编码方式就是指通过特定的压缩技术,将某个视频格式的文件转换成另一种视频格式文件的方式。目前常用的编码标准有 MPEG、H.26X 系列,建议视频压缩采用 H.264 格式编码。

(4) 微课视频常用的数字视频格式主要有 DVD、AVI、MPEG、WMV、MOV、FLV、SWF、MTS、RMVB 等,建议视频格式为 MP4 或 FLV。

(5) 视频播放质量要求图像稳定、对焦清晰、构图合理、镜头使用得当,声音要求清晰、无失真,与画面同步,尽量消除噪声干扰。

2. 音频资源常用指标

声音的制作与处理也是微课程制作过程中必不可少的步骤。与视频技术标准一样,我们需要了解在微课程制作时基本的音频技术标准。

(1) 音频采样率是指录音设备在一秒内对声音信号的采样次数,采样频率越高声音的还原就越真实、自然。量化位是对模拟音频信号的幅度轴进行数字化,它决定了模拟信号数字化以后的动态范围。在模拟音频的数字化过程中,采样频率越高,越能真实地反映音频信号随时间的变化;量化位数越多,越能细化音频信号的幅度变化,建议采样率为 44 100Hz,比特率为 224b/s。

(2) 数字音频常用的文件格式主要有 CD(天籁之音)、WAV(无损的音乐)、MP3(流行

的风尚)、WMA(可与 MP3 相比)、MIDI(作曲家的最爱)等。我们推荐的音频格式为 WMA。

(3) 视频声音要求清晰、圆润、无杂音,信噪比不低于48dB,音频声道为立体声。

3. 常用教学资源制作的软件

(1) 课件制作工具:如 Articulate Storyline 课件制作软件、Composica 课件制作软件等,还有格式工厂也是常用的工具软件,它可以方便地完成各类型视频、音频、图片的格式转换。

(2) PowerPoint 插件工具:如 Adobe Presenter,可以为 PPT 添加叙事、动画、互动性、测验和软件模拟等,而 Wondershar 是动画制作工具,还有 Microsoft Producer 可以实现PPT、录像和声音同步播出。

(3) 屏幕录制软件:如 Camtasia Studio 是一个专业的屏幕录像编辑软件,GoldWave可以进行音频的编辑、播放、录制和转换等操作,而 ScreenFlow 可以方便地实现屏幕录播等功能。

(4) 内容展示工具:如 QQ 影音是一个支持任意视频格式的播放软件,PPT 是用于展示幻灯片的软件,还有 Prezi 可以轻松实现比 PPT 更加生动的幻灯片展示。

3.3.2 视频资源制作技巧

视频讲解

制作微课视频的第一步是生成原始微课视频,主要方法有如下两种。

(1) 教师可借助专业摄像机、数码 DV、数码相机、智能手机、计算机摄像头等一切具有视频拍摄功能的设备,将自己的教学过程场景拍摄记录下来。

(2) 通过录屏软件内录。可安装屏幕录制软件(如 Camtasia Studio 等免费录屏软件)直接进行屏幕录制;也可以使用交互白板自带的摄录软件、手写板和声音输入设备等,同步录制教师在计算机屏幕上演示、操作、讲解的授课内容和声音;还可以使用 PowerPoint 软件进行同步配音制作。

制作微课视频的第二步是对原始视频进行编辑处理生成。在制作微课视频的过程中,我们可用一些软件对视频进行编辑再处理,如使用 Camtasia Studio 8、视频编辑专家等软件进行视频录制,使用格式工厂等软件进行格式转换,使用 QQ 影音或迅雷影音等进行视频截取、添加特殊的效果(如字幕、动画效果)等。

Camtasia Studio 是专业的屏幕录像和编辑的软件套装。软件提供了强大的屏幕录像、视频的剪辑和编辑、视频菜单制作、视频剧场和视频播放功能等。使用该软件,用户可以方便地进行屏幕操作的录制和配音、视频的剪辑和过场动画、添加说明字幕和水印、制作视频封面和菜单、视频压缩和播放。下面以 Camtasia Studio 8 软件为例,详细讲解视频资源的制作和编辑技巧。

1. 屏幕录制

(1) 下载软件 Camtasia Studio 8,安装完成后在桌面上找到快捷图标 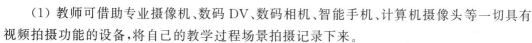,双击打开。

(2) 单击"录制屏幕"按钮 ![btn]，进入屏幕录制状态。选择录制区域，录制模式分为"全屏幕"和"自定义"两种，如图 3-3-1 所示。

"全屏幕"就是录制整个屏幕。启用该模式，会看到整个屏幕边缘有绿色的虚线，这就是录制视频的范围。

"自定义"是可以自由选择区域，单击右侧下三角按钮之后会弹出录制尺寸，可以看到有几个常用的尺寸，如图 3-3-2 所示。

图 3-3-1　选择屏幕录制区域

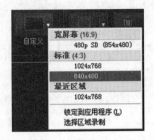
图 3-3-2　选择自定义尺寸

(3) 单击按钮 ![btn] 开始录制。单击后会自动弹出提示"按 F10 停止录制"。倒计时 3s 后进入录制状态。录制过程中想要暂停，可按 F9 键或单击面板上的"暂停"按钮，如图 3-3-3 所示。若想继续，再按一下 F9 键或单击面板上的"继续"按钮。当想结束这段视频的录制时，可按 F10 键或单击面板上的"停止"按钮，直接停止录制。此时会自动弹出视频预览窗口。

(4) "保存并编辑"按钮：可以将所录制的视频"另存为"指定位置；"删除"按钮：删除刚才所录制的视频；"生成"按钮：直接保存为视频文件，可以选择保存位置、为文件重新命名等。单击"生成"按钮之后，先保存文件，随后会弹出"生成向导"对话框（有可能需几秒钟）。

在如图 3-3-4 所示的下拉列表框中选择生成格式，通常会选择"自定义生成设置"选项。

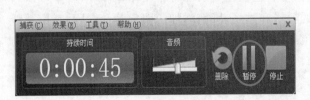
图 3-3-3　屏幕录制控制面板

图 3-3-4　选择生成格式

单击"下一步"按钮,可选择 MP4 格式,如图 3-3-5 所示。

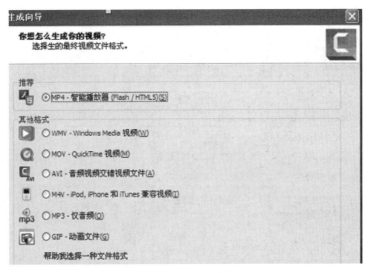

图 3-3-5　选择视频格式

(5) 生成向导:在"控制器"选项卡下取消勾选"生成使用控制器"复选框,在"大小"选项卡中是我们录制时的尺寸,勾选"保持宽高比"复选框,在"视频设置"和"音频设置"选项卡下分别设置生成视频的具体参数,如图 3-3-6 所示。

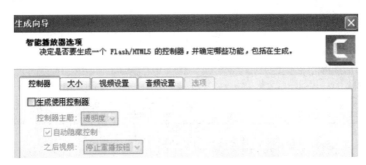

图 3-3-6　生成向导

(6) 继续单击"下一步"按钮,进入视频制作环节:设置文件名称、存放位置等,如图 3-3-7 所示。

生成结果如图 3-3-8 所示。

单击"完成"按钮之后,进入视频的渲染阶段。渲染完成之后,视频就生成了。

2. 视频编辑

(1) 打开 Camtasia Studio 8 软件,导入素材,将素材拖至轨道中,如图 3-3-9 所示。保存视频会弹出设置分辨率的对话框。

(2) 在右侧视频预览窗口的上方有分辨率设置按钮,单击后弹出"编辑尺寸"对话框进行分辨率的设置,如图 3-3-10 所示。

图 3-3-7 视频制作环节

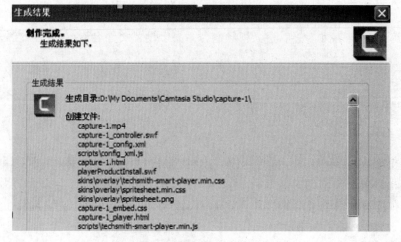

图 3-3-8 视频生成结果

第3章 翻转课堂教学模式下的教学设计、资源制作与实例

图 3-3-9 导入视频素材

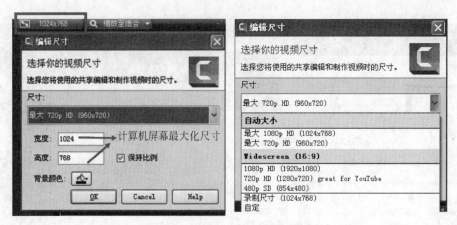

图 3-3-10　设置分辨率

（3）将素材拖入轨道后，选中带有音频的素材，单击"音频"按钮，根据音量大小选择相应的处理操作，如若感觉音量偏小，则单击"音量增大"按钮进行调节；若习惯于初始声音从小到大就单击"淡入"按钮（一般选淡入，根据实际情况而定），如图 3-3-11 所示。

图 3-3-11　音频设置

（4）视频分割。将时间线移动至需要截取的起点，单击"分割"按钮，再将时间线移动至需要截取的结束点，再单击"分割"按钮，删除截取的那一段即可，如图 3-3-12 所示。

图 3-3-12　视频分割

（5）缝合。将绿色时间线移动至起点、红色时间线移动至结束点，单击"剪切"按钮，两段视频自动缝合，如图 3-3-13 所示。

（6）加入片头、片尾。单击"库"按钮，Music 为音乐，Theme 为场景视频，如图 3-3-14 所示。

图 3-3-13　视频缝合

图 3-3-14　选择片头片尾

选择可用作片头和片尾的场景视频后分别拖曳进视频轨道，位于录制视频的前后。将片头和片尾全选拖至 0 分 0 秒处，如图 3-3-15 所示。

图 3-3-15　加入片头片尾

(7) 设置完成后，单击"生成和分享"按钮，操作如前。

3.3.3　音频资源制作技巧

制作微课视频的过程中需要为原始视频添加音频，获取音频资源的方法主要有如下两种。

(1) 录制一段关于课程教学说明的解说词：录制解说词最好是在录音室内（最优），也可以用录音笔或者是手机录音（注意操作系统中的录音功能是否打开），或者用计算机中的软件工具（录音机、GoldWave 等），建议使用 WAV 格式。

(2) 在线下载所需音频：使用千千音乐、虾米音乐、网易云音乐等音乐播放软件或使用浏览器在线搜索下载。

1. 音频下载

下面以网易云音乐为例简单说明音频下载步骤。

(1) 首先需要下载网易云音乐客户端，双击桌面图标打开软件。

（2）在搜索框内输入想要的音频名称或者音频制作者名称，单击"搜索"按钮。在搜索序列的音频文件左侧单击"下载"按钮，选择要下载到的歌单地址，即可开始下载音频资源，如图 3-3-16 所示。

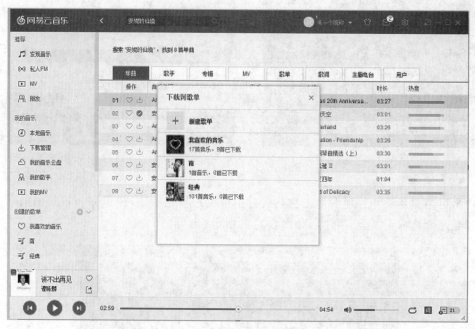

图 3-3-16　下载音频

（3）在网易云音乐主页，单击左侧的"下载管理"按钮，即可看到已经下载好的音频和音频存储目录，选择想要的音频资源进行操作即可，如图 3-3-17 所示。

图 3-3-17　管理音频资源

2. 将手机上的音频发送至计算机

（1）以 iPhone 语音备忘录上录制的一段音频为例，演示如何将手机上的音频发送到计算机。打开手机的语音备忘录功能，选择录制好的音频，单击页面左下角的"分享"按钮，如图 3-3-18 所示。

图 3-3-18　选择音频

（2）选择分享方式，这里选择通过 QQ 将音频发送至自己的计算机的方式，如图 3-3-19 所示。

图 3-3-19　选择音频分享方式

（3）选择音频的发送对象，这里选择自己，就是将音频发送给自己，如图 3-3-20 所示。

图 3-3-20　选择发送对象

（4）在计算机端登录自己的 QQ，接收刚才发送的音频文件，如图 3-3-21 所示。

图 3-3-21　接收音频文件

3. GoldWave 软件使用技巧

（1）首先，需要进行软件的下载安装，在浏览器中搜索 GoldWave，然后进行下载安装。

视频讲解

（2）安装完成后，双击桌面图标运行软件。在软件主界面选择 File→Open 命令，导入需要编辑的音频文件，如图 3-3-22 所示。

图 3-3-22　导入音频文件

（3）导入文件后，窗口中间出现两条彩色的声波，表示立体声的两个声道，下面有音乐的时间长度，右边是播放控制器；▶是"播放"按钮，■是"停止"按钮，‖是"暂停"按钮，●是"录音"按钮，如图 3-3-23 所示。

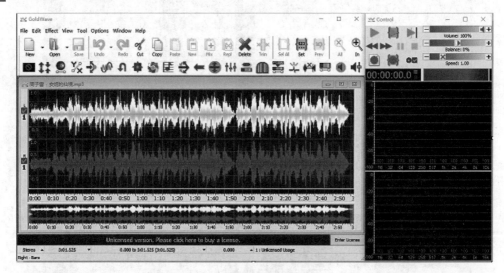

图 3-3-23　音频控制界面

（4）主界面下方的状态栏中显示当前音频的相关信息，单击状态栏中的下三角按钮可以进行相关的选择调整。图 3-3-24 显示的是声音的播放声通道选择。

（5）音量调整：在菜单栏中选择 Effect→Volume→Change Volume 命令，弹出 Change Volume 对话框，调节右上角的下三角按钮，选择－6.0206，负数是降低音量，也可以自己输入，如图 3-3-25 所示。单击 Change Volume 对话框中的"播放"按钮，试听调整音量后的效果，然后单击 OK 按钮，完成音量的调整。

（6）音频格式转换：在菜单栏中选择 File→Save As 命令，弹出 Save Sound As 对话框，在"文件名"下拉列表框中输入音频的名字及存储路径，在"保存类型"下拉列表框中选择保存类型为 MP3。单击 Attributes 按钮，选择保存的音质，这里我们选择"LAME，22050 Hz，128kbps，stereo"，单击 OK 按钮，如图 3-3-26 所示。选择完成后单击"保存"按钮，即可生成一个 MP3 格式的文件。

第3章 翻转课堂教学模式下的教学设计、资源制作与实例

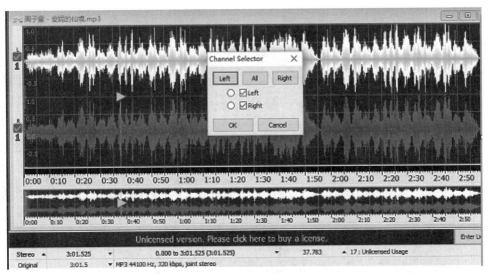

图 3-3-24 播放通道选择

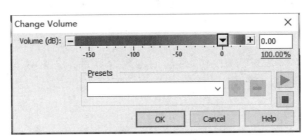

图 3-3-25 音量调整

图 3-3-26 音频转换保存

（7）截取音频：打开要截取的音频文件，在音轨界面，用鼠标拖动 ，选择要截取的音频片段，选中的音频为蓝色，未选中为灰色，如图3-3-27所示。

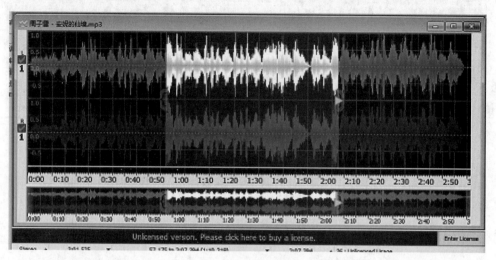

图3-3-27　截取音频

也可以在菜单栏中单击Set按钮，手动输入开始时间和结束时间，单击OK按钮即可，如图3-3-28所示。

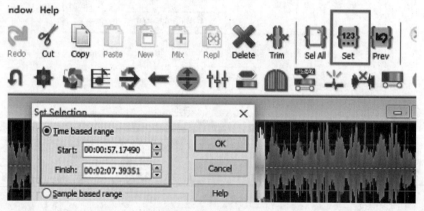

图3-3-28　截取音频

（8）录制麦克风声音：首先需要将麦克风插到计算机上，然后在GoldWave右侧的控制面板中单击Record按钮 ，如图3-3-29所示，即可开始声音的录制， 是"停止"按钮， 是"暂停"按钮， 是"控制属性"面板。

在Device选项中，可以选择录制声音的来源，选择"麦克风"选项，是录制通过麦克风捕捉到的声音；选择"LOOPBACK扬声器"选项，是录制计算机播放的声音，如图3-3-30所示。

（9）音频合成：选择File→Open命令打开要合成的音频文件，如图3-3-31所示。

选择File→New命令新建空白的音频文件，注意新的音频文件设置的时间要比之前导入的两段音频的和长一些，格式是HH：MM：SS.T。

第3章 翻转课堂教学模式下的教学设计、资源制作与实例

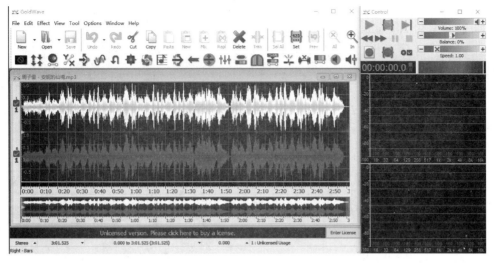

图 3-3-29 声音录制

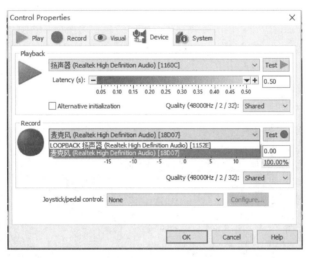

图 3-3-30 选择声音来源

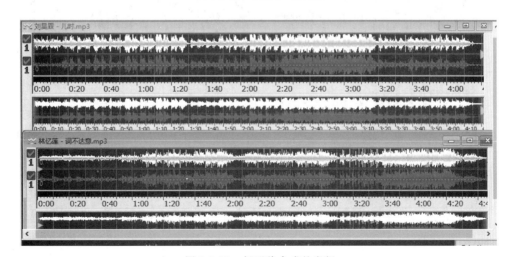

图 3-3-31 打开待合成的音频

选择好第一段音频的起始时间和结束时间，单击 Copy 按钮进行复制。将复制的音频片段粘贴到新建的空白音频文件音轨内，如图 3-3-32 所示。

图 3-3-32　复制音频片段

选择第二段音频，设置开始时间和结束时间，截取音频片段然后粘贴到新建的音频文件内。这便完成了两段音频文件的合成。利用该技巧可以将录音过程中录错的部分替换成正确部分。

（10）音频降噪处理：打开需要进行降噪处理的音频片段，选择 Effect→Filter 命令，打开降噪对话框，如图 3-3-33 所示。

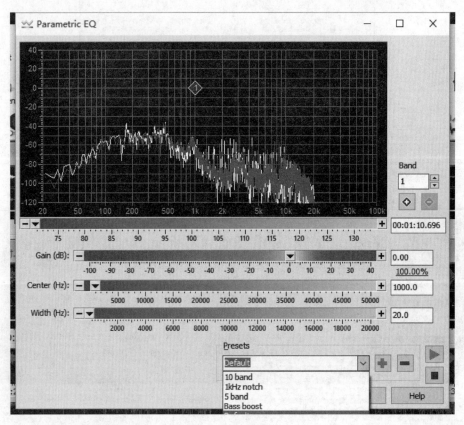

图 3-3-33　降噪

4. 基于 QQ 影音的音频资源处理技巧

QQ 影音是腾讯公司出品的一款出色的本地播放器,可以播放任何格式的视频和音频。此外还支持视频截取、GIF 动态图制作、音频剪接和视频剪接、文件压缩、文件转码等功能,非常方便用户使用。

(1) 首先,进行下载安装,双击图标打开。

(2) 然后双击"打开文件"按钮,打开本地视频文件。

(3) 在播放视频的时候,可以单击右下角的"工具"按钮,在弹出的菜单中有动画、截取、转码、压缩、合并等功能,如图 3-3-34 所示。

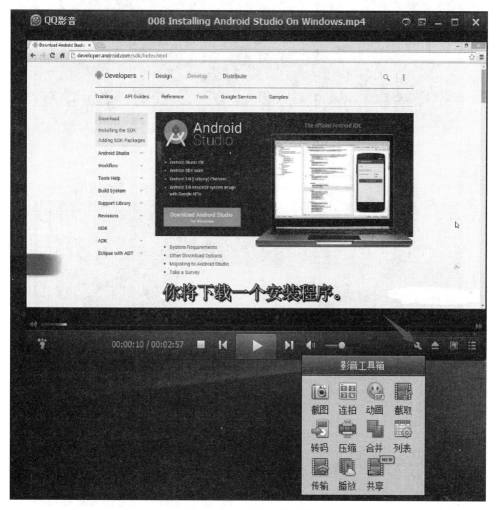

图 3-3-34　下拉列表选择

(4) 单击"动画"按钮,可以制作 GIF 动画。选择开始时间及时长即可,如图 3-3-35 所示。

(5) 单击"截取"按钮,可以进行视频片段的截取。选择开始时间和结束时间,进行预览,然后选择位置保存即可,如图 3-3-36 所示。

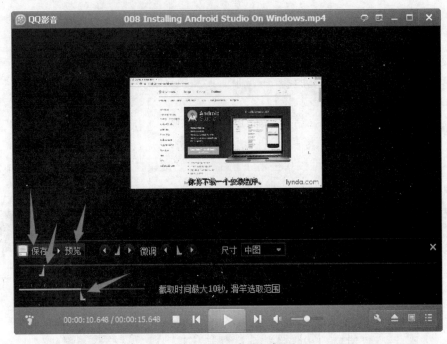

图 3-3-35　动画生成

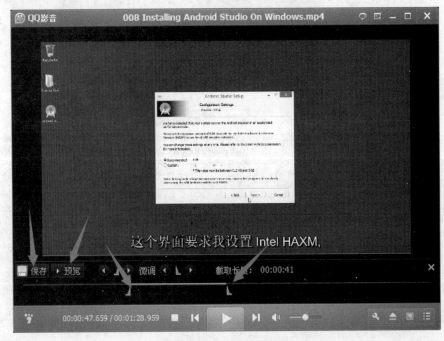

图 3-3-36　视频截取

（6）单击"转码"按钮，可以进行音视频转码操作。选择输出设置和码率以及存储位置即可，如图 3-3-37 所示。

（7）单击"压缩"按钮，可以对视频文件进行压缩。选择压缩参数及保存位置即可，如图 3-3-38 所示。

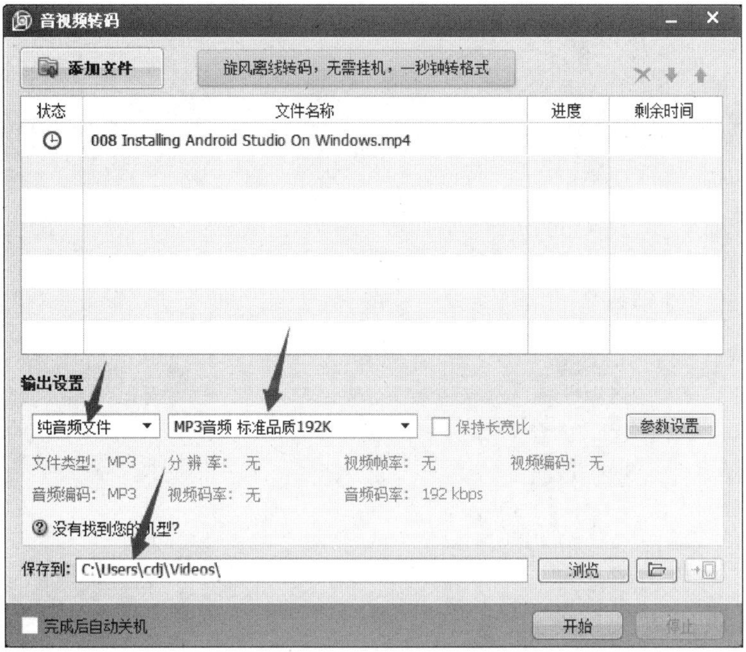

图 3-3-37 音视频转码

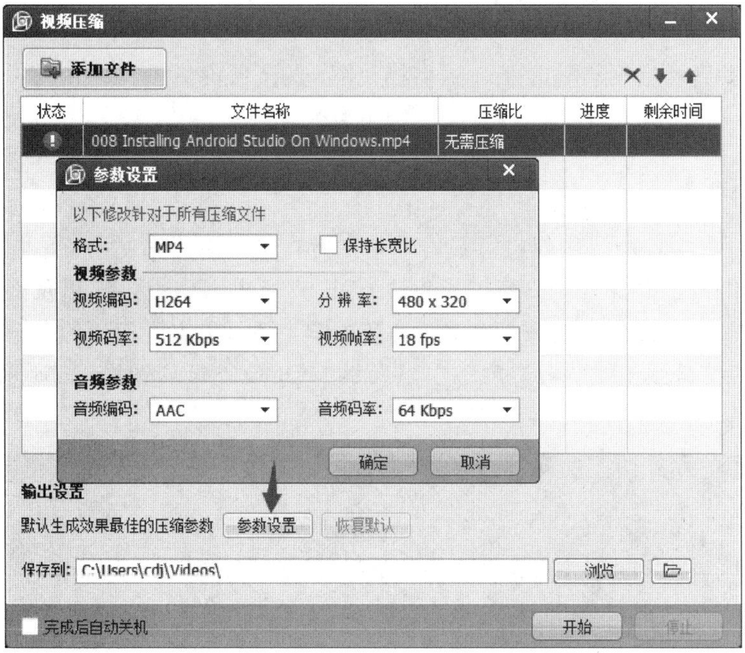

图 3-3-38 视频压缩

（8）选择"合并"按钮，可以进行音视频文件的合并，将两个音视频文件合并成为一个音视频文件，如图 3-3-39 所示。

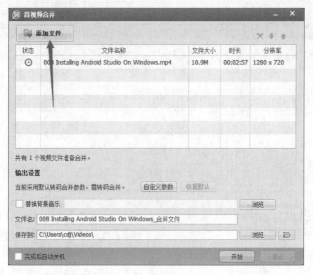

图 3-3-39　音视频合并

3.4　微课平台及其部署

3.4.1　常用微课平台介绍

为了实施翻转课堂教学模式，教师需要将制作好的微课资源部署到相应的平台上，为学生提供学习内容支持服务。目前，用户量比较大的微课平台主要有中国大学 MOOC、腾讯课堂等。

1. 中国大学 MOOC

中国大学 MOOC 是网易公司研发的一款大型在线教育平台服务，该平台精选国内外优秀课程，向用户提供"课程——名校——学·问——学校云"的服务，以及创新的个性化学习体验和自由开放的交流互动环境。对于考研的学生还可以查看考研信息。用户可以根据自身的学习程度，自主安排学习进度。中国大学 MOOC 首页如图 3-4-1 所示，其功能结构如图 3-4-2 所示。

图 3-4-1　中国大学 MOOC 首页

第3章 翻转课堂教学模式下的教学设计、资源制作与实例

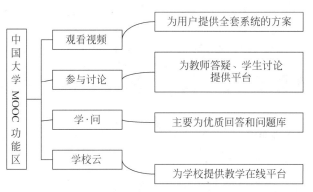

图 3-4-2　中国大学 MOOC 功能结构图

中国大学 MOOC 平台功能丰富，除图 3-4-2 中的课堂功能外，还有如下附加功能。
(1) 名校的选择：中国大学 MOOC 可以选择学校进行课程学习，如图 3-4-3 所示。

图 3-4-3　选择学校功能示意

(2) 学习分享：分享最酷的知识，获取更大的学问，如图 3-4-4 所示。

图 3-4-4　学习分享示意

（3）学识体系：学生可以分享自己在中国大学 MOOC 上学习的学习心得，如图 3-4-5 所示。

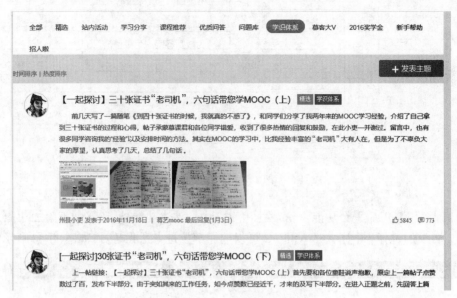

图 3-4-5　学识体系示意

（4）慕课大 V：中国大学 MOOC 推出慕课大 V 为学生推荐较好的课程，如图 3-4-6 所示。

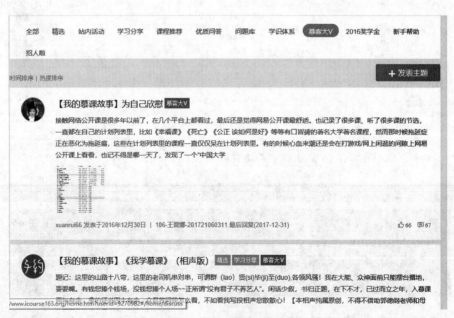

图 3-4-6　慕课大 V 示意

2. 腾讯课堂

腾讯课堂是一个专业的在线教育平台，主要特色是在线互动和直播教学。该平台聚合

第3章 翻转课堂教学模式下的教学设计、资源制作与实例

了大量优质课程资源，采用网络互动直播和录播两种授课模式，为广大师生提供了一种新型在线教与学的体验。腾讯课堂首页如图 3-4-7 所示。

图 3-4-7　腾讯课堂首页

腾讯课堂功能强大，其软件功能结构图如图 3-4-8 所示。

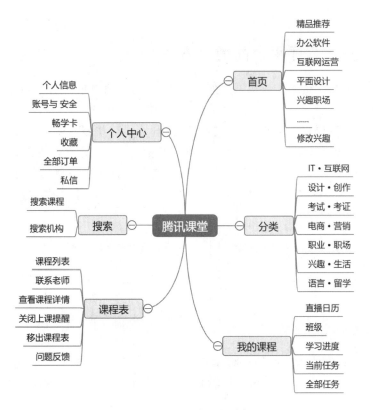

图 3-4-8　腾讯课堂功能结构图

同时，腾讯课堂具有课余学科答疑、竞赛指导/补习、重难点录制上传、班会/社团会议等特色功能，如图3-4-9所示。

图3-4-9　腾讯课堂特色功能

3.4.2　超星慕课平台的使用方法

翻转课堂中的教学资源需要部署于网络云平台上，下面以超星慕课平台为例，具体介绍微课平台的使用方法。

超星慕课平台以课程为中心，继承网络教与学的环境，集授课管理、课程学习与考核等管理功能为一体，是支撑翻转课堂实现的应用系统，提供了一个教室管理的综合性、一体化平台。超星慕课使用流程示意图如图3-4-10所示。

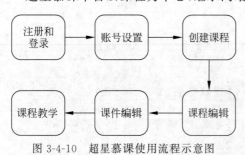

图3-4-10　超星慕课使用流程示意图

1．注册和登录

首先，进行用户注册，注册信息完成后，返回首页进行用户登录，根据提示填入登录信息。

2．账号设置

初次登录平台，在个人空间的左侧会显示已添加的应用。系统默认添加所有应用。单击左侧的"账号管理"按钮可以修改和编辑自己的个人资料，如图3-4-11所示。

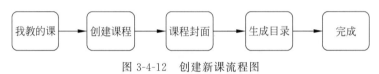

图 3-4-11　修改和编辑个人资料

3．创建课程

创建新课程的流程如图 3-4-12 所示。

我教的课 → 创建课程 → 课程封面 → 生成目录 → 完成

图 3-4-12　创建新课流程图

第一步：在个人空间的左侧，单击"课堂"按钮，选择"我教的课"，单击"创建课程"按钮后便可进行新课创建，如图 3-4-13 所示。

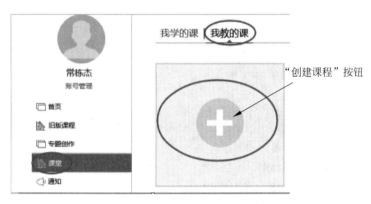

图 3-4-13　超星慕课新课创建

第二步：单击"创建课程"按钮后会进入"新建课程"页面，在这里必须要填写"课程名称"和"教师"，在"说明"文本框中可以填写该课的介绍等。

第三步：新建课程的信息填写完后，会进入"课程封面"页面。可以选择系统默认的图片作为课程封面，也可以选择本地上传文件。确定封面之后单击"保存"按钮即可，如图 3-4-14 所示。

第四步：下一项是提示课程目录的生成方式。目前平台提供如下两种方式。

（1）"不自动生成课程单元"：这种方式仅默认生成一个章节的目录，作提示用。

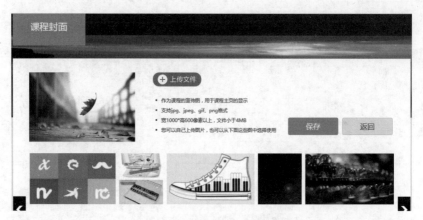

图 3-4-14　超星慕课课程封面

（2）"按照周、课时自动生成课程单元"：这种方式会按照用户给的周期和课时定期自动生成课程框架，具体目录名称需要手动编辑。

4．课程编辑

课程编辑的流程如图 3-4-15 所示。

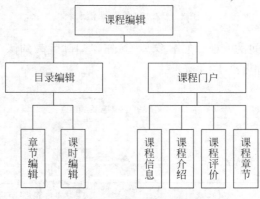

图 3-4-15　课程编辑流程图

第一步：在个人空间的左侧单击"课堂"按钮，选择"我教的课"，就可以看到新建的课程，单击课程封面进入课程编辑，如图 3-4-16 所示。

第二步：创建一门新课后，需要进行课程目录的编辑，单击"编辑"按钮，进入"超星慕课编辑器"，如图 3-4-17 所示。

第三步：单击需要修改的章节或课时，确定要修改的章节或课时处于选中的状态，出现"编辑"按钮，单击"铅笔"图标可以修改名称，单击"×"图标会删除该章节或课时。

第四步：添加目录。先选定具体章节，单击"同级目录"或"子目录"按钮添加目录，如图 3-4-18 所示。

第五步：单击课程名称旁边的"课程门户"按钮进入课程门户，如图 3-4-19 所示。

如图 3-4-20 所示是课程门户的首页，在此可以对本页进行编辑，设置课程信息、课程介绍、课程评价、课程章节等。

第3章　翻转课堂教学模式下的教学设计、资源制作与实例

图 3-4-16　超星慕课课程编辑

图 3-4-17　超星慕课编辑器

图 3-4-18　目录编辑

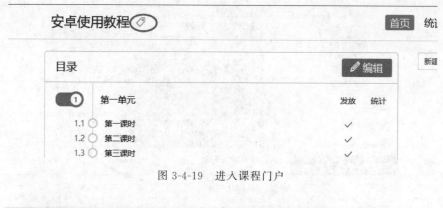

图 3-4-19 进入课程门户

图 3-4-20 课程门户

5．课件编辑

课件编辑的具体流程如图 3-4-21 所示。

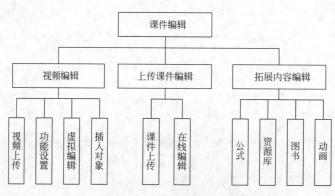

图 3-4-21 课件编辑流程图

（1）视频编辑。

视频是 MOOC 课程建设的基本要素。

第一步：在"我的课程"页面单击"编辑"按钮，进入到课程编辑页面，单击"视频"图标进行视频添加。目前，支持的视频格式有多种：MP4、FLV、RMVB、3GP、MPG、MPEG、MOV、WMV、AVI、MKV、VOB、F4V。

第二步：视频上传后，后台显示如图 3-4-22 所示，超星平台针对视频提供了如下四种功能。

图 3-4-22　超星慕课视频添加

①"防拖曳"功能。该功能是为了防止学生在观看视频中拖曳视频，不能完整系统地学习视频内容。

②"防窗口切换"功能。该功能是防止学生开着视频去做其他的事，如果学生切换到其他页面，视频就会停止播放，只停留在当前页面，学习进度也不会有进展。

③"原位播放"功能。该功能是将视频在原窗口位置播放，不需要另开新窗口。

④"任务点"功能。该功能是将该视频作为学生必须完成的任务，记入学生的成绩，学生必须完成该任务点才能有成绩。

这四种功能都非常重要，建议教师在上传视频后，将四个功能都选上，如图 3-4-23 所示。

图 3-4-23　超星慕课视频上传后功能选择

第三步：平台还有一个强大的功能，对已上传的视频进行在线虚拟编辑，单击图 3-4-19 中的"剪辑"按钮可以对视频进行虚拟剪辑，为视频设置起始点和终止点，去掉视频中反复的片头和片尾，让学生直接学习视频内容，如图 3-4-24 所示。

图 3-4-24　超星慕课视频在线虚拟编辑

图 3-4-25　插入图片和 PPT

第四步：同理，单击图 3-4-23 中的"插入对象"按钮可以对视频进行插入对象编辑。

教师上传视频后，可以在任意点插入图片和 PPT，可以与视频通过单击随意切换，如图 3-4-25 所示。

在任意点插入测验，支持单选、多选和判断三种题型，如图 3-4-26 所示。

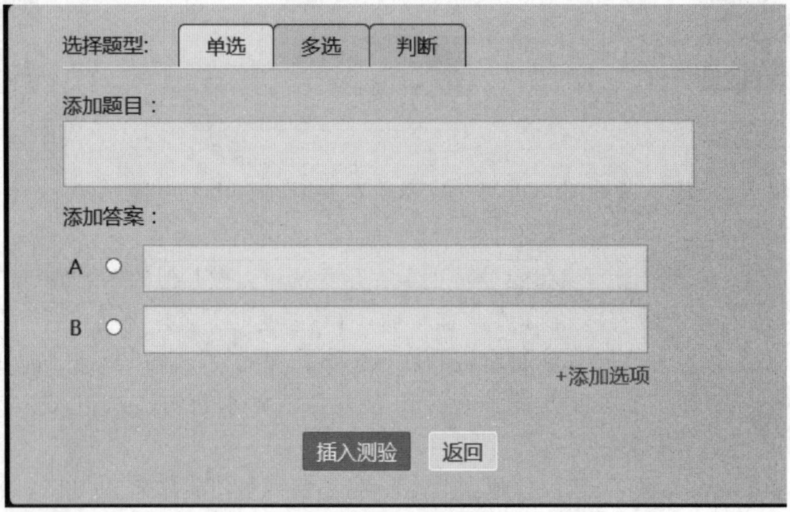

图 3-4-26　插入测验

同理，可以在线对没有字幕的视频导入字幕，字幕格式为 srt 或 ass。

（2）上传课件编辑。

第一步：上传课件。对教师上传课件的编辑一般有两种方式：一是将文字、图片粘贴在编辑器上；二是直接上传 PPT、PDF、Word 等。

第二步：文字和图片的编辑方法与 Word 的使用方法相同，主要包括图片编辑和文字编辑两个方面，如加粗、斜体、字体、大小、变色、行距和编号等基本属性的设置。

单击编辑器上的"文档"按钮上传 PPT、PDF、Word 格式的文件，如图 3-4-27 所示。

文档上传以后，显示如图 3-4-28 所示，勾选"原位播放"复选框，会在当前页面播放文档，不勾选则不会播放，但可以下载。教师可以根据需要，自行设置。

（3）拓展内容编辑。

超星慕课平台提供多种资源编辑方式，如公式编辑、资源库导入、插入课外图书、插入 Flash 动画等。下面介绍插入图书和动画。

第一步：插入图书，单击编辑器上的"更多"按钮，选择想要编辑的拓展内容，此处以插入课外图书为例。单击"图书"按钮，输入书名或者作者名即可得到超星数据库中的书籍。单击"试读"和"添加"按钮都可将图书插入平台中。另外，图书可以根据用户输入的页码显示相应的页码。

第二步：插入动画，单击"更多"按钮，在下拉菜单中单击"动画"按钮，可以直接上传动

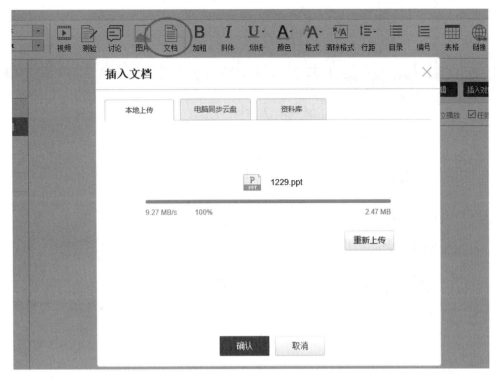

图 3-4-27　超星慕课文档上传

图 3-4-28　原位播放

画,如图 3-4-29 所示。

此外,在"更多"按钮的下拉菜单中,还可以进行拓展阅读、录音、音频等的上传和编辑,此处不一一介绍。

6．课程教学

在超星慕课平台上,课程教学的流程如图 3-4-30 所示。

第一步:课程发放。在个人空间首页,单击每章或者每节的"发放"按钮,可以设置课程发放模式,如图 3-4-31 所示。

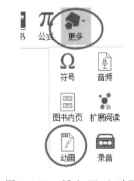

图 3-4-29　插入 Flash 动画

第二步:学生管理。在个人空间首页上方的功能导航栏中单击"管理"按钮,进入学生管理界面。在学生管理界面,可以进行如下操作。①班级设置:添加班级,删除班级,修改班级名称。②学生管理:添加学生(手动添加,学生库添加),删除学生。③助教管理:助教的选择、添加及删除。助教不可以对课程内容进行编辑,其他权限同教师团队。

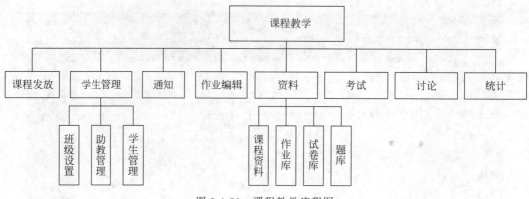

图 3-4-30　课程教学流程图

图 3-4-31　超星慕课课程发放

第三步：通知。在个人空间首页，单击上方导航栏中的"通知"按钮，进入发布通知界面，单击"新建图标"按钮，选择"发送对象"，填写标题和发送内容，最后单击"发布"按钮，即可进行发送通知操作，如图 3-4-32 所示。

第四步：作业编辑。在个人空间首页，单击上方导航栏中的"作业"按钮，进入编辑、发放作业界面，单击"新建"按钮，进入作业发布的操作界面，如图 3-4-33 所示。

平台目前提供 13 种作业题型：单选题、多选题、填空题、判断题、简单题、名词解释、论述题、计算题、完形填空、阅读理解、连线题、投票题、排序题。

注意：编辑完一题后注意单击"保存到题库"按钮，方便下次直接添加。

在导航栏上单击"作业"按钮，可以查看已经发放的作业完成情况，对学生完成的作业进行批阅和评价操作。在批阅界面可以看到学生的答案，可以给学生添加批语和打分。满意就进入下一份作业的批阅，不满意就将该学生的作业退回重做，如图 3-4-34 所示。

第3章 翻转课堂教学模式下的教学设计、资源制作与实例

图 3-4-32 超星慕课发放通知

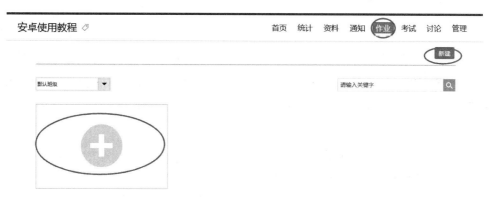

图 3-4-33 发放作业

图 3-4-34 作业批改

第五步：资料。在个人空间首页，单击导航栏中的"资料"按钮，进入资料编辑页面。资料编辑主要包括课程资料编辑、题库编辑、作业库编辑和试卷库编辑四个功能。以作业库编辑为例，单击"作业库"按钮，可以查看创建的作业，在此页面可以进行作业的编辑、删除和发布操作，如图 3-4-35 所示。

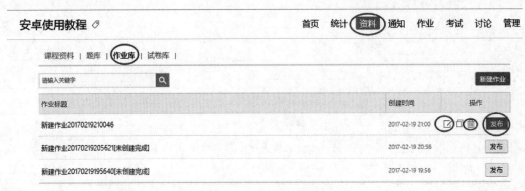

图 3-4-35　作业编辑

第六步：考试。在个人空间首页，单击导航栏中的"考试"按钮，进入创建试卷界面。发布试卷有两种方法：第一种是手动创建；第二种是随机组卷。选择好创建方法，单击"下一步"按钮，进入试卷编辑界面进行题目和题型编辑，单击"保存"按钮保存或者直接保存并发放，如图 3-4-36 所示。

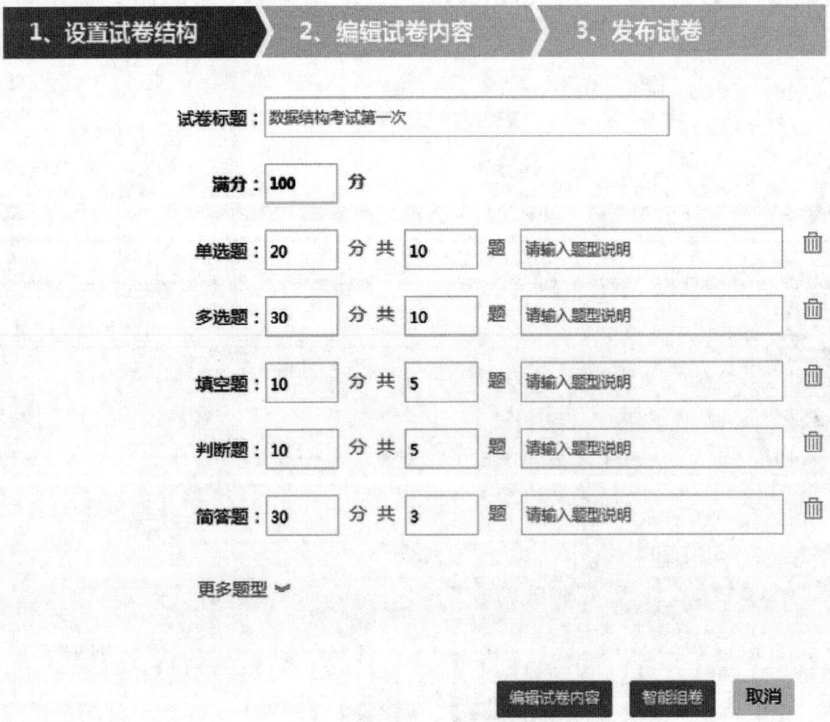

图 3-4-36　考试试题编辑

第七步:讨论。在个人空间首页,在导航栏上单击"讨论"按钮,进入类似于论坛的界面,方便教师学生进行沟通。单击"新建话题"按钮创建讨论,如图3-4-37所示。

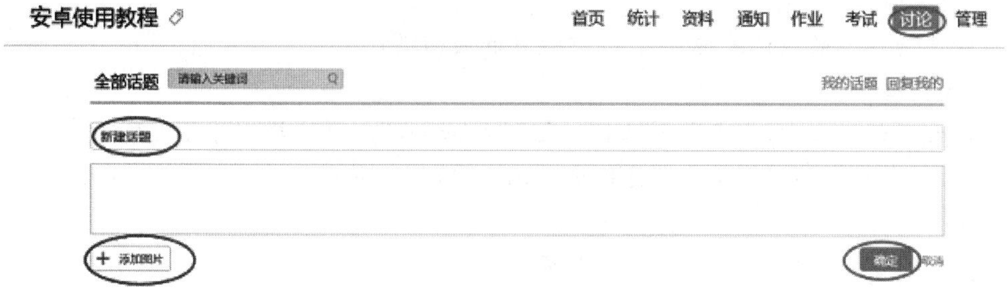

图3-4-37 创建讨论

第八步:统计。在个人空间首页,在导航栏上单击"统计"按钮,进入数据统计界面,在这里教师们可以看到自己发布的任务和章节检测,查看课程访问量和话题讨论,查看学生成绩并进行督学。下拉此页面,可以看到以图形方式显示的数据统计结果,如学生访问统计、课程任务类型统计、课程学习进度统计等数据。

3.5 翻转课堂教学模式下的教学设计实例

前文详细介绍了翻转课堂教学模式的内涵、特征与发展历程,详述了其教学设计过程、微课资源制作技巧和平台部署方法。因此,本节参照3.2节"翻转课堂教学模式下的教学设计",以超星慕课云为教学资源的部署平台,以"专题学习网站的设计与开发"知识点为例,设计了相应的教学过程,供读者参考。

"专题学习网站的设计与开发"的教学设计

1. 教学内容分析

在学习"专题学习网站的设计与开发"之前,学生已经掌握了一定的网站设计知识,具有一定的信息获取能力和自主学习能力。本节知识开放性较强,引导同学们善于思考,协作交流。本节主要教学内容为专题学习网站的设计与制作方法,通过学生课前自主学习、教师课中指导、小组协作交流的方式,完成课程教学。学校配备实验室机房以及云平台学习终端,具有基本的硬件和软件设施可保证翻转课堂的有效展开。

2. 学情分析

学生特点:该年级学生已经掌握了一定的计算机操作技能和信息技术使用技巧。在此基础上,学生有一定的自主学习能力和知识获取能力,能进行独立地思考,课前能独立完成资料检索以及自主知识学习,课中有一定的小组协作学习能力。

学习障碍:学生普遍认为网上现有的专题学习网站便是标准格式,会有先入为主的思想,认为仿照现成的网站进行设计即可,这样是不行的。学生需要自己思考,有自己的见解和分析能力,学习他人长处,擅于分析优劣。

3. 教学目标分析

(1)通过课前自主学习,了解专题学习网站的概述、组成部分和设计策略。

(2) 通过合作探究，分析优秀专题学习网站设计案例的网站组成、设计思路、优缺点等。

4．教学重点与难点
专题学习网站的设计思路，包括内容设计和版面设计。

5．教学过程设计
本次翻转课堂教学，采用学生课前自主学习，教师检测分析学生自主学习情况并制作相关教学资源，课中教师引导学生进行知识内化，小组合作展示交流学习成果，最后反馈总结的教学策略。

教学设计实例整体流程如表 3-5-1 所示。

表 3-5-1　教学设计实例整体流程

教学环节	教学活动		设计意图
	教师活动	学生活动	
(1) 教师准备教学资源（课前）	准备资源并上传到超星慕课云平台，可以提供一些参考书籍、电子课件和教案、微视频教程、相关的专题学习网站等类型的素材	无	准备资料
(2) 自主学习（课前）	给学生布置学习任务。 ① 专题学习网站的概述。 ② 专题学习网站的组成部分与设计策略。 ③ 有能力的同学可以学习拓展资源，以一个典型的专题学习网站——叶的世界为例，分析其网站组成、设计思路等，如图 3-5-1 所示	根据教师布置的学习任务，完成自主学习，完成课后检测，提出问题并反馈。 例如，学生可以在微课平台上提问，如图 3-5-2 所示	锻炼学生自主学习能力
(3) 检测结果分析，学习资源设计（课前）	根据学生提出的问题及反馈准备教学课件和教学侧重点	无	找出学生知识难点区和知识盲点区
(4) 知识讲授	① 对课程知识点进行简要的讲解，专题学习网站的概述、设计与开发。针对课前学生提出的问题及反馈重点讲解相关知识点。 ② 提出问题分组讨论：展示学习网站优秀案例——秦兵马俑，分析其栏目设置、版面设计、色彩搭配，分析其内容和形式，总结它的优缺点，如图 3-5-3 所示	① 学生巩固课前自主学习内容。 ② 根据教师提出的问题与学习小组成员进行讨论	① 解决知识盲点区和知识难点区问题。 ② 锻炼学习小组的合作学习能力

续表

教学环节	教学活动		设计意图
	教师活动	学生活动	
（5）学习成果展示交流	教师讲解专题学习网站——秦兵马俑，并对各小组的答案进行点评	小组展示，并认真听取其他小组观点	综合运用所学知识解决问题
（6）课后评价及拓展	整体上对课程的学习内容、学习过程、任务完成情况等进行总结评价。 提供课外资源拓展链接：国诗歌网	总结反思，对自己的学习情况进行客观评价	引导学生总结反思，进行积极探索
（7）教学反思			

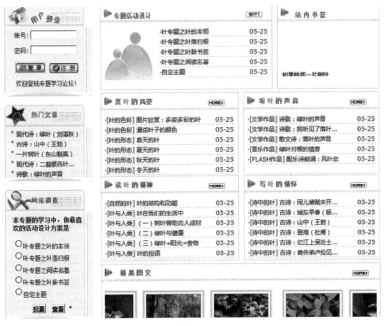

图 3-5-1 专题学习网站——叶的世界

图 3-5-2 课前讨论

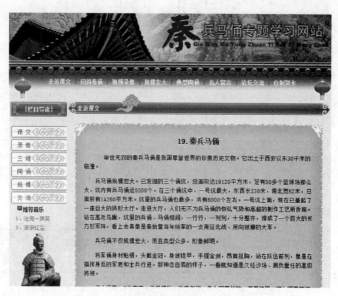

图 3-5-3　专题学习网站——秦兵马俑

本章小结

　　翻转课堂教学模式是信息化环境下的新型教学模式,其教学过程与传统教学模式的教学过程相反,颠覆了传统教学理念,重构了学习流程。在该模式下,学生在课前进行知识获取,在教室内进行知识内化,师生间、学生间的沟通与互动更多,从而有助于知识的学习与吸收。

　　要真正掌握翻转课堂教学模式的核心思想,首先必须要对翻转课堂教学模式的内涵、特征及教学设计过程有深刻的认识,形成认知体系;其次要掌握本章涵盖的各类教学资源的制作技巧和微课云平台的部署方法;最后,读者还需要勤习勤练,熟练掌握相关技巧。

思考与探索

1. 请简述翻转课堂教学模式的内涵。
2. 请简述与传统课堂模式相比,翻转课堂教学模式的特点。
3. 任选一个微课云平台完成教学资源部署。
4. 以翻转课堂下的教学设计为主题,写一篇课程论文。

参考文献

[1]　王鉴.论翻转课堂的本质[J].高等教育研究,2016(8):53-59.
[2]　王国亮.翻转课堂引入普通高校公共体育教学的研究[D].北京:北京体育大学,2016.
[3]　陈洋,胡凡刚,刘永琪,等.翻转课堂引发的矛盾关系思考[J].现代教育技术,2016(2):71-76.
[4]　容梅,彭雪红.翻转课堂的历史、现状及实践策略探析[J].中国电化教育,2015(7):108-115.

[5] 曾明星,周清平,蔡国民,等.基于MOOC的翻转课堂教学模式研究[J].中国电化教育,2015(4):102-108.

[6] 张辉,马俊.MOOC背景下翻转课堂的构建与实践——以"现代教育技术"公共课为例[J].现代教育技术,2015(2):53-60.

[7] 刘小晶,钟琦,张剑平.翻转课堂模式在"数据结构"课程教学中的应用研究[J].中国电化教育,2014(8):105-110.

[8] 赵兴龙.翻转课堂中知识内化过程及教学模式设计[J].现代远程教育研究,2014(2):55-61.

[9] 张新明,何文涛.支持翻转课堂的网络教学系统模型探究[J].现代教育技术,2013(8):21-25.

[10] 王红,赵蔚,孙立会,等.翻转课堂教学模型的设计——基于国内外典型案例分析[J].现代教育技术,2013(8):5-10.

第4章 面向协同学习模式的教学设计、资源制作与实例

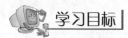 学习目标

- 掌握协同学习模式的概念,了解协同学习模式的发展历程与应用现状。
- 形成对协同学习模式的客观认识,包括其优势与适用场景,处理好协同学习与传统课堂之间的相互关系。
- 掌握协同学习模式下的教学设计过程。
- 掌握协同学习模式下的教学资源制作技巧与方法,如网页中文本类资源的获取与处理技巧等。
- 掌握协同学习平台的部署,如通过 Worktile 平台发布协同学习课程、开展协同学习活动等。

  知识导图

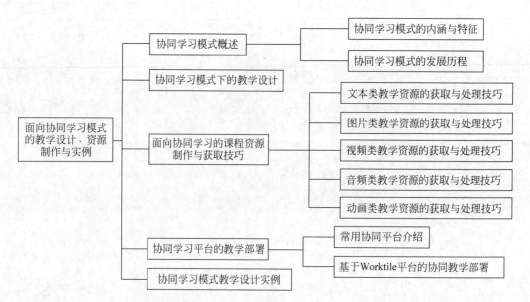

学习要点

本章主要涉及协同学习模式下的教学设计、资源制作与实例,概述了协同学习模式的内涵与特征,重点介绍了协同学习模式下的教学设计过程,以及协同学习教学资源的制作、获取技巧和平台部署。对这些基本内容的理解和掌握有助于教师更好地实施协同学习活动和开展课程教学。其中,协同学习模式下的教学设计是本章的学习重点与难点,要客观认识协同学习教学模式的适用场景,制作出合适的协同学习教学资源,进行相关的协同学习平台部署。因此,本章介绍了几类具有代表性的协同平台,并编写了以 Worktile 为例的平台部署方法和协同学习设计实例,供教师在教学过程中参考使用。为帮助读者理解学习内容,建议在学习过程中充分利用本章的知识导图。

4.1 协同学习模式概述

4.1.1 协同学习模式的内涵与特征

关于协同学习的概念,许多国外的专家学者都对其进行过相应的研究,如美国教育学者噶斯基(Guskey T. R.)博士、斯来文(Slavin R. E.)教授、英国教育学者赖特(Light P. H.)等。1998年,穆尔定义了协同学习的概念并把协同学习分为三类:学生与学习资料之间的协同;学生与教师或专家之间的协同;学生互相之间的协同。国内的黄荣怀教授在综合了大量的研究成果后也给出了相关定义:"协同学习是学生以小组形式参与,为达到共同的学习目标,在一定的激励机制下最大化个人和他人习得成果而合作互助的一切相关行为。"

2000年以后,基于网络的协同学习逐渐成为协同教育中的研究热点,这种计算机支持的协作学习(Computer Supported Collaborative Learning,以下简称 CSCL),是在计算机支持的协同工作与协作学习相融合的基础上发展起来的。CSCL 利用计算机技术建立协作学习的环境,是师生、生生均在讨论与协作交流的基础上进行知识学习的一种学习方式,是传统合作学习的延伸和发展。近年来,人们发现诸如 Worktile、tower 等优秀的协同工作软件也可以很好地支持协同学习模式。

协同学习代表了以教师为中心或以课堂为中心的学习形式的彻底转变,它具有以下特点。

(1) 突出学生的主体地位,培养其主动参与的意识。

协同学习更有利于学生独立思考,协同小组以学生自愿组合为前提,再针对各小组之间存在的学习程度差异加以调整,对各小组成员进行合理搭配。在学习任务下达后,按各自的能力与专长开展分工合作的学习活动。

(2) 强化了自主学习意识、团队责任感。

协同学习改变了学生被动地接受知识以及不能积极参与探究知识过程中的局面,强化了学生自主学习的意识。通过协同探究的形式,使得学生相互帮助、相互支持、相互鼓励,从而促成他们建立亲密融洽的人际关系,进而培养合作能力和团队精神。

(3) 提高学生思维创新能力。

协同学习过程中学习气氛轻松、活泼且又团结互助,有利于学生顺利完成学习任务,有利于师生间的有效沟通以及学生间的彼此了解。通过协同软件等工具,开展协同学习可以使学生能够迅速获取他人经验、激发创新意识、开阔视野和拓展思维模式等。

4.1.2 协同学习模式的发展历程

信息技术的发展逐渐促进了 CSCL(计算机支持的协同学习)的发展,大致经历了以下四个阶段。

1. 基于 BBS 或论坛的协同学习模式阶段(1991—2005 年)

论坛或 BBS 是发帖、回帖讨论的平台,即网络上的一种电子信息服务系统。它提供一块公共电子白板,每个用户都可以在上面发布信息或提出看法。早期的 CSCL 就是基于校园 BBS(电子公告牌系统)或论坛形式而实现的,如图 4-1-1 所示。

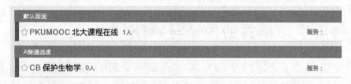

图 4-1-1 基于校园论坛开展 CSCL 的学习界面

在基于论坛的协同式学习模式中,教师并不是整个学习活动的核心,而是学习活动的组织者。基于论坛平台,师生间、生生间通过发帖和回帖的形式,完成课题的提出、学习资料的收集,以及成果展示和课程总结等协同学习活动。有时也会通过发送和接收短信(或悄悄话)的方式进行交流和探讨,实现各小组成员之间的交互。

基于论坛开展协同学习的模式,使教师和学生处于一种多元互动的学习氛围中。因为帖子内容都是公开的,论坛又可以实时交互操作,这使得师生可以随时参与到学习活动中,与其他人交流互动。同时论坛按不同的主题分成很多个布告栏,教师可以通过布告栏对教学任务进行发布,一个课题发布一个帖子,师生根据相关学习活动进行浏览和回复,使得信息交流具有很强的针对性,小组成员也可以互相查看其他成员的看法,并通过公告栏反馈信息。

2. 基于 Moodle 平台的协同学习模式阶段(2006—2015 年)

Moodle 平台是一个开源课程管理系统,也被称为学习管理系统或虚拟学习环境,本质上是用于制作网络课程的软件包。Moodle 依据建构主义的教学思想,搭建协同学习的环境。基于 Moodle 平台开展 CSCL 的学习界面如图 4-1-2 所示,在 Moodle 上开展协同学习活动,教师可通过课程列表确定教学任务;各协同小组成员通过资源板块共享学习资源,通过作业模块上传作业或成果;Moodle 的聊天模块支持平滑的、同步的文本交互,使得各协同小组成员之间对

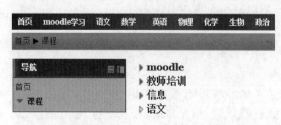

图 4-1-2 基于 Moodle 平台开展 CSCL 的学习界面

课题的探讨变得更加轻松便捷。

基于 Moodle 平台的协同学习模式提供了多样的学习活动和学习资源组织方式。教师可以按照自己的计划,将学习资源上传到网站上,学生也可以上传自己认为有价值的学习资料,这样学生会主动地参与到学习资源的建设中。同时,在协同学习活动中需要频繁地交流与互动,这种社会交往使学生更有满足感,对学习效果有更积极的促进作用。

3. 基于 wiki 的协同学习模式阶段(2003—2016 年)

wiki 的出现为协同学习注入了新的活力。wiki 中文译为"维客"或者"维基"等,它是一种多人协作式的超文本写作系统。在该阶段,许多学者对基于 wiki 的协同学习模式进行了研究,如"基于 wiki 的课程学习共同体"等,这些研究探索了师生为共同完成课程的学习目标,而利用 wiki 平台开展学习活动的协同学习模式。

基于 wiki 平台开展 CSCL 的学习界面如图 4-1-3 所示,基于 wiki 平台,教师依据教学目标与教学进程,设计并指导学生的学习活动;学生利用 wiki 平台参与学习活动,在与同伴的协作交流中完成相应的学习活动,通过主动地获取知识或应用知识以达到学习目标。

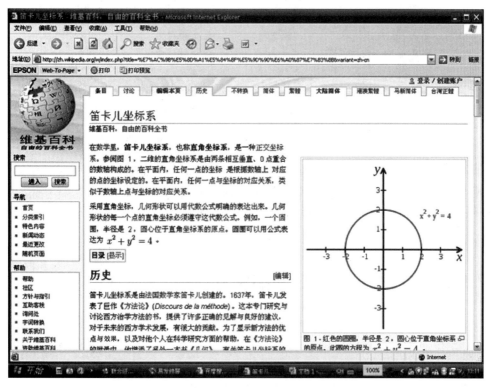

图 4-1-3 基于 wiki 平台开展 CSCL 的学习界面

基于 wiki 的协同学习模式具备许多突出的优点。例如,师生能够快速创建、更改网站各个页面的内容,从而提升课题发布和更新的效率;基础内容通过文本编辑方式就可以完成,而使用少量简单的控制符还可以加强文章的显示效果,使学习内容的发布变得更加简单明确;另外,在同一个协同小组内的成员可以任意创建、修改或删除页面,并且系统内页面的变动可以被其他小组成员清楚地观察到。这些方便的设计,提升了协同学习的效率,不仅可以帮助学生全面地构建知识结构,还可以大幅度强化学生合作学习的能力。

4. 基于云计算的协同学习模式阶段(2008年至今)

当一些协同工作软件如 Worktile、Tower、明道等纷纷出现,许多学者惊喜地发现,将这些软件的使用融入协同学习的过程中,可使协同学习效果更好。因为这些基于云计算的协同工作软件(如图 4-1-4 所示),可以更好地辅助协同学习模式的开展,如基于多媒体视频会议进行远程探讨、利用电子白板进行课程教授、小组成员协同写作完成工作文档等。协同工作软件的目标就是促进群体协同工作,因此这些软件更有利于协同学习活动的开展,即群体协同完成学习任务。

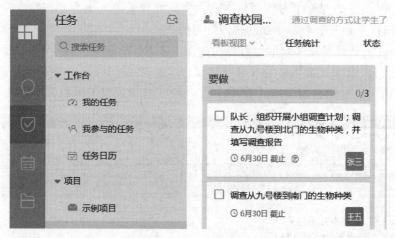

图 4-1-4　基于 Worktile 平台开展 CSCL 的学习界面

总之,基于协同工作软件开展学习活动,可以为协同学习提供更多的交互工具,包括论坛、IM(即时通信)、留言、日程计划等,方便小组成员的沟通与交流。利用云技术的优势,接入协同学习平台,可以不受操作系统和设备的限制,随时追踪各小组成员的学习进度,提高学习效率,还便于教师进行进度管理、学习任务管理与学习成果管理等。

4.2　协同学习模式下的教学设计

协同学习模式通过小组内部协作发挥集体协同效应,通过小组互相竞争发挥群体聚合动力,可以高效率地实现教学目标。而互联网的引入又打破了时间与空间的限制,对传统协同学习方式产生了变革性的影响。今天 CSCL 教学模式已经不再局限于学校的围墙之内,它可以网络为基础、充分利用多媒体,培养学生的自主学习意识,通过竞争、辩论、合作等方法实现教学目标,并可以将整个学习过程中探索、发现的信息和学习材料与其他成员共享,从而激发了学生参与学习、乐于学习的兴趣和动机。

协同学习教学模式多样化,并无固定的模板,但归纳起来整个教学流程如图 4-2-1 所示。

(1)学习需求分析。包括教学目标分析、学生特征分析和教学内容分析,还需要根据协同学习原理进行学习活动或教学活动设计,针对学习情境和学习内容中的重点难点进行协同学习的支持设计。

第4章 面向协同学习模式的教学设计、资源制作与实例　113

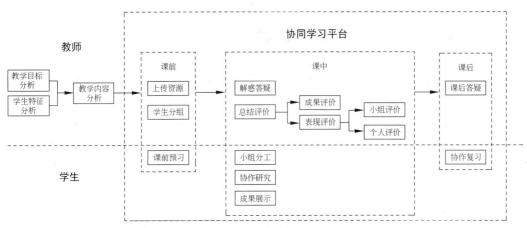

图 4-2-1　协同学习模式教学设计流程图

（2）教学资源制作。协同学习环境是为学生自主学习、分享研讨、竞争辩论等学习活动准备的。因此，教师必须选择并创设好协同学习环境，完成相关教学资源的制作，即协同学习小组成员完成任务所需的教学资源（包括一些参考文献、电子课件和教案、视频教程、相关的专题学习网站等，并可以根据学生的实际情况，将资源分为基础资源和扩展资源）。

（3）平台部署和学习任务下达。平台部署就是将制作好的相关教学资源上传到协同学习平台，以便学生们自行下载学习。学习任务下达就是教师要将课前的学习任务明确地告知学生，然后对学生进行合理分组。组成不同的协同学习小组后，学生经协商完成组内任务分配。组长应督促组员课前要充分了解教师安排的任务，学习教师准备好的教学资源，有能力的同学可以浏览学习拓展资源。组员要及时总结自己学到的知识以及存在的问题，并将问题反馈给组长，由组长将问题汇总后反馈给教师。

（4）网上协同探究。根据教师安排的学习任务，各小组成员按照分工完成各自的任务，可以通过协同学习平台进行本组的线上交流、研讨、争论等，也可以与其他小组同学进行组间交流，大家共同分享查获的资料与心得等。教师需要及时统计学生的问题，了解各小组的学习进度，"关键"时刻为小组解答疑惑、加油鼓劲并因材施教。

（5）成果展示与评价。在学习任务完成后，各小组成员共同对本次课程进行总结，并将学习成果上传至平台进行成果展示，接着完成各组间的学习成果交流。教师结合各小组的成果与过程、态度进行点评，学生们间也可以自评和互评。对各个小组出现的重要问题，教师可以点评，然后对整节课的知识进行系统化梳理，并对课程进行总结。需要注意的是，评价过程中要从学生个人、各个小组以及整体的角度，以激励为主，对小组成员完成的不同部分的工作以及相互配合的情况进行点评，并引导学生进行课后的复习。同时，教师应注意培养学生的探索、分享、协作等素质，并在潜移默化中提高学生解决问题的能力和协同合作的精神。

（6）课后作业的布置与答疑。在课堂教学结束后，教师对本堂课程布置作业，学生通过提交作业来巩固相关知识。教师还可以布置探究型作业，通过创设协同情景或任务，组织学生进行课下的合作性学习活动，教师亦可在课余时间用平台所提供的交流工具与学生进行答疑与沟通，深入了解并解决学生们的问题。

在以上协同学习教学模式的教学设计流程中，（1）～（3）为课前环节，（4）～（5）为课中环节，（6）为课下环节。

4.3 面向协同学习的课程资源制作与获取技巧

协同学习的核心在于,通过小组协同学习的方式,小组学习习得大于个人独自学习习得之和,即实现 $1+1+\cdots+1>n$ 的教学效果。其中,协同学习平台上的教学资源是指在教学过程中,支持教与学的所有资源,包括 PPT 课件、视频录课、图像文件、音频文件、动画文件等软件。

这些教学资源,可以由教师自制,也可以通过各种渠道购买、收集或加工。因此,本节将分别从文本文件、图片文件、音频文件、视频文件、动画文件五个方面,介绍通过网络获取和制作教学资源的方法和技巧。需要注意的是,在获取和使用他人素材资源的时候,一定要遵守版权法的相关规定,自觉注明出处,尊重他人的知识产权。需要购买的就要购买,需要征得作者同意的就必须和作者协商等。

4.3.1 文本类教学资源的获取与处理技巧

通常情况下,文本类教学资源应该由教师根据教学要求编写,所以键盘输入是一种最主要的文本获取手段。当然,新输入技术的不断成熟和广泛应用会拓宽文字输入的渠道,如手写输入、语音输入等。如果要在教学中引用别人的文本,那小段内容可以通过上述方式录入,大段内容则需要采用一些更便捷的方法。例如,网页文本的复制、印刷体的 OCR 识别以及知网学术文件的文本转换等。

视频讲解

1. 网页文本复制处理技巧

要引用光盘、网页上的文字,可以利用复制、粘贴等办法来获取这些文字,放入自己的文字编辑器(一般是 Word)中。从网页或其他文件中复制文字时,有时会遇到将底纹和背景色同步复制过来的问题,可按照如下操作去除。

第一步:当文字如图 4-3-1 所示时,可以先将文字选中再复制到 Word 文档中。

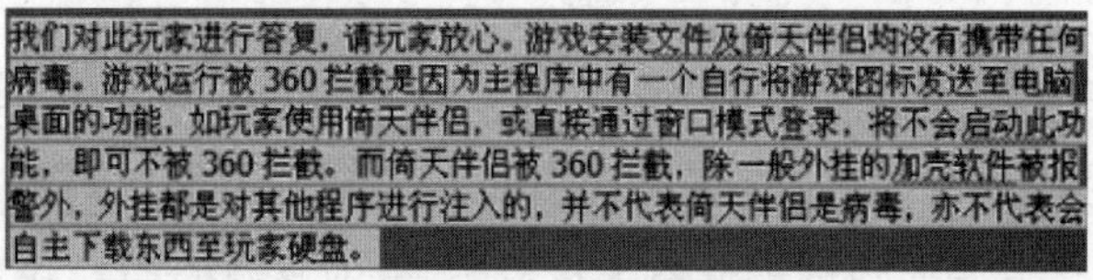

图 4-3-1 原网页文字

第二步:将文字全选(或按 Ctrl+A 组合键)后,在"页面布局"选项卡下单击"页面边框"按钮,如图 4-3-2 所示。

图 4-3-2 选择页面边框

第三步:在弹出的对话框中选择"底纹"选项卡,然后设置"填充"为"没有颜色",设置"应用于"为"段落",然后单击"确定"按钮,如图 4-3-3 所示。

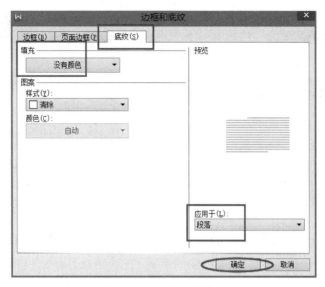

图 4-3-3　取消底纹设置

这时,可以看到底纹已经被去掉,但是背景颜色依然存在,如图 4-3-4 所示。

第四步:可以仿照前两步,在"底纹"选项卡中将"填充"设置为"没有颜色",将"应用于"设置为"文字",单击"确定"按钮后,该段文字的背景色和底纹都被去掉,如图 4-3-5 所示。

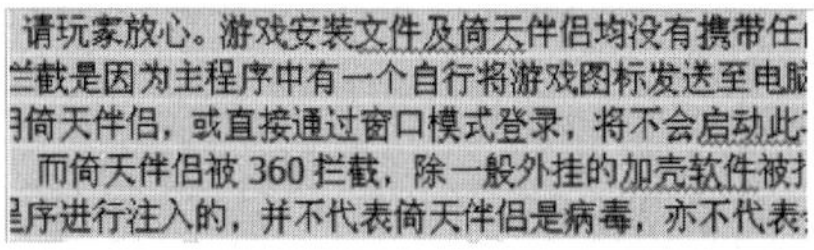

图 4-3-4　去除底纹后的效果 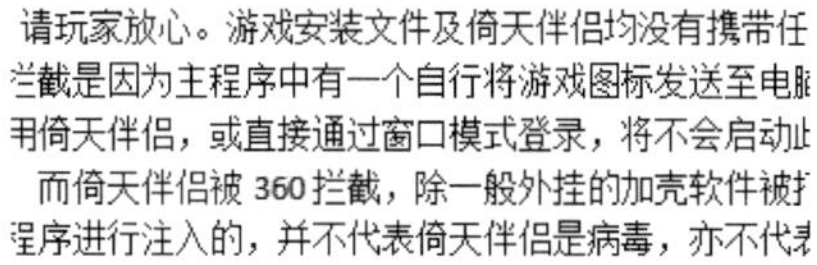　　　　图 4-3-5　去除背景色后的效果

除了上述方法之外,还可建立一个 TXT 文档,将需要的内容复制到 TXT 文档中,然后再将 TXT 文档中的内容复制到 Word 文档或需要的文件中,即可以看到底纹和背景色已经被去掉。

2. 基于 OCR 处理文本的技巧

当网页文字不可复制时,或要引用书籍、期刊等印刷品上的文字,可以使用捷速 OCR 等文字识别软件进行整段文本的录入。下面将简单介绍基于捷速 OCR 的文本处理技巧。

第一步:在计算机内安装捷速 OCR 软件,安装好后打开该软件。

第二步:登录后会马上弹出选择文字识别方式的对话框,其中有三种方式,为从扫描器读文件、从图片读文件、从 PDF 读文件,如图 4-3-6 所示,一目了然、方便快捷。

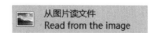
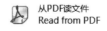

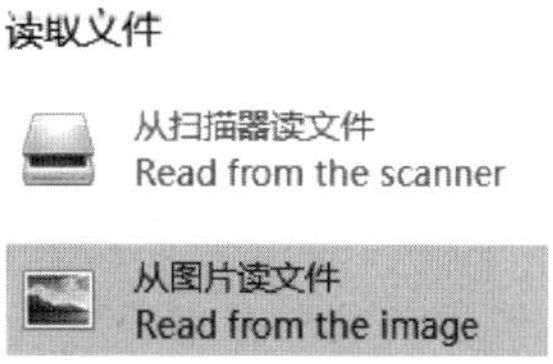

图 4-3-6　选择文字识别方式

如果不想通过快捷方式,关闭该对话框后,在主页单击"读取"按钮,如图4-3-7所示,对待读取文件进行选取,打开文件后单击"纸面解析"按钮进行解析。

图4-3-7　选择文件识别

第三步:单击"识别"按钮对解析出的图片进行文字识别,如图4-3-8所示,右边即为识别的文字,识别结果与原文会有少量出入,需手动更改。

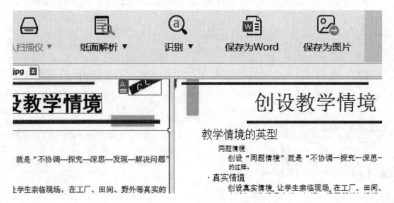

图4-3-8　识别文字的效果

另外,也可通过"画面识别"功能对当前页面的画面进行识别。手动截取当前页面的范围后,对画面范围内的文字进行识别,效果与上述选择图片读取的结果类似。

3. 知网文件转换为文本的处理技巧

知网上有不少文献,为教师的教学资源提供了丰富的素材,这时需要使用CAJViewer软件将CAJ文件转换为Word或TXT文件,方法如下。

第一步:为了实现文字的转换,首先要安装CAJViewer工具,官网地址详见前言二维码。

第二步:安装成功后,打开CAJ格式的文档,单击"文字识别工具"按钮 选取一部分文字,如图4-3-9所示,CAJ工具会自动识别选中文字,并将其转化为文本格式。

第三步:文字识别结果如图4-3-10所示,可以选择将结果文字直接发送至Word文档,也可以选择复制到剪贴板。

第4章 面向协同学习模式的教学设计、资源制作与实例

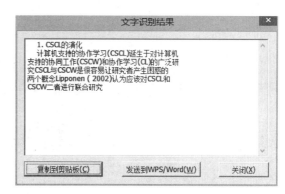

图 4-3-9　选择部分文字

图 4-3-10　文字识别结果

4.3.2　图片类教学资源的获取与处理技巧

图片类教学资源可以由教师使用图像编辑软件（如 Windows 附件中的画图软件）制作，也可以利用别人的图片素材。例如，若使用网页上的图片，则可以使用复制、粘贴的办法，也可以使用另存为图片文件等方法；若使用书籍、期刊等印刷品中的图片，则可以利用扫描仪将其扫描为图像文件，也可以用数码相机拍照获得图像文件；若使用教学光盘中的图形、图像文件，可以直接将该文件复制到自己的资源文件夹中，供以后使用。

除以上方法外，如果要使用的教学课件中的图片不是以单独文件形式保存的，或者说很难找到该图片对应的文件，则可以使用屏幕复制的办法（按 Print Screen 键），或者打开 QQ 按 Ctrl＋Alt＋A 组合键进行截图，然后将该屏幕图形复制到剪贴板中，再用画图或者其他图形编辑软件进行加工处理后保存为文件。

以上图片资源获取时可能存在水印、背景噪声等问题，下面介绍一些图片处理的小技巧。

1. 图片中水印的处理技巧

当在网站上获取的图片上有水印时，可使用图片处理软件 Teorex Inpaint 将水印去除。

第一步：下载安装该软件后运行，选择 File→Open 命令打开需要去水印的示例图片，如图 4-3-11 所示。图片打开后为放大效果，可以单击 Normal View 按钮，使图片比例恢复到 1∶1，显示图片的实际大小。右下角的"百度经验"就是本次想要去掉的水印，如图 4-3-12 所示。

第二步：单击工具栏上的 Marker（标记）按钮 ，涂抹出需要去掉水印的部分，如图 4-3-13 所示。

期间可拖动工具栏上的 Marker Size（滑动块）来调节涂抹画笔的大小。涂抹完毕后会在涂抹部分的边缘出现一个带有圆点的矩形。

图 4-3-11　打开图片

图 4-3-12　去水印前

图 4-3-13　涂抹水印

第三步：单击 Inpaint 按钮开始去除水印。软件弹出处理对话框，开始智能计算和去除水印，如图 4-3-14 所示。如果图片比较大或者水印比较复杂，处理时间可能会略长。

当处理过程结束后，可看到水印已被去除，如图 4-3-15 所示，这时可单击"保存"按钮将图片保存在指定地点。

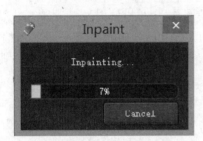
图 4-3-14　等待界面

图 4-3-15　去水印后的图片

本方法为快速去除水印的方法，如果想获得更加理想的效果，建议使用 Photoshop 等专业图片处理软件。

2．网页中批量存储多张图片的技巧

第一步：打开需存图的网页，单击浏览器上的"文件"按钮，在打开的窗口中单击"保存网页"按钮。

第二步：单击"保存类型"右边的下三角按钮，在下拉列表中选择"网页，全部"选项，然后选择保存路径，再单击"保存"按钮，如图 4-3-16 所示。

第三步：下载完成后，在保存路径下打开刚才下载的文件，是一个图片文件夹和一个网页文件。注意，这时需要重命名图片文件夹，否则，删除网页文件时会将其一同删掉，如图 4-3-17 所示。

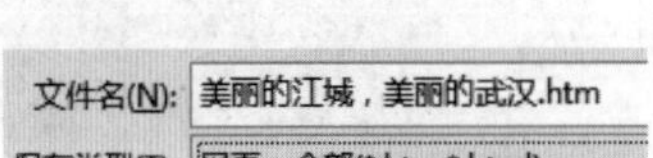

图 4-3-16　设置保存类型

图 4-3-17　重命名图片文件夹

第四步：打开图片文件夹，如图 4-3-18 所示，删除图片以外的文件和不需要的图片。

3. 批量保存多张 Word 图片的技巧

第一步：在 Word 文档中选择"文件"→"另存为网页"命令，在弹出的对话框中设置文件名和文件类型，文件类型设置为 html 格式，如图 4-3-19 所示。

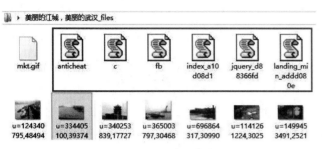

图 4-3-18　图片文件夹　　　　　　　　图 4-3-19　保存为 html 格式

第二步：在保存的路径上会出现类似于图 4-3-20 所示的文件夹，所保存的图片都在该文件夹中。打开文件夹后显示如图 4-3-21 所示。

图 4-3-20　图片文件夹　　　　　图 4-3-21　Word 中的所有图片

4. 图片文件大小的设置技巧

将教学资源上传到网络平台时，都有文件大小和格式的要求。对于格式，一般用格式工厂这个软件进行转化，而图片大小则需要通过压缩等方式减小图片的大小，具体处理技巧如下。

例如，图 4-3-22 所示的文件初始大小为 2.23MB，网络平台要求上传的图片大小在 1MB 以内，格式为 JPG。

第一步：右击要压缩的图片，选择"打开方式"→"画图"命令，用画图程序打开要压缩的图片。

第二步：进入画图程序后，单击工具栏中的"重新调整大小"按钮，如图 4-3-23 所示。

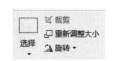

图 4-3-22　图片原始大小　　　　　图 4-3-23　重新调整大小

第三步：根据需要调整图片大小。

方法一：选择"百分比"单选按钮。如图 4-3-24 所示，"水平"和"垂直"默认值是 100，若设置为 50，则调整 50％，图片会缩小一半。若选择 150，则调整 150％，图片会扩大 1.5 倍。百分比的缺点是不能判断缩小后图片的尺寸。

方法二：选择"像素"单选按钮。如图 4-3-25 所示，此时水平值×垂直值＝1548×938，是图片的原始大小。根据实际情况，设置图片的大小尺寸，此处将水平值改为 500，在勾选了"保持纵横比"复选框的情况下，垂直值会自动变为 375。

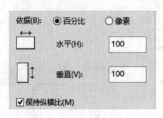
图 4-3-24　调整百分比

图 4-3-25　调整像素

第四步：修改完以后，选择"文件"→"另存为"命令，一般保存为 JPG 格式，如图 4-3-26 所示。为了避免直接改变原始文件的大小，方便修改，此处不选择直接保存。这时可以看到图片大小已经改变，如图 4-3-26 所示。

5. 快速提取 PPT 中图片文件的技巧

传统做法是右击待保存的图片，在弹出的快捷菜单中选择"另存为"命令，然后选择保存地址，这样就把 PPT 中所需的图片单独另存为图片文件了。上述方法一次只能保持一张图片，本节中将简单介绍一次性提取 PPT 中所有图片的技巧，具体步骤如下。

第一步：先将 PPT 扩展名改成 rar 格式，再解压当前压缩包，如图 4-3-27 所示。

图 4-3-26　改变后图片大小

图 4-3-27　修改 PPT 的扩展名并解压

第二步：在解压文件中，在文件名为 PPT 的文档里找到 media 文件夹，如图 4-3-28 所示。

第三步：打开该文件夹，此 PPT 所有的媒体文件都保存在 media 目录下，如图 4-3-29 所示。

图 4-3-28　解压后找到 media 文件夹

图 4-3-29　media 目录下的文件

（1）该方法不仅能保存 PPT 中的图片文件，还能同时保存音频、视频等其他媒体文件。

（2）该方法适用于 2003 版以上 PPT 或 PPTX 文件，对于 2003 版 PPT，可将 PPT 另存为网页，图片、音频等所有的媒体文件会放在一个名为"文件名.file"的文件夹下。

4.3.3 视频类教学资源的获取与处理技巧

视频类教学资源可以由教师使用数字录像机（DV）、数码相机等将教学过程录像，然后直接将这些视频文件保存在计算机上，供教学使用。除了自己制作，也可以借鉴他人的视频教学资源，如教学课件、VCD、DVD 等中的视频，可直接复制或播放。有些教学视频资源是特定格式的文件，则需要使用专门的软件进行转码和处理。

现在，教师们往往通过网络来收集可利用的教学视频资源，有时网页上的视频可直接通过单击右键下载，有时可利用浏览器附带的资源下载工具下载。对于那些在过去用模拟录像带保存的教学视频，则需要经过较为专业的处理（如通过视频采集卡），才能转换为计算机可读取的视频文件。当网页没有提供下载地址的时候，还可以使用如下方法获取视频资源（针对 IE 浏览器）。

第一步：将视频缓存完毕（即播放完毕），在菜单栏（如果没有显示请按 Alt 键）中选择"工具"→"Internet 选项"命令。弹出"Internet 选项"对话框，在"常规"选项卡中单击"浏览历史记录"下的"设置"按钮，如图 4-3-30 所示。

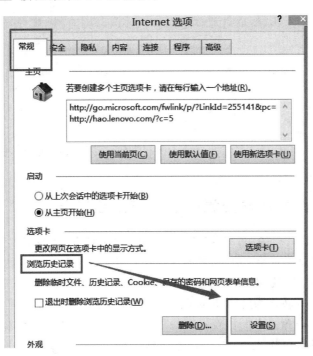

图 4-3-30　Internet 选项设置

第二步：在弹出的"网站数据设置"对话框中单击"查看文件"按钮，如图 4-3-31 所示。

此时资源管理器已经被打开，当前目录就是 IE 的缓存文件目录，如图 4-3-32 所示。

第三步：为了后续查找方便，需将文件全部选中再删除，然后打开需要保存的视频，缓

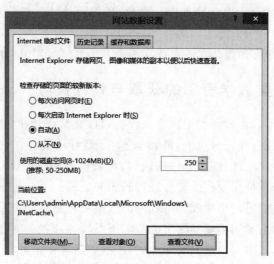

图 4-3-31　查看文件

冲完毕,再按照上面的步骤再次进入缓存文件所在文件夹,在空白区域右击,在弹出的快捷菜单中选择"排序方式"→"递减"命令,如图 4-3-33 所示。

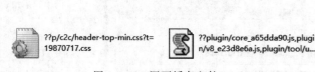

图 4-3-32　网页缓存文件　　　　　　　　图 4-3-33　选择"递减"排序

最后,得到排序结果,第一个文件(最大的)即为需要下载的视频,将该视频复制到所需文件夹中即可。

4.3.4　音频类教学资源的获取与处理技巧

音频类教学资源可以使用计算机或手机自带的"录音机"功能由教师自行录制,然后直接将这些音频文件保存在计算机上,供教学使用。除了自己制作,也可以借鉴他人的音频教学资源,如教学课件、网盘、网页中的相关音频资源等。如果要将现有的录音带、录像带或者电视节目等的声音转换为计算机的音频文件,则有两种办法:一是如同录制教师朗诵那样录制录音机等声源播出的声音;二是用音频线连接录音机、录像机或者电视机等的线路输出和声卡的线路输入口,然后设置为线路输入录音,最后打开附件中的录音机进行录音。

目前,教师们往往通过网络来收集可利用的教学音频资源,有时网页上的音频可直接通过右击下载,有时可利用浏览器附带的资源下载工具下载。另外,大部分播放器都支持 MP3、WAV 等格式的音频文件的播放,如果有特殊格式,则需要通过更改扩展名或使用格式工厂软件转换等方式,将文件更改为播放器支持的格式。

当网页上的音频文件只能试听，而不能直接下载时，也可使用与获取视频资源的方法完全一致的步骤来获取音频文件。按照图 4-3-33 所示的方法对文件进行递减排序后，第一个扩展名为 .m4a 或 .wma、.mp3、.wav 的文件即为所需的音频文件。

当计算机默认不显示文件扩展名时，选择"工具"→"文件夹选项"命令，切换到"查看"选项卡，取消勾选"隐藏已知文件类型的扩展名"复选框，如图 4-3-34 所示，然后单击"确定"按钮，文件的扩展名就显示出来了。

图 4-3-34　显示文件扩展名

4.3.5　动画类教学资源的获取与处理技巧

对于动画类教学资源，教师可以利用 Photoshop 等软件自制，也可以借鉴他人的动画教学资源，如教学课件、网页等中的动画，直接复制或播放。现在，教师们大多通过网络来收集可利用的动画类教学资源，有时网页上的动画可直接通过右击下载，有时可利用浏览器附带的资源下载工具下载。本节将介绍具体方法，使教师在教学过程中，根据教学需要自己制作简单的动画素材，也可以通过把 Word 等文件制作成 SWF 格式的动画文件的方式来保护版权。

视频讲解

1．利用 Photoshop 把多张 JPG 图片制作为 GIF 动画的技巧

第一步：下载 Photoshop 软件，并按照提示进行安装。

第二步：成功安装后打开 Photoshop，把第一张图片打开，如图 4-3-35 所示。

第三步：选择"文件"→"置入"命令，将其他图片也置入进来，如图 4-3-36 所示。注意，一张一张地置入，每一张图片置入后，要按 Ctrl＋Enter 组合键。

图 4-3-35　在 Photoshop 中打开图片

图 4-3-36　分别置入其他图片

第四步：选择"窗口"→"时间轴"命令，下方会出现一个选项框，选择"创建帧动画"选项，如图 4-3-37 所示。

第五步：新建第一个帧动画，在右侧栏中单击第四张图片前的"眼睛"图案，其他不选，如图 4-3-38 所示。

图 4-3-37　创建帧动画

图 4-3-38　勾选第四张图片

第六步：再新建一个帧动画，单击第三张图片前的眼睛，其他不选，如图 4-3-39 所示。结果如图 4-3-40 所示。

图 4-3-39　勾选第三张图片

图 4-3-40　勾选结果

第七步：按照前面两步设置后两张图片，结果如图 4-3-41 所示。

第八步：单击帧动画下的时间下三角按钮，选择自己需要的每帧显示的时间并保存，即可完成动画制作，如图 4-3-42 所示。

图 4-3-41　四张图勾选后的结果

图 4-3-42　设置每帧时间

2. 把 Word 转换成 SWF 格式的 Flash 文件的技巧

为了保护版权，以及确保 Word 文档不被编辑修改，可以通过 FlashPaper 软件，将 Word 转换为 SWF 格式的 Flash 文件，方法如下。

第一步：首先选择合适版本的 FlashPaper 软件下载并安装。

图 4-3-43　Macromedia FlashPaper 打印机出现

安装完成后，打开"设备和打印机"窗口，看到多出了 Macromedia FlashPaper 打印机，如图 4-3-43 所示，则说明 FlashPaper 软件已正确地安装。

第二步：用 Word 编辑或打开需转换的 Word 文档，然后选择"文件"→"打印"命令。

第三步：在弹出的"打印设置"窗口中，选择打印机为 Macromedia FlashPaper，如图 4-3-44 所示，设置完成后，单击"打印"按钮。

此时就会弹出 Macromedia FlashPaper 的转换窗口，同时显示转换页码的进度，如图 4-3-45 所示。

第四步：转换完成后用 Macromedia FlashPaper 即时浏览转换后的内容，如图 4-3-46 所示。

第4章 面向协同学习模式的教学设计、资源制作与实例

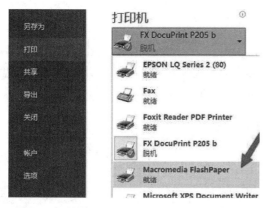

图 4-3-44　选择 Macromedia FlashPaper 打印机　　　图 4-3-45　转换窗口

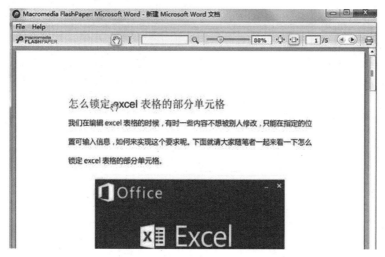

图 4-3-46　使用 Macromedia FlashPaper 浏览转换后内容

第五步：选择 File→Save as Macromedia FlashPaper 命令，在弹出的窗口中指定一个保存 Flash 文档的文件夹及 Flash 文件名，就可以把打开的 Word 文档转换成 Flash 文件了。

4.4　协同学习平台的教学部署

4.4.1　常用协同平台介绍

为了实施协同学习模式，教师需要将相关的协同学习资源、学习活动要求、学习小组分配信息等内容部署到相应的平台上，为协同探究学习提供相应的内容与服务。本节介绍的协同学习教学模式，依托社会性协同工作软件实现，这些协同工具操作简单、跨平台性好且体验统一，具备良好的数据安全性，同时还拥有强大的协同与交互功能，为协同学习活动的开展提供了极大的便利。下面将简单介绍三个典型的协同办公软件。

1. teambition 平台

teambition 以团队项目管理为核心，是一个基于云服务的协作化项目管理平台。用户可以通过"任务板""分享墙""文件库"等功能来实现项目知识的分享、沟通，项目任务的安排及进度监督，以及相关项目的文档存储和分享，如资源分享、素材分享等功能。其首页如图 4-4-1 所示。

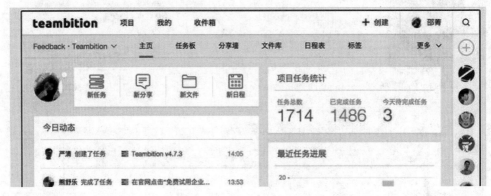

图 4-4-1　teambition 首页界面

teambition 功能结构图如图 4-4-2 所示。

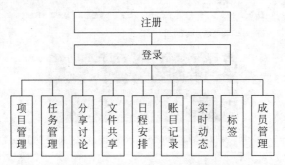

图 4-4-2　teambition 功能结构图

基于该软件，教师可以在协同学习教学模式中通过"项目管理"和"任务管理"功能发表学习任务、制定学习目标，并在"成员管理"中将学生分组。各个协同小组可以根据教师分配的任务进行分工，并利用"日程安排"对任务内容和完成期限进行管理。同时，在"实时动态"和"分析讨论"中进行学习探讨与交流。最后，利用"文件共享"功能上传学习资料和最后成果等。

2. 明道平台

明道平台是一款支持自由连接的互联网协作平台，它的功能与 teambition 相似。明道用全新的互联网软件架构和友好的用户体验设计，解决工作群体的内外部协作问题，包括工作沟通、日程管理、任务协同、知识共享和全面的移动办公支持等。另外，明道增加了应用中心，在基本的功能不能满足需求的情况下，可以加入流程审批和 CRM 功能，这些应用和插件都是由第三方来提供的。

明道官方网站首页如图 4-4-3 所示。

图 4-4-3　明道首页界面

明道功能结构图如图 4-4-4 所示。

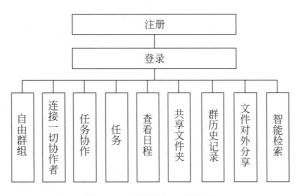

图 4-4-4　明道功能结构图

在协同学习的过程中,教师可以利用该软件中的"任务"模块发布和管理任务。小组成员可通过"共享文件夹"的功能进行文件分享,将资源利用最大化,并可以利用"查看日程"的功能了解自己和小组同伴的学习进程。同时,小组成员在完成学习任务的时候,可以在"自由群组"中相互交流探讨,极大地提高了任务完成的效率,并增加了成员间的沟通。

3. tower 平台

tower 平台是国内较早的一个团队协作工具,界面功能一目了然。主要功能分为讨论、任务、文档、文件四个大部分,可以让团队在 tower 里进行在线讨论、任务指派管理、文件共享、日程安排、查看在线文档。其中"讨论"功能在协作平台内架设了一个论坛,每个成员都可以发布帖子并回复讨论,帖子支持富文本格式。tower 的官方网站首页如图 4-4-5 所示。

tower 功能结构图如图 4-4-6 所示。

利用该软件,教师可以在协同学习的过程中使用 tower 的"项目管理"模块对任务进行

图 4-4-5　tower 首页界面

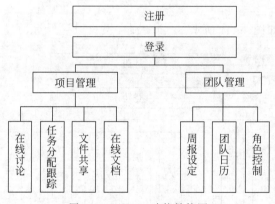

图 4-4-6　tower 功能结构图

分配和跟踪,并在"团队管理"模块中实现对学生的分组。而各小组成员可以利用"在线讨论"功能对课题进行交流探讨。通过"团队日历",学生可以了解学习任务和完成期限,教师也可以通过该功能了解学生的学习进度。小组成员还可利用"文件共享"功能上传学习资料,并在完成任务后上传学习成果。

4.4.2　基于 Worktile 平台的协同教学部署

本节重点介绍在 Worktile 平台上开展的协同学习模式的教学部署。

Worktile 是一款通过简单的协作、沟通和分享,实现团队交互与任务管理的团队协作工具。其主要功能包括:简洁方便的看板式任务管理功能;无容量限制、可下载历史版本的文件共享功能;可随时随地参与、畅通无阻地在线讨论功能;多人实时在线编辑文档功能;灵活快捷可共享的日历功能以及可直观展示项目进度的简报功能等。

教师和协同学习小组的组长可以通过该平台丰富的功能,实现学习项目和任务的分类管理与长期追踪。与此同时,Worktile 为师生间、生生间的协同学习提供了完善的沟通与协作环境，并可长久保存各类文档。Worktile 除网页版外，还提供 iOS 和 Android 客户端，使得协同学习活动的开展不受平台和设备的限制。

该平台的官方网站可扫描如图 4-4-7 所示的二维码下载手机客户端，其首页如图 4-4-8 所示。

Worktile 功能结构图如图 4-4-9 所示。

图 4-4-7　Worktile 二维码

图 4-4-8　Worktile 首页

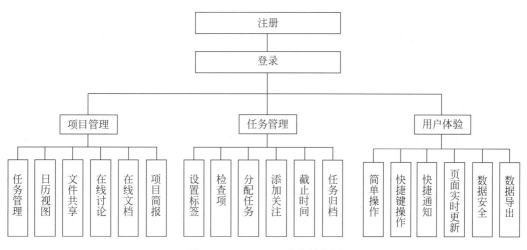

图 4-4-9　Worktile 功能结构图

由图 4-4-9 可知，Worktile 功能被分为"项目管理""任务管理"和"用户体验"三个模块。教师和学生可以通过这三部分的功能实现协同学习过程。Worktile 以"任务"为核心，教师可以通过任务管理下的分配任务等安排学习任务，学生也可以通过任务板块查看自己的任务及分组情况，并且可以通过在线讨论的功能进行沟通交流，将各自查找的学习资料上传至公共网盘，合作完成学习任务。

在 Worktile 平台上开展协同学习的教学部署，主要步骤如图 4-4-10 所示。

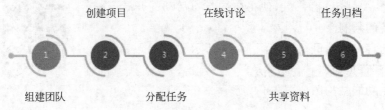

图 4-4-10　基于 Worktile 的协同学习流程图

1. 组建团队

"团队"是 Worktile 中最顶级的组织单元，Worktile 用团队来管理不同的项目和成员。在协同学习模式中，同样可以用团队来管理各学习小组和成员。首先，由教师组建学习团队，如图 4-4-11 所示。把与协作学习活动相关的学生添加到各个学习小组中，根据协作学习任务按照"组内异质、组间同质"的原则合理划分协作小组，将各组组长设置为管理员，辅助教师管理各学习小组和小组成员。

图 4-4-11　创建学习小组，添加成员

2. 创建项目

"项目"是 Worktile 中一个主要的组织单元。Worktile 以项目为单元对任务、文件、文档、话题、人员等所有的基础资源进行组织。在协同学习模式中，将每个协同学习任务都处理为一个项目。首先，教师根据教学内容确定一个相对较大的目标作为学生要完成的一个项目，如一门课或一个单元要求学生掌握的技能或知识。然后，各小组组长负责创建相应的项目，并将小组成员和教师添加到项目中，如图 4-4-12 所示。

3. 分配任务

"任务"是 Worktile 中的核心单元，Worktile 围绕"任务"整合了文件、话题、文档等团队协作的基本内容，并对任务执行状态进行分析产生项目简报，方便教师和组长监督项目进度。在协同学习模式中，用"任务"来完成教学内容的制定，如图 4-4-13 所示。首先，教师根据教学内容为学生设定具体可实施的任务，将具体的任务分配给每位成员。然后，小组成员可在个人账户的工作台中查看分配给他们的任务，并对他们的任务进行管理，如设置任务提醒、新建任务、删除任务等。

第4章 面向协同学习模式的教学设计、资源制作与实例

图 4-4-12 创建学习项目

图 4-4-13 任务管理

4. 在线讨论

"话题"是 Worktile 团队针对一个主题性问题进行沟通的有效方式。在协同学习模式中,我们利用"话题"促成小组成员间的良性沟通。各协作小组可根据任务需要创建话题进行在线讨论,如图 4-4-14 所示。同时项目中的任务以及日历中设置的日程都支持评论功能,收到消息会及时提醒。

图 4-4-14 在线讨论

5. 共享资料

"网盘"是 Worktile 项目中所有文件的存储和共享中心。在协同学习模式中,同样通过"网盘"来实现协同小组中学习资料的共享和学习成果的上传,如图 4-4-15 所示。教师可引

导学生,并将自己在协同学习过程中搜集到的与任务相关的资料共享到"网盘"中,同时还可以创建文档,实现多人在线编辑。在完成任务以后,由小组长将学习成果上传至网盘中,供教师查看。

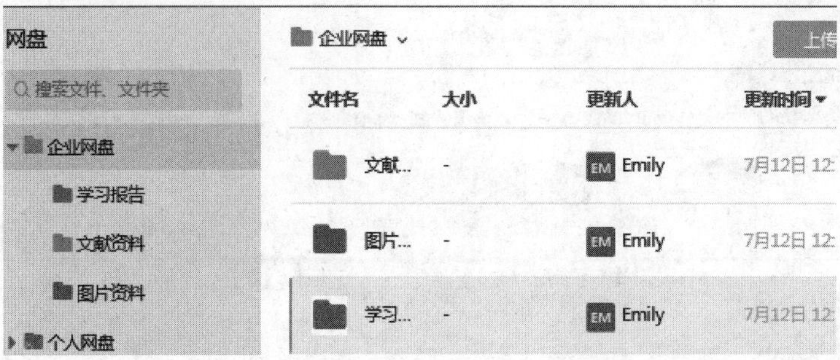

图 4-4-15　网盘

6. 任务归档

"任务归档"是 Worktile 不可缺少的组织单元。在协同学习模式中,同样利用 Worktile 的归档机制,将已经完成的学习任务归档。既保持了学习项目的简洁,又能使学生对所学知识进行总结与巩固。

教师对项目和任务的管理及任务的分配都可以通过拖曳来完成。除了在计算机上使用外,教师和学生还可以下载安装手机端或者绑定微信账号,在智能手机上来管理和完成学习任务。同时 Worktile 可以对任务实时追踪并进行统计(如图 4-4-16 所示),并能够通过日历视图(如图 4-4-17 所示)直观地展现一天的教学安排,在安排教学任务的同时,通过日程排期助手查看相应学生小组的忙闲状态,确保教学任务的安排不会发生冲突,极大地便利了教师的管理。

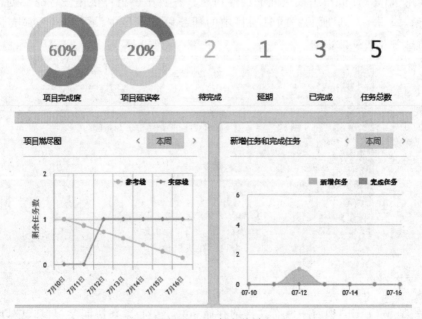

图 4-4-16　任务统计

图 4-4-17　日历视图

Worktile 的任务管理、文件共享、在线讨论等功能,为学习团队的协作提供了完美的功能支持,其突出的优势如下。

(1) 文件共享让学习团队达到真正意义上的协同,在线文档编辑可助力团队的知识沉积。

(2) 日历和简报相互配合,使小组成员对任务的管理更有效,对项目进度的把握更直观。

(3) GTD(Getting Things Done)式的看板列表,将任务分为已完成和未完成的,便于学生管理自己的学习任务,并符合人们对信息的梳理方式,就像一个电子便签,简明、直观,一目了然。

(4) 以项目为单元管理事务,让复杂无序的事务变得简单清晰。它有即时通知提醒,快捷在线交流的特性。当有新的任务发生时,学生无须刷新页面,就能第一时间在"消息中心"收到提醒通知。通过绑定微信,还可以直接在微信上接收 Worktile 中的提醒通知。手机客户端的应用,使学习小组成员随时随地都能参与到讨论中去。

4.5　协同学习模式教学设计实例

前面详细介绍了协同学习教学模式的内涵特征与发展历程、协同学习模式下的教学设计过程、资源制作技巧和平台部署方法,下面参照 4.2 节"协同学习模式下的教学设计",以 Worktile 为教学资源的部署平台,以"调查校园内生物种类"为例,设计相应的教学过程,供读者参考。

"调查校园内生物种类"的教学设计

1. 教学内容分析

"调查校园内生物种类"旨在通过调查,认识大家身边的生物,进一步了解生物有别于非生物的共同特征。在学习方法上,从宏观到微观,从学生熟悉的事物入手,有利于激发学生的学习兴趣。同时,调查是科学探究的常用的方法之一,因此要求使学生认识并掌握调查的一般方法。

2. 学情分析

学生特点:初一学生具有小学自然常识的知识基础,且具有一定的发现问题、分析问题和解决问题的能力,能够与其他同学讨论,流利地表达自己的思想,批判他人的观点,并且他们具有很强的好奇心、敏锐的观察力和一定的分析判断能力。

学习障碍:学生对生物种类的识别及科学的调查方法缺少一定的经验,并且缺乏分工合作的经验,需要通过学生的分析及教师的引导让学生在实际活动中归纳出步骤。本节内容也是对学生掌握科学调查方法的一次指导与训练。

3. 教学目标、重点与难点

(1) 说出调查的一般方法,初步学会做调查记录,并将所知道的生物进行归类。
(2) 尝试描述身边的生物和它们的生活环境。
(3) 逐步培养学生的调查能力以及和同学分工合作的能力。
(4) 通过本课的学习,使学生关注周围生物的生存状况,从而加强保护生物资源的意识。

4. 教学过程设计(如表4-5-1所示)

表4-5-1 "调查校园内生物种类"教学设计表

教学环节	教学活动		设计意图
	教师活动	学生活动	
(1) 组建学习团队	教师将学生分成不同的小组,并将每个成员分别添加到各自的协同小组中,如图4-5-1所示	熟悉各自的团队,如图4-5-2所示	根据学生特点,依据"组内异质,组间同质"的原则将学生分组,使其各自发挥特长,达到小组习得大于个人习得之和的学习效果
(2) 创建课程项目	教师创建名为"调查校园内生物种类"的课程项目,对该项目内容进行详细描述,如图4-5-3所示	学生查看加入的课程项目,查阅资料,进行预习,如图4-5-4所示	通过课前知识的预习,使学生充分了解课程学习的有关内容
(3) 分配学习任务	教师将任务分配给各个小组,限定完成期限,同时上传调查表格,如图4-5-5所示	各小组查看自己的任务,下载调查表格,并且进行分工,确定各成员的调查路线,如图4-5-6所示	让学生学会制订计划,学习如何分工合作,并熟悉调查的方法和注意事项
(4) 成员在线讨论	教师与学生保持联系,了解各小组在调查过程中出现的问题,并及时给出建议,如图4-5-7所示	小组合作完成参观学习任务,在调查过程中可以记录照片、问题等,及时与教师交流,并适时调整调查方案,如图4-5-8所示	在教师的鼓励、引导下,学生合作探究,提高观察能力和沟通能力
(5) 共享学习资料	教师在网盘中查看小组的调查结果,如图4-5-9所示	调查结束后,各小组将调查的生物照片传到网盘中,以小组号命名,相互交流体会,如图4-5-10所示	通过图片展示和讨论,能使学生更深入地检验自己和其他小组的调查情况,教师进行补充或指导
(6) 任务归档及总结	教师要求各小组上传调查表格,将任务归档。并依据结果进行总结,对各小组的表现进行评价,如图4-5-11所示	各小组依据自己的调查结果进行总结,上传调查表格。并依据教师的反馈进行总结,如图4-5-12所示	通过合作、交流、总结与反思,让学生对身边的生物及其特征有所了解,同时提高学生的合作能力,掌握调查方法

第4章 面向协同学习模式的教学设计、资源制作与实例

续表

教学环节	教学活动		设计意图
	教师活动	学生活动	
（7）课外知识拓展	在调查学习结束后，教师在平台上分配课后探究学习任务，组织学生进行课下协同学习，并通过 Worktile 的消息模块与学生进行课后的答疑和交流，解决学生们的问题，如图 4-5-13 所示	各小组成员在平台中查看课后任务，和小组成员分工完成，并在遇到困难时及时请教教师，如图 4-5-14 所示	巩固知识点、对学生进行知识面的拓展，启发学生的发散思维
（8）教学反思			

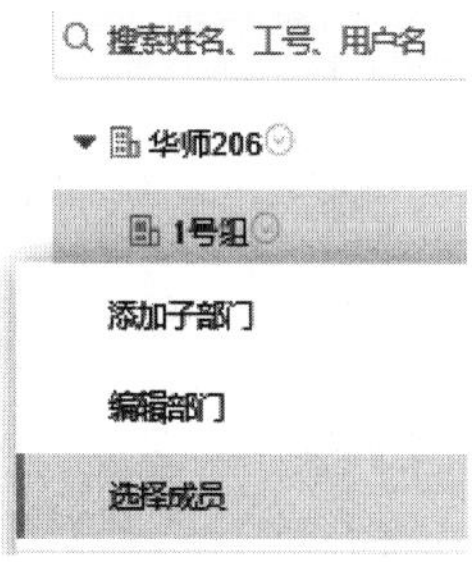

图 4-5-1　组建团队

图 4-5-2　查看团队成员

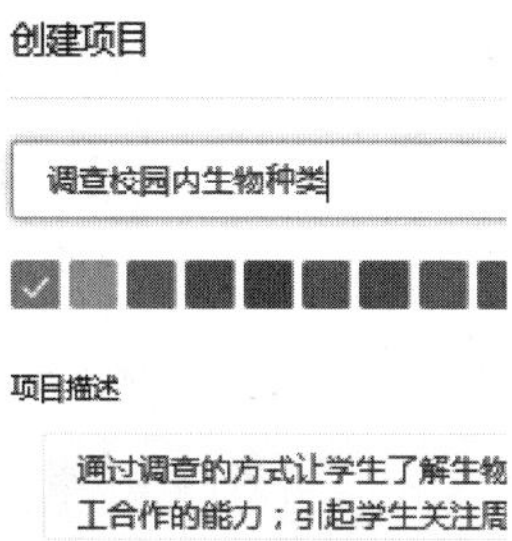

图 4-5-3　创建项目

图 4-5-4　查看参与项目

图 4-5-5　分配任务

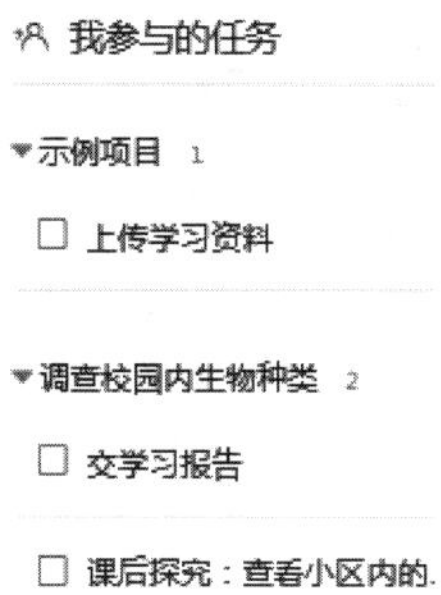

图 4-5-6　查看任务

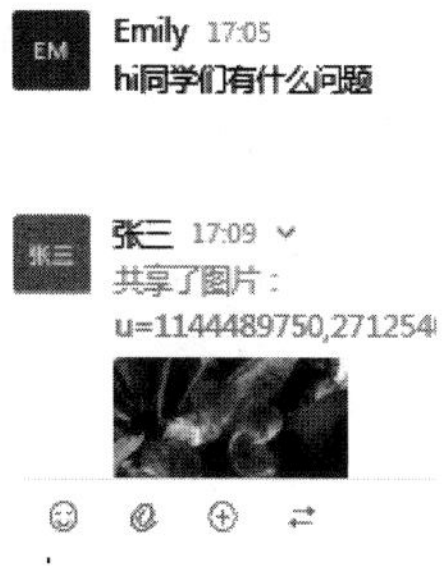

图 4-5-7　教师与学生保持联系

图 4-5-8　小组交流

图 4-5-9　查看小组调查结果

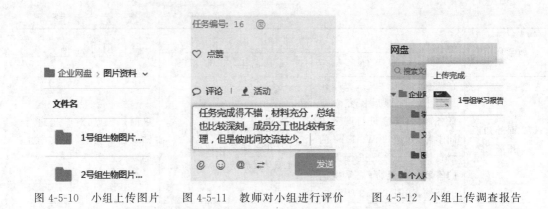

图 4-5-10　小组上传图片　　图 4-5-11　教师对小组进行评价　　图 4-5-12　小组上传调查报告

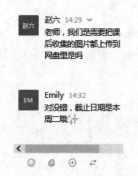

图 4-5-13　教师分配课下任务　　图 4-5-14　师生课下交流

本章小结

CSCL 协同学习模式是云计算环境支持下的一种通过小组或团队形式，组织学生开展探究性学习活动的教学模式，其教学过程与传统教学模式的教学过程不同，更加注重合作性，追求小组习得大于个人习得之和的教学效果。在该模式下，学生之间的互动性和合作性增强了，学习意愿也逐渐增强，从被动地学习变成了学习的主人，更有助于知识的学习与吸收，提高学习效率。

要真正掌握协同学习教学模式的核心思想，首先必须要对协同学习的内涵、特征及教学设计过程有深刻的认识，形成认知体系；其次要掌握本章涵盖的各类教学资源的制作技巧和协同平台的部署方法；同时，读者还需要勤习勤练，从而熟练掌握相关技巧。

思考与探索

1. 请简述协同学习模式的内涵。
2. 请简述与传统课堂相比，协同学习的特点。
3. 任选一个协同平台完成教学资源部署。

4. 以协同学习下的教学设计为主题,写一篇课程论文。

参考文献

[1] 鲍嘉. 基于 E-learning 的协同学习系统设计与实现[D]. 北京:北京理工大学,2015.
[2] 汤宗健,梁革英. 多元协同学习实验教学模式的实践探索[J]. 实验技术与管理,2014(5):11-13+23.
[3] 单美贤. CSCL 协作问题解决过程中的学习支持工具研究综述[J]. 电化教育研究,2015(1):55-61.
[4] 蔡建东,马婧,袁媛. 国外 CSCL 理论的演进与前沿热点问题——基于 Citespace 的可视化分析[J]. 现代教育技术,2012(5):10-16.
[5] 李芒,李岩. "管弦乐课堂"教学理念的 CSCL 教学设计原理探析[J]. 现代远程教育研究,2016(2):45-52.
[6] 王莉莎,王鹤梅. Worktile 支持下基于任务驱动的协作学习初探[J]. 亚太教育,2016(18):282.
[7] 孙磊. 基于 Worktile 的科研团队管理系统构建[J]. 数字技术与应用,2015(5):113.
[8] 徐小娟. 计算机支持的协作学习环境下不同任务类型及语义图示工具在认知发展中的作用[D]. 上海:华东师范大学,2016.
[9] 李凤英,薛庆水,吴伟民. 基于门限代理签名的协同学习研究[J]. 电化教育研究,2013(10):66-70.

第 5 章 移动教学模式下的教学设计、资源制作与实例

学习目标

- 掌握移动教学模式的概念，了解移动教学模式的发展历程与应用现状。
- 形成对移动教学模式的客观认识，包括其优势与适用场景，处理好移动教学与传统课堂之间的相互关系。
- 掌握移动教学模式下的教学设计过程。
- 掌握一定的移动教学资源制作的技巧与方法，如 HTML 5 课件资源的制作技巧等。
- 掌握移动教学部署，如通过 UMU 平台发布移动教学课程、通过 QQ 群开展移动教学等。

知识导图

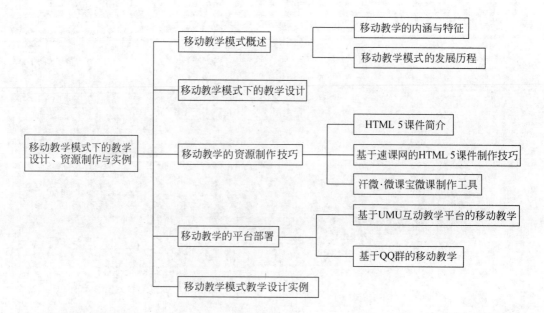

> **学习要点**

本章主要涉及移动教学模式下的教学设计、资源制作与实例。本章首先概述了移动教学模式的内涵与特征,接着重点介绍了移动教学模式下的教学设计流程,以及移动教学模式下的微课制作技巧和平台部署。对这些基本内容的理解和掌握有助于教师更好地实施移动教学活动和开展课程教学。其中,移动教学模式下的教学设计过程是本章的学习重点与难点,要客观认识移动教学模式的适用场景,从而制作出合适的移动教学资源并进行教学平台的部署。因此,本章提供了两类具有代表性的移动教学平台的部署方法,编写了移动教学模式教学设计实例,供教师在教学过程中参考使用。为帮助读者理解学习内容,建议在学习过程中充分利用本章的知识导图。

5.1 移动教学模式概述

5.1.1 移动教学的内涵与特征

移动教学是远程教育发展的新阶段,即依托于移动计算设备,如智能手机、平板电脑等,从而使学生可以在任何时间、任何地点、任何场合进行知识学习。移动教学使得移动学习成为可能,它不仅可以及时地为学生呈现学习的内容,还可以为教师和学生之间提供双向交流的平台。这使得学生可以随时随地进行学习或有效地利用"碎片"时间,最终形成终身学习的习惯。碎片化学习花费的时间短、学习的知识点明确,适合不同年龄段的学生。

移动教学实际上是远程教育的一种延伸,既继承了远程教育的特征,又有其独特优势,主要可归纳为以下四点。

(1) 教学时空的灵活性。

移动教学既继承了远程教育时空灵活性的特点,又继承了学习内容选择的自主性、教学过程的可逆性、教学资源的多元性和教学方式的多样性等特征。此外,"碎片化"是移动教学独有的特征,包括时间"碎片化"、学习资源"碎片化"等。

(2) 学习过程的自主性。

学生在学习过程中对于学习内容、学习资源、学习方法、学习目标以及学习导航等方面的选择都具有自主性。学生可以结合自身需求,进行自主学习。

(3) 学习设备的便携性。

移动教学的学习设备通常是手机、平板电脑等,它们具有体积小、重量轻、灵活便携的特点,既方便教师教学,又方便学生学习。而且随着智能设备的普及,它们的价格也随之走低,一般家庭都可以负担得起。

(4) 社交行为的互动性。

社交互动是移动教学独有的特征。随着社交软件在移动设备上的普及,如直播、微信和QQ等平台,社交互动成为移动教学过程中不可缺少的一环,学生之间可以通过互动,交流学习经验和学习方法、互相督促,它相较于单人学习能达到更好的学习效果。

5.1.2 移动教学模式的发展历程

1. 起步阶段：基于短消息和手机报的移动教学模式

最早的移动教学模式是基于简单短消息(SMS)和多媒体消息(MMS)的移动教学模式。基于短消息的移动教学系统如图 5-1-1 所示。用户通过订阅短信服务来获取学习内容，例如新东方的英语单词阅读。最初的短消息是纯文本的 SMS，适用于描述简单的教学内容。由于存在 140 个字符的限制，SMS 携带的信息量小，难以满足更大信息量的教学活动。随后，手机设备出现了支持添加图片、文字或链接的 MMS。MMS 相较于 SMS 来说，信息量大并且展示形式丰富，但是对于移动教学来说信息量和展示类型等仍然较少。

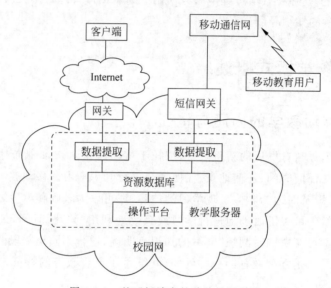

图 5-1-1　基于短消息的移动教学系统

此后，出现了基于手机报的移动教学系统，这是传统远程学习的有益补充之一，它可以更好地促进师生间的交流与沟通。手机报具有突破时空限制的特性，为实现由过去单一的、固定的学习环境，向多样化、智能化的学习环境的转变提供了可能。以辅助学生研究性学习为例，该系统可以完成确定选题和课题研究等功能，相较于短消息教学系统更加智能化和多样化。

2. 初步发展阶段：基于 WAP 的移动教学系统

国际远程教育权威基根博士 2000 年在上海作了《从 D-learning 到 E-learning，从 E-learning 到 M-learning》的报告(我国著名远程教育专家丁兴富将其译为《从远程学习到电子学习，从电子学习到移动学习》)，该报告在业内反响甚大。基根博士提出："M-learning 的发展将使学生在 D-learning 上更加自由"。这时，移动教学的建设以无线应用协议(Wireless Application Protocol，WAP)方式的教学服务系统居多，例如新浪、网易、搜狐等国内大型知名网站都先后推出了 WAP 方式的外语学习频道。移动用户使用手机，经过电信的网关后可接入互联网，访问教学服务器，并进行浏览、查询、实时交互等，如图 5-1-2 所示。

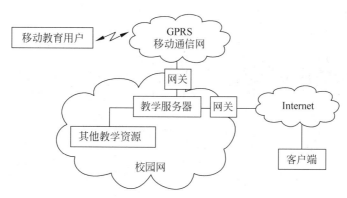

图 5-1-2 基于 WAP 的移动教学系统

3. 快速发展阶段：互联网下的移动教学平台

2008 年以后，随着 3G、4G 移动通信技术和智能手机的普及，WLAN 的覆盖也越来越广，不少学者就提出了基于智能移动或便携设备的开放教育研究。例如，一些基于手机的移动教学平台，其目标是使用移动终端设备实现随时随地的教学活动，与此同时，移动教学软件以手机 App 的形式上线，如"背单词""新概念英语"等手机应用软件。

2013 年后，随着智能手机的进一步普及以及云计算技术的广泛应用，大批基于 Android 系统、iOS 系统等的移动教学平台应运而生，如图 5-1-3 所示。市场上涌现出了大批真正意义上的"移动"学习软件，如百度传课、扇贝单词等软件。用户不仅可以随时随地进行学习，而且可以将学习记录、笔记等同步存入云端，真正实现了移动学习、多种接入、方便分享等多种功能，更好地满足了学生的学习需求。同时，基于微信、HTML 5 课件以及教育直播的移动教学平台等，更是层出不穷，已经成为人们随时随地"充电学习"的首选，移动学习应用发展迅猛。

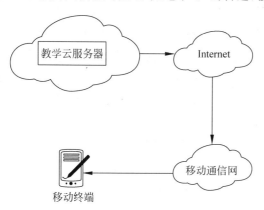

图 5-1-3 互联网下的移动教学系统

5.2 移动教学模式下的教学设计

移动教学是基于移动通信系统的远程教育方式，其优势主要体现在移动性、高效性、广泛性、个性化、互动性等多个方面。随着移动教学的发展，各种各样的移动教学模式也层出不穷。但总的归纳起来整个流程如图 5-2-1 所示。

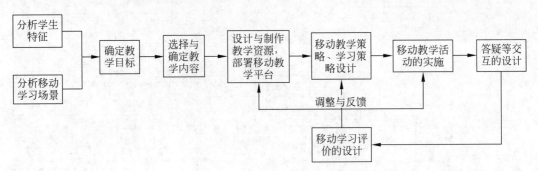

图 5-2-1 移动教学设计流程图

鉴于移动教学课程通常时间较短,可以高效率地利用"碎片"时间反复"温故而知新",因此移动教学适用于"碎片"学习、终身学习,例如记单词、记成语等,也适用于课外实践和零散时间的课程中,例如野外植物鉴赏课等。移动教学模式能提高教学效率,促进教师与学生互动、学生与学生互动。

(1) 分析学生特征:主要包括分析学生使用无线网络设备的技能、分析是否需要添加移动计算机技术帮助学生的学习以及分析学生的学习情境。

(2) 分析移动学习场景:主要分析教学场景是否适合及支持移动学习活动的开展。

(3) 确定教学目标:通过分析教学任务和学生特征,教师应确定正确、适当的教学目标。

(4) 选择与确定教学内容:移动教学的教学内容应该按照移动学习特点来确定。教师利用概念图,可将系统性的知识按照知识点分解成若干片段式学习资源,确保每个片段式学习资源拥有自己独立的主题和思路,以进行零碎时间的知识学习。

(5) 设计与制作教学资源,部署移动教学平台:教师应根据适合的场景正确选择合适的移动教学平台并进行相关部署和教学工作准备,例如制作课件、幻灯片、录视频等。

(6) 移动教学策略、学习策略设计:移动环境是一个开放的环境,学生在这种环境下容易产生迷失现象,不能较好地集中注意力。因此,教师应选择合作或协作学习、发现学习和自我调节学习的教学策略,教师在教学活动中应给予学生指导和帮助。

(7) 移动教学活动的实施:教师应该熟悉学习内容,利用先行组织者策略为学生建立先行知识,引导学生进行自主学习;学生以小组为单位开展学习活动,需独立完成学习任务;教师观察各小组协作学习活动的情况,和学生进行间断性的互动交流,在适当的时机,通过移动设备给予学生指导和帮助。教师还可在课中设置测验题检验学生对相关内容的理解与掌握情况。

(8) 答疑等交互的设计:不同学习层次的学生学习能力和认知能力不同,这导致学生提出的疑难问题种类繁多。对于答疑的设计,教师可采取留多存少的原则,将学生提出的共性问题在课堂上或网络上进行公开解答,对个别同学的个性问题单独予以解答。

(9) 移动学习评价的设计:为了检验学生的能力、注重学生在学习过程中的体验,教师可利用档案袋评价和表现型评价相结合的原则进行评价。档案袋评价即收集和评估学生在一段时间内的作业样本,例如测验、考试成绩、作业完成情况等,以此作为评估学生进步程度的依据;表现型评价即在教学活动中对学生的表现进行实际考察得出的评价结果。档案袋评价和表现型评价相结合,能较为全面地反映学生移动学习的学习成果。

(10) 调整与反馈:教师不仅要评价学生的学习成果,也要评价教师设计的教学过程是否合理。教师需要根据学生的学习成果进行相关教学环节的调整。因此,教师应及时收集学生反馈,进一步完善教学过程。

在上述移动教学模式中,(1)~(5)为课前环节,(6)~(7)为课中环节,(8)~(10)为课后环节。

5.3 移动教学的资源制作技巧

5.3.1 HTML 5 课件简介

所谓 HTML 就是超文本标志语言(HyperText Markup Language)的缩写,HTML 5 是第五代超文本标志语言,简写为 H5。HTML 5 可以用来制作包含文本、图片、链接、音乐、视频等元素的网页,浏览器通过解码 HTML 5 显示网页内容。HTML 5 课件可以通过编写代码来实现,也可以借助第三方的平台与工具,例如兔展、易企秀、iH5 等,如图 5-3-1 所示。

(a) 添加图片　　　　　　(b) 与教师互动　　　　　　(c) 结合CSS3制作页面

图 5-3-1　HTML 5 课件示例

将 HTML 5 应用在课件制作的优势主要有以下五点。

(1) 功能强大:可以在 HTML 5 页面添加视频、图片、链接等非文本元素,可以实现传统课件的视频播放、图片浏览、音乐播放等功能,如图 5-3-1(a)所示。

(2) 互动性强:HTML 5 页面的交互性很强,学生可以通过 HTML 5 页面与教师进行互动。例如,统计、班级评选、在线填写表单信息等,如图 5-3-1(b)所示。

(3) 页面美观：HTML 5 页面结合 CSS3 样式，可以做出更美观的页面。例如，学生在欣赏花卉植物时，美观的页面能激发学生探索的兴趣，如图 5-3-1(c)所示。

(4) 移植性强：微信、微博所带的原生浏览器以及大部分独立浏览器都支持 HTML 5 的播放，因此 HTML 5 课件的移植性好。

(5) 方便分享：制作完成的 HTML 5 课件一般通过二维码或网页链接的形式传播，支持跨平台传播，只需将二维码或链接发送至社交群，就可以方便地分享。

5.3.2 基于速课网的 HTML 5 课件制作技巧

视频讲解

速课网是一个给教师提供在线制作 HTML 5 教学课件的平台，如图 5-3-2 所示。该网站将 HTML 5 课件制作引入移动教学领域，并有众多教学课件在线模板供教师选择。

图 5-3-2　速课网网站页面

使用速课网制作 HTML 5 课件之前，先要完成注册登录，即输入网址后，单击"我要注册"按钮，接着在弹出的页面中填写手机号码、图片验证码，单击"获取验证码"按钮后，手机会收到一条含有验证码的短信，输入验证码，同意协议后即可完成注册。

教师通过注册、登录后，可以使用在线模板或者空白页制作 HTML 5 课件，支持添加文本、音乐、视频、动画、互动表单等元素，既使教学内容生动活泼，也方便和学生进行交流互动。

下面以"酚酞溶液"这一知识点为例，介绍制作 HTML 5 课件的使用技巧，如图 5-3-3 所示。

基于速课网制作 HTML 5 课件的流程如下。

第一步：进入主页面，单击右上角的"创建新课件"按钮，弹出"创建新课件"页面，单击"创作型课件"下方的"马上制作"按钮，在打开的页面中单击"创建一个空白课件"按钮，如图 5-3-4 所示。

第二步：单击"文本"按钮添加文本，如图 5-3-5 所示。

第5章 移动教学模式下的教学设计、资源制作与实例

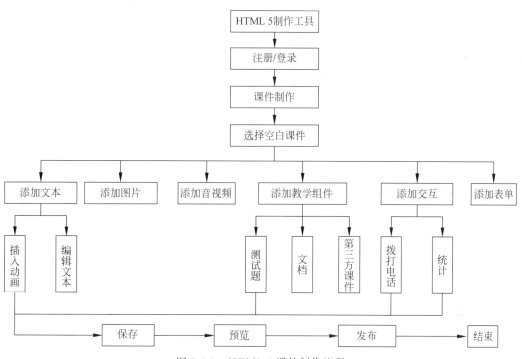

图 5-3-3　HTML 5 课件制作流程

图 5-3-4　创建空白课件

图 5-3-5　添加文本

第三步：在右侧的文本框中输入"酚酞溶液"，单击"字号"按钮 可以改变字体大小，单击"居中"按钮 可以让文本居中，如图5-3-6所示。

第四步：选中文本，单击右侧栏上的"动画"选项卡，单击"方式"下拉列表框可以选择动画效果，在这里选择"光速进入"选项，如图5-3-7所示。

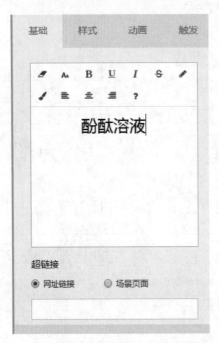

图5-3-6 设置文本格式

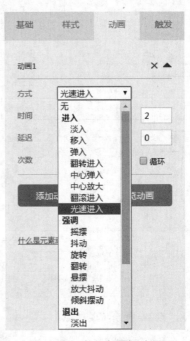

图5-3-7 为文本添加动画

第五步：同理，还可单击页面上方的"图片""音频""视频"等按钮添加图片、音频、视频等素材。以"图片"为例，可以直接选择已有的图片素材，也可自建素材，如图5-3-8所示。

图5-3-8 选择图片素材

第六步：页面编辑好后，单击左下方"增加一页"按钮，如图 5-3-9 所示。

第七步：如图 5-3-10 所示，添加教学组件，单击上方的"教学"，选择"测试题"。

图 5-3-9 增加一页

图 5-3-10 添加教学组件

第八步：编辑测试题组件，设置样式，例如选择"样式 1"，然后填写题干和选项的内容、设置选项的正确答案，如图 5-3-11 所示，编辑好后单击"确定"按钮。

图 5-3-11 设置练习题样式、选项和正确答案

第九步：如图 5-3-12 所示，单击添加交互组件，在页面上方单击"交互"按钮，选择"拨打电话"选项，然后设置教师电话号码，添加文本"有任何疑问可与教师联系"。

第十步：全部编辑完后，选择保存、预览并发布。

第十一步：如图 5-3-13 所示，单击"点击更换封面"按钮，方法技巧和添加图片一致。设置课件名称、描述和访问状态，然后单击"确认发布"按钮。

第十二步：确认发布后，可看到二维码和链接，如图 5-3-14 所示，将二维码和链接发送至微信群或 QQ 群，学生可通过手机查阅。

图 5-3-12　添加交互组件

图 5-3-13　设置 HTML 5 课件基本信息并确认发布

图 5-3-14　获取 HTML 5 课件的二维码和链接

视频讲解

5.3.3 汗微·微课宝微课制作工具

汗微·微课宝是录制类型的移动微课制作工具,依托于 iPhone 和 iPad 的移动设备,具有操作方便的特点。它有两种录制模式:一种是基于白板的录制模式;另一种是基于图片的录制模式。其使用步骤如下。

第一步:在 iPhone 或 iPad 的 App Store 中搜索关键词"汗微·微课宝",安装后打开该应用图标,然后进行注册和登录。

第二步:进行账号注册。单击页面左下角的 按钮,再单击"微课"按钮,进入到如图 5-3-15 所示的界面,选择"微课之家",然后再进行注册,填写教师基本信息,例如选择"我是教师""张三""华中师范大学"等信息,填写完毕后单击"注册"按钮,即可完成注册。

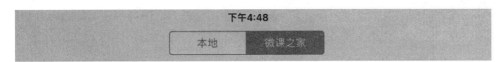

图 5-3-15　选择"微课之家"注册

该制作工具的使用流程,如图 5-3-16 所示。

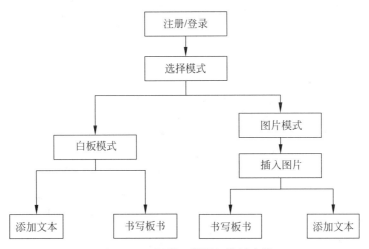

图 5-3-16　汗微·微课宝使用流程

1. 制作白板录制模式微课

第一步:如图 5-3-17 所示,单击 按钮选择画笔,单击 按钮选择画笔颜色,单击 按钮开始录制微课视频。当前显示为 00:21 时表示正在录制视频,教师可一边书写板书,一边语音讲解。

第二步:单击 T 按钮添加文字,可以修改文字颜色、大小。

第三步:如图 5-3-18 所示,单击"箭头"工具可以拖动文本框的位置;单击 按钮可选择插入形状进行强调和批注;单击"椭圆"可以画出椭圆形,教师可以用于画图和标注。

第四步:如图 5-3-19 所示,录制完成后,单击 00:21 结束微课视频录制。

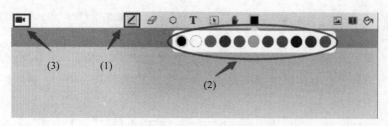

图 5-3-17　选择白板录制模式

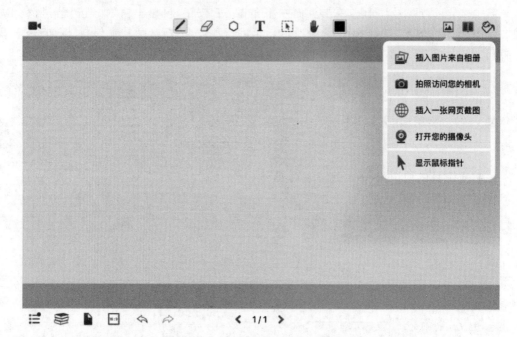

图 5-3-18　单击"箭头"工具或者"形状"工具进行批注和强调

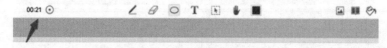

图 5-3-19　结束微课录制

第五步：此时弹出如图 5-3-20 所示的对话框，单击"保存微课"按钮进行保存，并输入视频文件名称，如输入"移动通信微课"后，单击"确认"按钮。

第六步：视频录制完成后，单击左下角 按钮，再单击"微课"可查看已经录制好的微课。

第七步：如图 5-3-21 所示，单击 按钮进行分享，可分别分享至 QQ 群或微信等。

2．制作图片录制模式微课

第一步：同上所述，录制开始后，单击图片标志 ，选择"插入图片来自相册"或"拍照访问您的相机"等，如图 5-3-22 所示。

第5章 移动教学模式下的教学设计、资源制作与实例

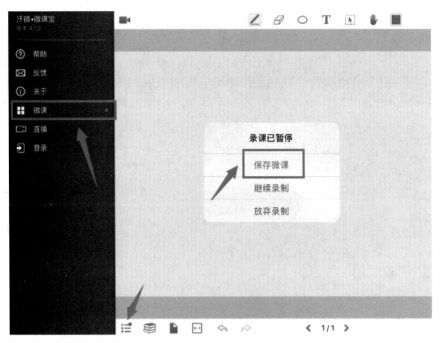

图 5-3-20 保存微课及查看

图 5-3-21 分享录制好的微课

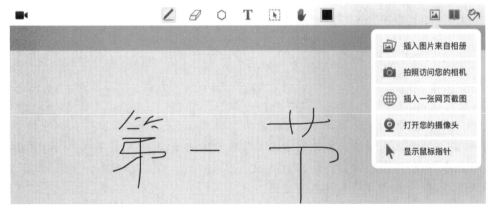

图 5-3-22 选择图片模式录制微课

第二步：插入图片后，可查看插入的图片，然后单击"完成"按钮。

第三步：如图 5-3-23 所示，单击"文本" T 、"画笔" ✎ 或"形状" ⬡ 等按钮录制微课。

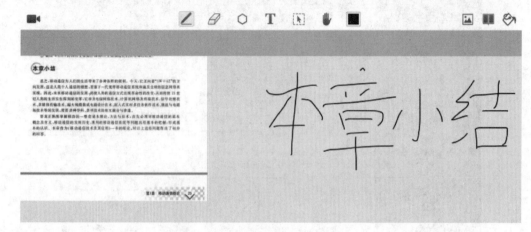

图 5-3-23　选择文本、画笔或形状

第四步：录制完成后，保存并分享微课（其他相同步骤略）。

5.4　移动教学的平台部署

移动教学平台主要包括互动教学平台、教育直播平台和移动社交教学平台三大类，比较典型的平台分别有 UMU 互动教学平台、人人讲和 QQ 群应用等。鉴于篇幅原因，这里以 UMU 互动和 QQ 群为例，详细介绍移动教学平台的部署与应用技巧。

5.4.1　基于 UMU 互动教学平台的移动教学

视频讲解

互动类教学平台的互动性极强，在创建教学活动或教学课程中均有互动元素。以 UMU 平台为例，它适于需要师生频繁互动的课堂教学场景，如习题课、互动探究学习课等。

1. UMU 互动教学平台简介

UMU 互动教学平台有计算机网页版和手机版（iOS 版本和 Android 版本）两个版本。该平台不仅可以通过创建活动和课程、查看互动结果和学习进度等内容来增强教师和学生的交互性，还可以将问卷、考试、讨论等互动元素实时投屏至大屏幕，将互联网元素融入移动教学模式中。

该平台功能结构图如图 5-4-1 所示。

UMU 互动教学平台的主要功能有创建教学课程（以下简称"课程"）和创建教学活动（以下简称"活动"）两大板块。创建教学课程功能包括微课、视频和直播在内的课程内容功能以及提问、考试和问卷在内的互动功能；创建教学活动功能包括签到、提问、讨论、游戏、问卷、拍照上墙、考试以及抽奖在内的互动功能。

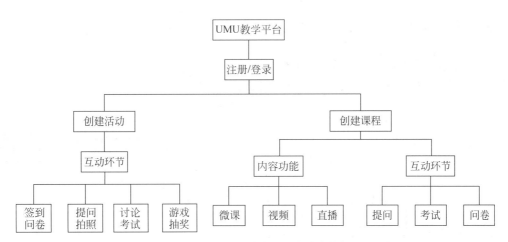

图 5-4-1　UMU 互动教学平台功能结构图

2．UMU 互动教学平台的安装与注册

第一步：在计算机上打开浏览器，输入网址 www.umu.cn，可看到如图 5-4-2 所示的 UMU 登录界面；在手机端输入网址（详见前言二维码），UMU 有 Android 版和 iOS 版，选择相应的系统版本下载。

图 5-4-2　计算机端 UMU 界面

第二步：新用户注册。单击"新用户注册"按钮，输入手机号码和密码，然后单击"立即注册"按钮，填写手机验证码，单击"提交"按钮。

第三步：完善教师信息，填写真实姓名、单位或学校名称以及所在地区。

第四步：填写教师职称。选择相应的职位，可以选择多个选项。例如，在校教师、培训师等，选择完毕后单击"进入 UMU"按钮即可完成注册。此后再次登录时只需输入手机号码和密码，单击"登录"按钮即可。

3. 创建教学课程：即创建"课程"

创建教学课程的流程如图 5-4-3 所示。

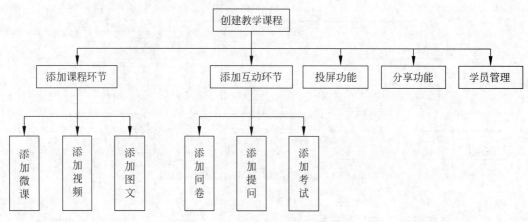

图 5-4-3　创建教学课程流程图

第一步：在计算机端网页版上单击导航栏中的"我的课程"按钮，在弹出的页面中单击"创建课程"按钮，如图 5-4-4 所示。

图 5-4-4　创建课程界面

第二步：添加课程标题、课程介绍以及课程标签，如图 5-4-5 所示，单击"下一步"按钮。

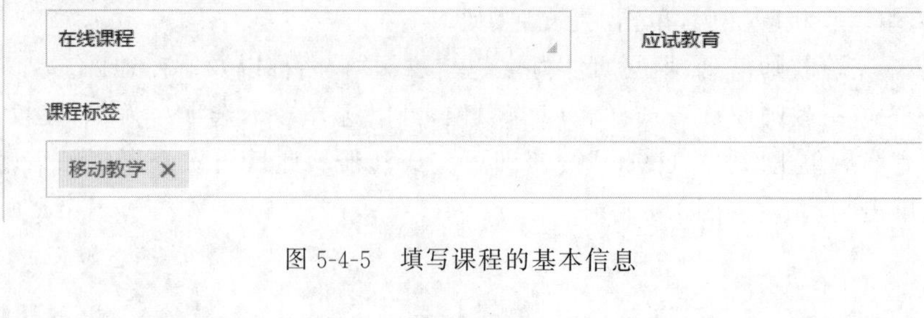

图 5-4-5　填写课程的基本信息

创建教学课程完成后是添加课程等五个环节,下面详细介绍。

(1) 添加课程环节。

添加课程环节分为添加微课、添加视频和添加图文三个方面。

① 添加微课。

目前,UMU 互动教学平台只有手机客户端有添加微课的功能,计算机端还没有此功能。

第一步:打开手机客户端,在底部导航栏选择"课程",单击"+"号按钮,创建课程,如图 5-4-6 所示。

第二步:设置课程标题、课程封面、课程标签、打开报名等,编辑完毕后单击"下一步"按钮,如图 5-4-7 所示。

图 5-4-6　创建教学课程

图 5-4-7　输入课程的基本信息

第三步:添加课程内容,选择"微课",如图 5-4-8 所示。

第四步:单击"下一步"或"立即开始"按钮,如图 5-4-9 所示。

第五步:按照微课图片顺序添加图片,20 张以内可以批量添加,21 张以后需要教师手动添加,添加完毕后单击"下一步"按钮,如图 5-4-10 所示。

第六步:单击"开始录音"按钮进行录音,录音期间可以随时暂停或继续,录音结束后单击"保存"按钮,如图 5-4-11 所示。

第七步:编辑微课小节名称、描述和标签,编辑完毕后单击"完成"按钮,如图 5-4-12 所示。

第八步:使用手机端的分享功能,将该微课小节分享给微信好友或者获取二维码进行转发等,如图 5-4-13 所示。

图 5-4-8　选择添加微课

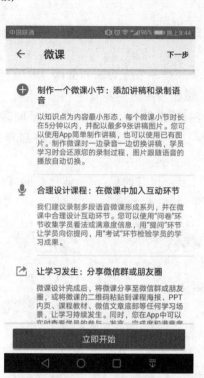

图 5-4-9　添加微课

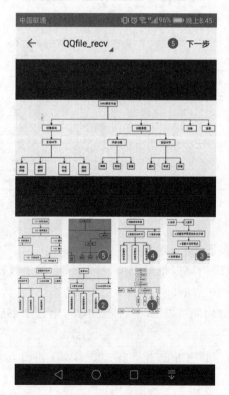

图 5-4-10　选择图片

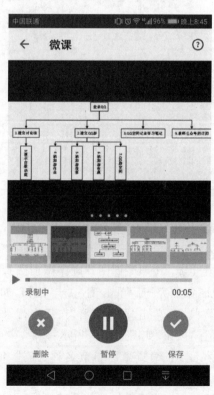

图 5-4-11　录制微课

第5章 移动教学模式下的教学设计、资源制作与实例

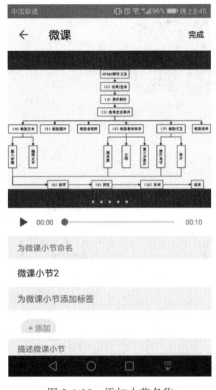

图 5-4-12 添加小节名称

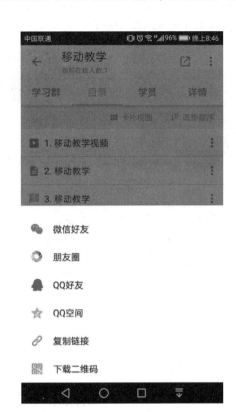

图 5-4-13 分享到微信

第九步：在"课程"界面可查看课程数据和学生数据，如图 5-4-14 所示。

② 添加视频。

第一步：如图 5-4-15 所示，单击"添加视频"按钮，在计算机端添加教学视频。

图 5-4-14 查看数据　　　　图 5-4-15 在计算机端添加教学视频

第二步：如图 5-4-16 所示，单击"视频"按钮，在手机端添加教学视频。

图 5-4-16　在手机端添加教学视频

第三步：如图 5-4-17 所示，单击上传标志，在计算机端从本地选择一个视频文件。

第四步：如图 5-4-18 所示，此时系统提示该系统中还没有视频，需要单击"立即上传"按钮在手机端将本地视频传输到系统中。

图 5-4-17　在计算机端选择视频文件　　　　图 5-4-18　在手机端选择视频文件

第五步：单击如图 5-4-19 所示的"上传视频"按钮，选择本地视频上传。

第六步：选择视频文件，单击"打开"按钮进行上传，如图 5-4-20 所示视频正在上传。

第七步：上传成功后，单击导航栏中的"我的课程"重新添加视频，单击"添加视频"即可添加。

第八步：同前，选择视频封面图、编辑视频课程名称和描述以及添加视频课程标签，编辑完毕后单击"完成"按钮。

第5章 移动教学模式下的教学设计、资源制作与实例

图 5-4-19　上传本地视频文件

图 5-4-20　视频上传显示界面

③ 添加图文。

第一步：在如图 5-4-21 所示的界面中单击"图文"。

第二步：如图 5-4-22 所示，按顺序选择图片，单击"下一步"按钮。

图 5-4-21　选择添加图文

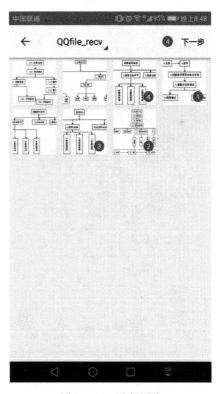

图 5-4-22　选择图片

第三步：如图 5-4-23 所示，单击"添加图片"按钮可以添加其他图片。单击"添加文字"按钮可以添加图片的文字说明，例如"QQ 群应用技巧"；单击"编辑"按钮可以对图片进行旋转编辑并保存，如图 5-4-24 所示。

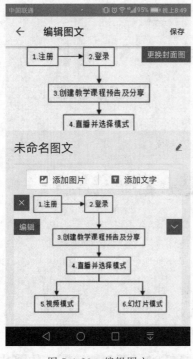
图 5-4-23 编辑图文

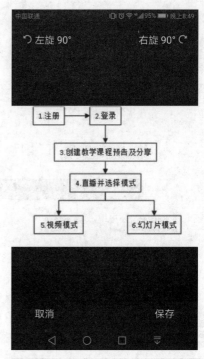
图 5-4-24 编辑图片

第四步：图文编辑完成后单击"保存"按钮，如图 5-4-25 所示。

第五步：如图 5-4-26 所示，编辑无误后，单击"完成"按钮。

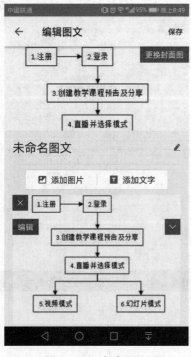
图 5-4-25 保存图文

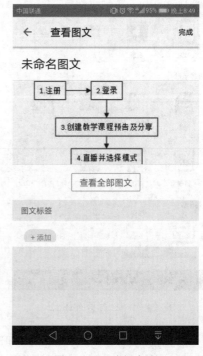
图 5-4-26 编辑完成

（2）添加互动环节。

添加互动环节分为添加问卷、添加提问和添加考试三个功能。

① 添加测验，即添加问卷。

教师在课堂上可以通过添加问卷的形式对学生进行单选题或多选题的随堂测验。

第一步：如图 5-4-27 和图 5-4-28 所示，在计算机端和手机端添加问卷。

图 5-4-27　在计算机端添加界面　　　　图 5-4-28　在手机端添加界面

第二步：如图 5-4-29 所示，填写问卷的标题、问题以及问题类型，单击"添加问题"按钮进行下一个问题的添加和编辑，问卷编辑完成后，单击"完成"按钮。

图 5-4-29　编辑问题信息

单击"批量添加问题"按钮可以快速添加多个问题，注意填写格式：题目和题目之间空两行，问题和答案单独一行，添加过程中可在右侧栏目预览。添加完毕后单击左下角"添加问题"按钮完成问卷,如图 5-4-30 所示。

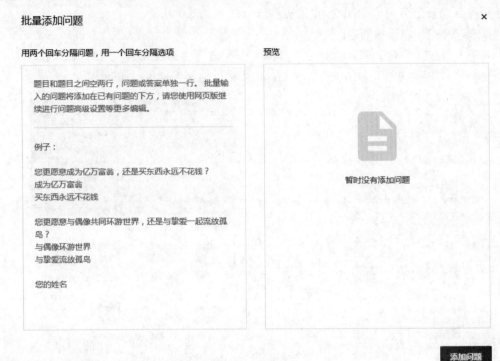

图 5-4-30　添加具体问题

② 添加提问。

第一步:在如图 5-4-31 所示的页面中,选择"添加提问"。

图 5-4-31　添加课堂提问

第二步:如图 5-4-32 所示,设置提问环节的标题、提问设置、提问说明,编辑完成后,单击左下角的"添加问题"按钮。

第三步:如图 5-4-33 所示,填写提问的问题内容,单击"添加问题"按钮添加下一个问题,编辑完成后,单击"完成"按钮。

图 5-4-32　设置提问的基本信息

图 5-4-33　编辑要提问的问题

③ 添加考试。

添加教学考试,以下教学考试简称"考试"。

第一步:选择"添加考试"。

第二步:编辑问题、选项、答案以及分值,单击"添加问题"按钮添加下一个问题,编辑完成后单击"完成"按钮,如图 5-4-34 所示。

图 5-4-34　编辑考试基本信息

(3) 投屏功能。

在如图 5-4-35 所示的页面中,单击"大屏幕"按钮进行投屏。

图 5-4-35　在教学环节界面选择"大屏幕"

投屏界面如图 5-4-36 所示,按图中所述步骤进行操作。

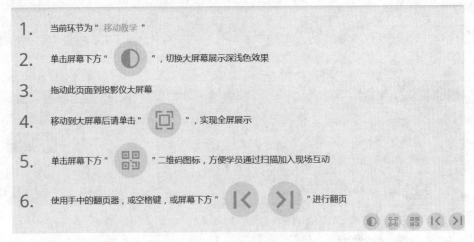

图 5-4-36　大屏幕投屏界面

(4) 分享功能。

第一步:单击"分享"按钮。图 5-4-37 所示为计算机版本界面,图 5-4-38 所示为手机版本界面。

图 5-4-37　计算机版本"分享"

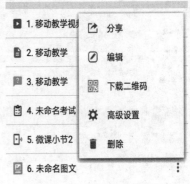

图 5-4-38　手机版本"分享"

第二步：设置分享开关打开，可以下载二维码或复制链接地址，将其发送至微信群或 QQ 群，邀请学生参与互动。图 5-4-39 所示为计算机版本界面，图 5-4-40 所示为手机版本界面。

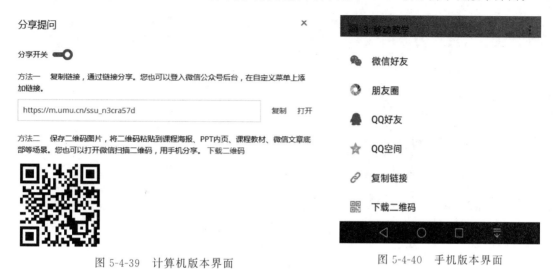

图 5-4-39　计算机版本界面　　　　　　图 5-4-40　手机版本界面

（5）学员管理。

学员管理界面如图 5-4-41 所示，进入课程界面选择左侧导航栏中的"学员管理"，可查看学生的完成情况，单击"表格下载"可将学生的完成情况下载至本地。

图 5-4-41　学员管理界面

4. 创建教学活动，即创建"活动"

创建教学活动的流程如图 5-4-42 所示。

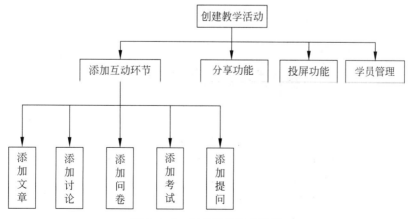

图 5-4-42　创建教学活动流程

第一步：如图5-4-43和图5-4-44所示，单击导航栏中的"我的活动"，选择活动日期，单击"创建活动"或"＋"号创建活动。

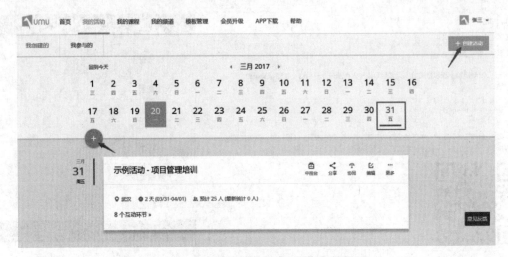

图5-4-43　在计算机端创建"我的活动"界面

图5-4-44　手机端"活动"界面

第二步：如图5-4-45和图5-4-46所示，选择活动类型、填写课程名称、上传封面图等完善课程信息，信息填写完毕后单击"下一步"按钮即可完成活动的创建。

活动创建成功后，需要添加互动环节，例如添加问卷、考试等活动增强教师和学生的互动性。"添加文章""添加问卷""添加提问""添加考试"等功能和创建教学课程的操作技巧相同，因此下面仅介绍"添加讨论"功能，具体如下。

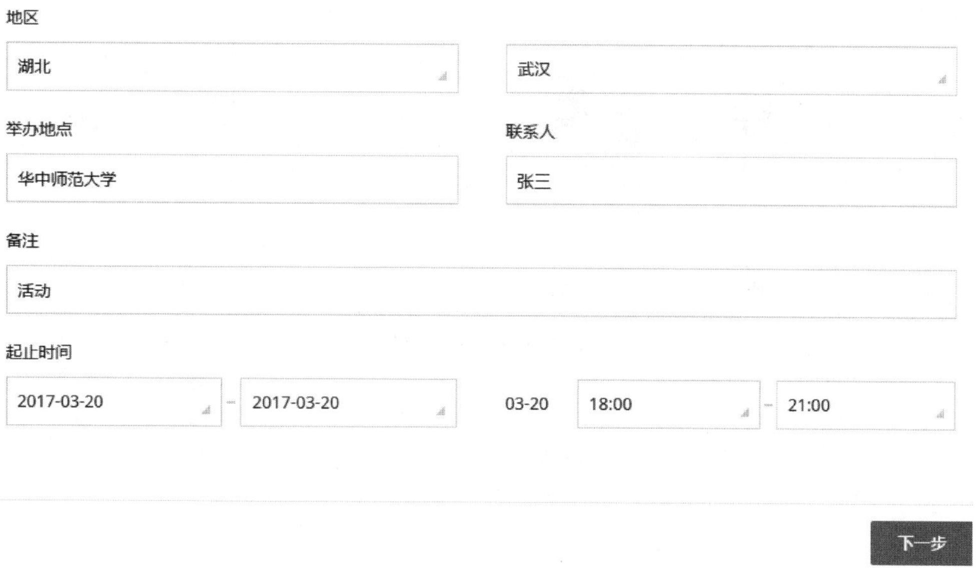

图 5-4-45　在计算机端创建活动界面

图 5-4-46　在手机端创建活动界面

第一步：如图 5-4-47 所示，单击"添加讨论"。

第二步：如图 5-4-48 所示，设置讨论环节的标题及讨论说明。

第三步：如图 5-4-49 所示，单击"添加问题"按钮添加学生讨论的问题，编辑完成后单击"完成"按钮。

图 5-4-47　选择添加讨论

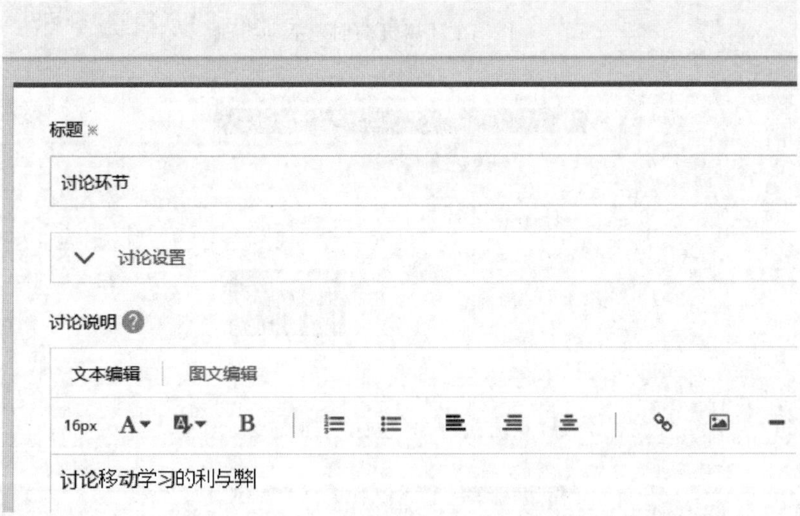

图 5-4-48　设置讨论的基本信息

图 5-4-49　添加要讨论的问题

5.4.2 基于QQ群的移动教学

视频讲解

腾讯QQ是深圳市腾讯计算机系统有限公司开发的一款基于互联网的即时通信软件。腾讯QQ支持在线聊天、在线音视频、点对点离线文件、共享文件、自定义面板、QQ邮箱等，拥有手机端和计算机端版本。QQ群是腾讯QQ里一个多人聊天交流的公众平台，群主创建群以后可以邀请好友或者兴趣爱好相同的人到一个群内聊天。在群内除了聊天以外，群用户还可以使用BBS、多人视频语音通话、话题讨论、共享文件等方式交流。因此，QQ群更适用于需要经常进行视频交流、文件共享的多人合作学习和个性化学习。

1. 适用场景

（1）课外教学辅导。

不同学生的学习能力和学习效率等特性存在差异化，且课堂上教师给学生辅导的时间有限，这导致学生学习知识的情况参差不齐，因而教师对学生进行课外辅导是必要的。利用QQ进行课外辅导简单易行，适用于对不同学习水平的学生进行个性化课外辅导。例如，对于某一知识点的讲解，个别学生对此有疑问的情况下，教师可通过QQ对学生进行辅导。

（2）网络探究学习。

在开展类似于科普教育、经典视频解读等网络探究学习活动时，考虑在空间和时间上的差异性等问题，利用QQ进行小组交流学习是最简便的方法。在教学过程中，教师和学生可以通过QQ进行一对一或一对多的师生交互，从而交流信息、共享资源。例如，关于人工智能的科普，教师可以让学生在网上查找资料并在QQ群中分享。

2. QQ群教学使用技巧

QQ群教学的流程如图5-4-50所示。

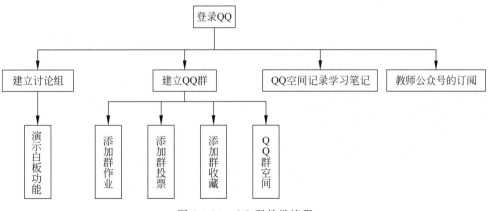

图5-4-50　QQ群教学流程

（1）建立讨论组。

打开计算机端QQ，在QQ页面列表中单击 图标，然后选择"创建"→"多人聊天"选项。

（2）建立QQ群。

首先，打开手机端QQ，在主界面的下方单击"联系人"，然后选择"群"，单击"创建群"创建"家校"群,然后填写群名称、群地点、群介绍等基本信息,完善群内容以完成群创建。

(3) 演示白板功能。

在计算机端 QQ 中,讨论组或好友都可以使用"演示白板"功能,它可以进行计算机远程演示,白板可以用来绘制板书,配合教师语音讲解,可以达到良好的课外辅导效果。

第一步:打开群聊天界面单击 图标,选择"演示白板",如图 5-4-51 所示,进入白板后可进行一对多或一对一的讲授或辅导。

第二步:白板如图 5-4-52 所示,教师可直接在白板上书写文字,同时学生可以观看书写内容。

图 5-4-51　选择演示白板

图 5-4-52　白板授课界面

(4) 添加群作业。

群作业功能是手机 QQ 群特有的功能,教师使用作业应用布置作业,它可以实现自动群发给群内学生,方便快捷。

第一步:如图 5-4-53 所示,打开班级群,单击右上角群标志 ,单击"作业"按钮,如图 5-4-53 所示。设置科目,如图 5-4-54 所示。

图 5-4-53　选择作业功能

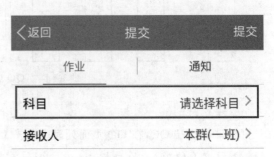

图 5-4-54　设置科目

第二步：如图 5-4-55 所示，"我发布的"栏目下是教师曾经发布的历史作业，发布新的作业，单击"我要发布"按钮。

图 5-4-55　发布作业通知

第三步：如图 5-4-56 所示，作业发布类型可以是文字、题库、语音以及照片，以文字为例，单击"文字"按钮。

第四步：如图 5-4-57 所示，选择"科目"，添加科目作业。

第五步：如图 5-4-58 所示，默认有三种科目，单击"添加科目"按钮，输入科目名称，单击"确定"按钮。

图 5-4-56　选择作业类型　　　　　　图 5-4-58　添加科目

第六步：如图 5-4-59 所示，编辑"接收人"。

第七步：如图 5-4-60 所示，选择接收人为"本群"或"指定群成员"，然后单击"提交"按钮。

第八步：编辑作业内容，在图 5-4-56 所示的界面中单击"照片"图标可以添加图片。

第九步：如图 5-4-60 所示，设置是否"需学生在线提交"以及"同步到我的其他群"。

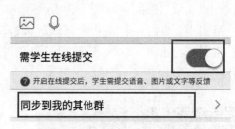

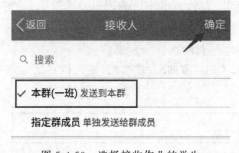

图 5-4-59　选择接收作业的学生　　　　图 5-4-60　设置作业提交形式

第十步：设置完成后，可以在"我发布的"栏目看到已经发布的作业内容，如图 5-4-61 所示。

第十一步：单击该作业，可以查看学生的完成情况，对于未完成的学生可以设置"一键提醒"，如图 5-4-62 所示。

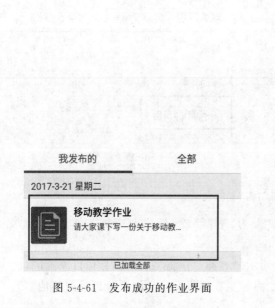

图 5-4-61　发布成功的作业界面　　　　图 5-4-62　设置作业提醒

(5) 添加群投票。

第一步：如图 5-4-63 所示，打开班级 QQ 群界面，在右侧导航栏的"群应用"中单击"更多"按钮。

图 5-4-63 单击查找"更多"按钮

第二步：如图 5-4-64 所示为计算机版 QQ 界面，如图 5-4-65 所示为手机版 QQ 界面，可以看到精品应用中有许多应用，单击"群投票"按钮。

图 5-4-64 在计算机端选择群投票功能

图 5-4-65 在手机端选择群投票功能

第三步：如图 5-4-66（计算机版）和图 5-4-67（手机版）所示，单击"发起新投票"按钮和"发布投票"按钮，投票功能不仅可以用来进行班级投票评选，也可以用来进行考试测试，例如要求学生在线进行题目作答，可以查看学生对某个知识点的掌握情况。

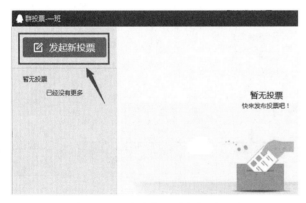

图 5-4-66 在计算机端发起群投票

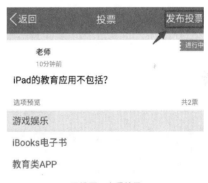

图 5-4-67 在手机端发起群投票

第四步：在计算机上操作时，如图 5-4-68 所示，需设置投票主题、投票选项、选择模式以及截止时间、提醒等，设置完毕后单击"确定"按钮；手机端同样可以发起投票并完成相关设置。

第五步：单击"确定"按钮后，可以看到投票提醒已经发布至 QQ 群内，如图 5-4-69 所示。

第六步：如图 5-4-70 所示，单击该消息可以查看投票情况，单击某一选项，例如"游戏娱乐"选项，可以查看投该选项的学生名单。

(6) 添加群收藏。

群收藏功能可以方便收藏内容共享，当一个群内成员对群消息进行收藏时，群内的其他

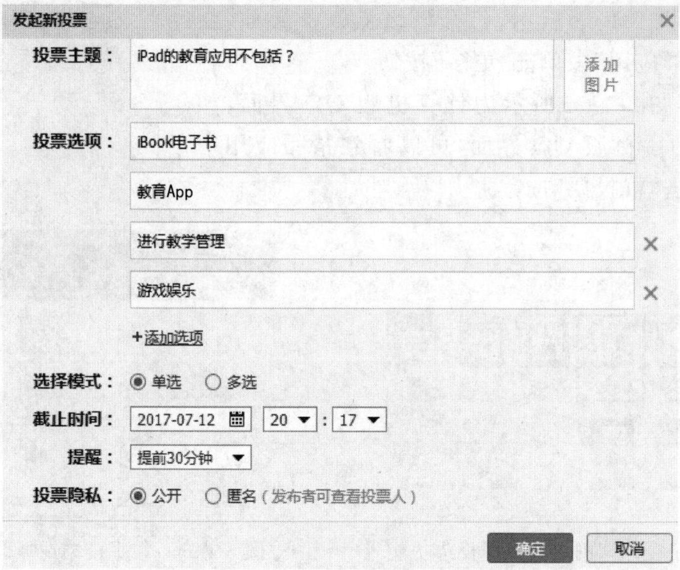

图 5-4-68　计算机端填写投票信息

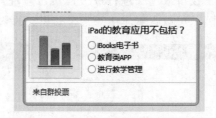

图 5-4-69　已经发布的群投票

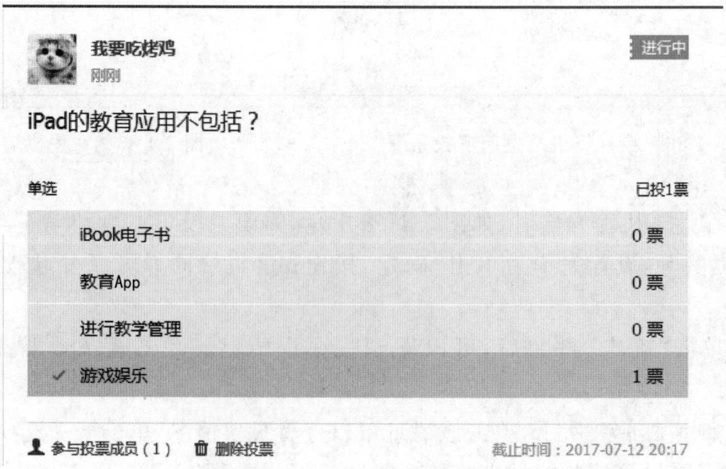

图 5-4-70　查看投票信息

成员均可在群收藏功能中查看此消息，以达到信息共享的目的。群消息可以是文字、语音、图片或链接等多种形式。

第一步：以文字为例，将鼠标指针放在消息处并右击，在弹出的快捷菜单中选择"添加到群收藏"命令，如图 5-4-71 所示。

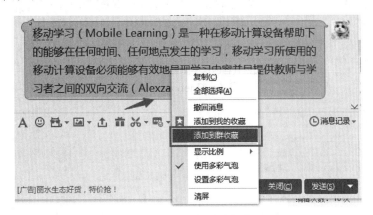

图 5-4-71　添加到群收藏

第二步：如图 5-4-72 所示，找到群应用的"精品应用"，单击"群收藏"按钮。

图 5-4-72　选择群收藏功能

第三步：如图 5-4-73 所示，选择"全部类型"，可以按照"图片""语音""链接"进行分类查看群收藏。

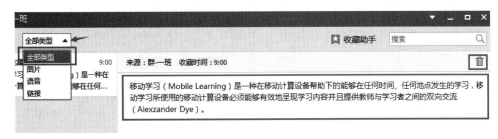

图 5-4-73　查看群收藏

（7）QQ 群空间。

第一步：如图 5-4-74 所示，右击班级群会话框，选择"访问 QQ 群空间"命令。如图 5-4-75 所示，发表动态。

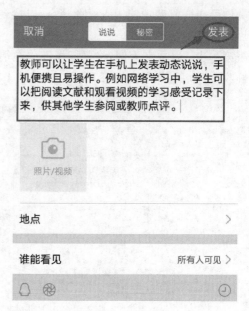

图 5-4-74 访问 QQ 群空间　　　　　　图 5-4-75 发表动态

第二步：如图 5-4-76 所示，进入群空间，单击"我的群"，找到教师班级群名称，单击进入。在本例中是"一班"。

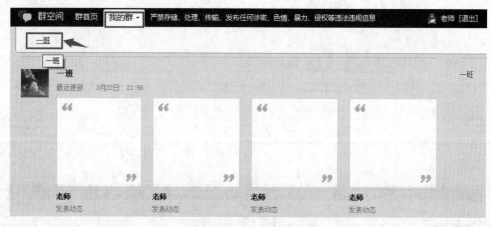

图 5-4-76 进入本班群空间

第三步：如图 5-4-77 所示，进入班级群空间，填写文字说明发布留言板公告，例如"请同学们依次建立自己的个人动态，动态命名格式为：姓名＋学生证件号码。例如，张三＋20171001234"，填写后单击"发表"按钮。

如图 5-4-78 所示，学生可以在此动态下进行回复。

如图 5-4-79 所示，学生按照教师要求发表动态。

第四步：如图 5-4-80 所示，教师可在学生个人动态留言板下回复学生作业的完成情况和建议，学生也可以通过此留言板对教师进行反馈。这样教师与学生就达到了交互效果。

第5章 移动教学模式下的教学设计、资源制作与实例

图 5-4-77　在群空间内发布通知

图 5-4-78　学生回复通知

图 5-4-79　学生按照教师要求发帖

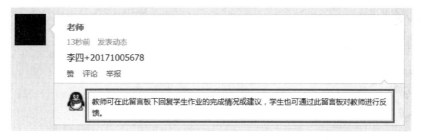

图 5-4-80　教师回复学生发帖

（8）QQ 空间记录学习笔记。

教师可以让学生在空间记录学习笔记并发布动态"说说"或者"日志"等。

第一步：如图 5-4-81 所示，选择手机端 QQ 进入动态页面，单击"＋"号按钮。

第二步：如图 5-4-82 所示，选择动态类型，例如"说说"。

图 5-4-81 进入空间

图 5-4-82 选择动态类型

第三步：如图5-4-79所示，填写学习内容和感受，单击"发表"按钮，教师可以在该学生动态下评论修改建议或完成情况。

（9）教师公众号的订阅。

订阅教师公众号可以每天获取教师发布的信息或通知，这里以"英文阅读"为例说明如何订阅教师公众号。

第一步：如图5-4-83所示，打开手机版QQ页面，单击"联系人"图标，单击右上方的"公众号"按钮。

第二步：如图5-4-84所示，单击"添加"按钮。

图 5-4-83 订阅公众号　　　　　　图 5-4-84 添加公众号

第三步：如图 5-4-85 所示，在搜索栏里输入"英语阅读"，单击"搜索"按钮。
第四步：如图 5-4-86 所示，所搜页面显示多个公众号，选择"英语美文阅读"。

图 5-4-85　输入关键词搜索公众号

图 5-4-86　查找需要的公众号

第五步：如图 5-4-87 所示，单击"关注"按钮，即可完成订阅。
第六步：如图 5-4-88 所示，单击"QQ 看点"，查看订阅内容。

图 5-4-87　添加关注

图 5-4-88　查看订阅内容

第七步：单击"订阅号"，可以看到该公众号的内容。

5.5 移动教学模式教学设计实例

前面详细介绍了移动教学模式的内涵、特征与发展历程，详述了其教学设计过程、教学资源制作技巧和平台部署方法。因此，下面参照 5.2 节"移动教学模式下的教学设计"，以 QQ 群为移动教学的部署平台，选择"博物馆内的历史探究学习"这个特定的场景，设计了相应的教学过程，供读者参考。

历史自主探究学习——参观湖北省博物馆的教学设计

1. 教学内容分析及学生分析

（1）学生分析与移动学习场景分析：学生普遍具有熟练使用手机的技能且具有独立思考的能力，在博物馆这一特定情境中可以进行有效的自主学习。

（2）确定教学目标：通过参观湖北省博物馆，确定学习该部分所涉及的历史知识。

（3）选择与确定移动教学内容：为丰富学生的课余生活、弘扬中国历史传统文化，由教师带队组织学生进行学习。为了方便学生切身感受中国传统文化的魅力，决定在湖北省博物馆进行此次教学参观，特定本次主题为"学习历史知识，弘扬传统文化"。

（4）设计和制作移动教学资源与部署移动教学平台：依托于 QQ 群移动教学平台，设计并制作博物馆的 HTML 5 介绍课件、查找博物馆官方网站等。

2. 移动教学策略与学习策略设计

本次移动教学主要采用前期自主学习、独立探究、小组合作展示、课上总结等方式。

3. 教学活动设计（如表 5-5-1 所示）

表 5-5-1　教学活动设计

教学环节	教学活动		设计意图
	教师活动	学生活动	
（1）教师课前准备教学资源	教师设计并制作 HTML 5 的课件，查找湖北省博物馆的网址链接。提前 3~4 天发布参观湖北省博物馆的通知、课件和网址的链接，如图 5-5-1 所示	无	通过 HTML 5 课件引入，激发学生的学习兴趣
（2）课前自主学习	教师分配小组并制定小组目标，每个小组完成的参观内容不同；要求学生在网站上提前学习一些博物馆的历史知识和视频资料，回到学校后书写交流心得	按照教师要求完成任务，其余时间自由参观	通过自主学习，让学生了解湖北省博物馆的历史文化和场馆文化；通过参观和探究，激发学生的学习兴趣

续表

教学环节	教学活动		设计意图
	教师活动	学生活动	
(3) 活动中交流学习	实地参观。教师可让学生完成各自的任务后自由参观,并通过QQ群和学生随时保持联系,回答学生在参观中提出的问题,及时与学生进行交流,如图5-5-2所示。教师可以要求学生使用QQ空间进行实时学习记录	小组合作完成参观学习任务,过程中可以拍摄照片、记录问题等,及时与教师交流	参观博物馆既能让学生随时随地完成移动学习内容,又能增加教师和学生的互动,达到即学即问的效果
(4) 参观结束后小结	教师在湖北省博物馆内现场解答疑惑或者要求学生小组代表,在现场对所学所感进行总结	学生可向教师提问;学生小组总结所学所感,由小组长代表现场发言	参观结束后现场发言可以使学生表达出自己的真实感受,避免遗忘
(5) 活动后交流心得	活动结束后,教师可以要求学生通过QQ群将精美照片上传到群相册,如图5-5-3所示,使用群收藏功能将更好的照片收藏到群内,供学生观赏	上传图片并观赏群收藏中的图片,在空间图文并茂地发表心得体会日志,并与教师交流	通过图片展示等能使学生更深入地展示自己的学习情况,教师进行补充或指导
(6) 课外知识拓展	湖北省博物馆不是仅仅通过参观就可以了解透彻的,教师可以提供课外资源给学生进行知识拓展(详见前言二维码),如图5-5-4所示	依据教师提供的资料,学生自主选择内容进行学习和阅读	学生通过教师提供的知识拓展资源进行选择性拓展训练和深入学习,丰富知识体系
(7) 教学反思			

图 5-5-1 自主学习(课前)

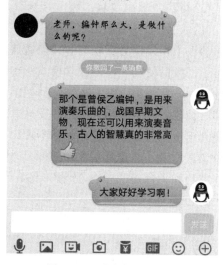

图 5-5-2 活动中交流学习

图 5-5-3 活动后交流心得

图 5-5-4 课外知识拓展

本章小结

移动教学模式作为互联网和移动通信技术下的新型教学模式,以其特有的自主性为教学带来了极大的便利。移动教学模式对传统课堂模式造成了一定冲击,许多以移动教学为主题的教学平台层出不穷。未来移动教学逐渐向课程更短小精悍、趣味性更强、更为社交化以及和其他教学模式相结合的趋势发展。

要真正掌握移动教学模式的基本理论、方法与技术,首先必须对移动教学模式的内涵、特征以及教学设计过程有基本的把握,形成认知体系;其次,本章涵盖了大量的移动教学资源制作技巧和平台部署方法,读者需要结合思考与探索习题,在课下勤习勤练,从而熟练掌握相关技巧。

思考与探索

1. 移动教学的发展历程有哪几个阶段?
2. 任意选择一个知识点制作一个 HTML 5 课件。

3. 任选一个平台完成移动教学资源的部署。
4. 以移动教学模式下的教学设计为内容，完成一篇课程论文。

参考文献

[1] 吴世丹."互联网＋"时代下的移动教学研究——以艺术设计专业课程为例[J].西部素质教育，2016(22)：5-9.

[2] 熊燕,陈忆群.移动教学在物联网课程中的应用[J].现代计算机(专业版),2016(6)：63-65.

[3] 张屹,白清玉,李晓艳,等.基于APT教学模型的移动学习对学生学习兴趣与成绩的影响研究——以小学数学"扇形统计图"为例[J].中国电化教育,2016(1)：26-33.

[4] 杜薇,伍新华,徐东平,等.移动云计算环境下新型开放式教学模式初探[J].计算机教育,2013(15)：89-93.

[5] 白娟,禹淑芳.M-Learning：21世纪教育技术的新发展[J].现代远程教育研究,2003(4)：45-48＋63.

[6] 李浩君.基于概念图的片段式移动学习资源设计有效性研究[J].电化教育研究,2014(3)：72-77.

[7] 蔡晓平.基于工作的移动学习模式研究[J].网络教育与远程教育,2013(5)：39-43.

[8] 胡钦太.基于新媒体的社会教育传播模式[J].构建研究,2014(5)：5-11.

[9] 王萍.移动增强现实型学习资源研究[J].电化教育研究,2013(12)：60-67.

[10] 王萍.基于增强现实技术的移动学习研究初探[J].现代教育技术,2013(5)：5-9.

第6章

基于微信的学习支持服务系统教学设计、资源制作与实例

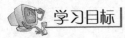 学习目标

- 掌握学习支持服务的含义、特征与发展历程。
- 理解基于微信的学习支持服务设计的特点与教学理念。
- 熟练掌握基于微信的学习支持服务设计及其教学资源制作技巧。
- 了解在微信环境下开展学习支持服务的教学应用。

 知识导图

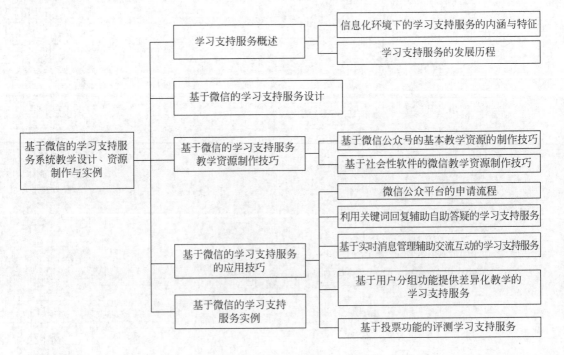

学习要点

本章的核心内容是基于微信的学习支持服务设计、资源制作与实例。本章首先概述了学习支持服务内涵与特征,接着重点介绍了基于微信的学习支持服务设计,以及微信后台的教学资源制作与内容部署。对这些内容的理解和掌握,有助于教师更好地利用微信这款应用广泛的社交软件来提供学习支持服务。其中,基于微信的学习支持服务设计是本章的重点与难点,教师只有深刻理解其理念与应用场景,才能更好地提供学习支持服务。为此,本章以"英语听说教学"为例,详细介绍了基于微信的学习支持服务设计与实施方法,供教师在教学过程中参考借鉴。为帮助读者理解学习内容,建议在学习过程中充分利用本章的知识导图。

6.1 学习支持服务概述

6.1.1 信息化环境下的学习支持服务的内涵与特征

学习支持服务是指为引导和帮助学生学习,实现学习目标,通过多种形式和途径所提供的各种服务的总和。这种服务既包括对各种信息的、资源的、人员的和设施的支持服务,也包括对各种师生间、学生间的双向交流的支持服务;既可以是面对面的支持服务,也可以是基于技术媒体的支持服务。某学者认为学习支持服务系统主要应包括信息服务、资源服务、人员服务、设施服务、实践性教学环节、作业与考试等环节。

据此,信息化环境下的学习支持服务主要包括教学支持服务、自主学习支持服务、学习过程管理支持服务、学习测评支持服务和协作交流支持服务等方面。显然,信息化网络环境下的学习支持服务的有效性将直接影响到学生的学习效果,它应该具有以下四点典型特征。

1. 学习支持服务的开放性

开放性是信息化环境下的教育的本质特征之一。在信息化环境中,教学是一种开放的系统,包括教与学信息子系统、评测信息子系统、教务管理信息子系统和后勤保障信息子系统等多方面。同时,信息化环境下的教学又是以现代教育思想为理念的,学习支持服务系统的开放性有利于培养学生的综合素质,如协作精神、质疑习惯、自我管理能力等。

2. 学习支持服务的及时性

学习支持服务的及时性在当代教育中显得越来越重要,包括课程信息的传达、学习资源的推送、疑难问题的回复、重点知识的指导等,不仅能提高学生的学习效率、优化学习过程的结构,还能有效地保护学生的学习兴趣与探究精神。

3. 学习支持服务的互动性

互动性的强弱直接影响了学生对知识内化的程度,在整个教学过程中是非常重要的一环。通过教学互动,学生不仅可以从教师处获取知识,还可以接受教师的激励使学习效果更佳;同时,教师也可以了解学生对知识的掌握情况,以及对自己教学上的建议等。互动是学习支持服务的核心功能之一,它可以调节师生关系,从而形成和谐的师生互动、学生互动、学习个体与教学中介互动等,最终更好地提升学生的学习效果。

4. 学习支持服务的丰富性、多样性和灵活性

学习支持服务的丰富性,不仅指学习支持服务可提供类型丰富的各种学习资源,还指可提供形式丰富的各种学习支持服务;学习支持服务的多样性,不仅指学习支持服务可以在固定的师生间开展,或存在于师生面对面传授知识的过程中,还可以存在于网络的远程终端,在其他素未谋面的师生间开展,甚至于可以通过答疑机器人来提供学习支持服务等;学习支持服务的灵活性,不仅指可以基于面谈、电话、网络等实现实时的学习支持服务,还指可以通过 QQ、E-mail、短信等实现异步的学习支持服务,这种学习支持服务可以不受时间、空间、地点的限制。总之,信息化环境下的学习支持服务,通过同步或者异步的形式,可以让学生灵活地选择交流互动的形式、方式、环境等,不用在固定的时间、规定的地点内、与限定的教师进行交流,这打破了传统呆板的教育模式,让学生更主动地完成知识内化以达到相应的学习目标。

6.1.2 学习支持服务的发展历程

1. 早期远程教学环境下的学习支持服务(20 世纪 70 年代—20 世纪末)

对于"学习支持服务"(Learning Support Services)的概念,学者们一致认为,其产生于英国开放大学丰富的远程教育实践。1978 年,英国开放大学校本部地区中心办公室主任大卫·西沃特发表的论著《远程学习系统对学生的持续关注》,是西方学者对学生学习支持服务的第一篇系统论述。

当时,"学习支持服务"被看作远程教育机构提供的服务,包括教学机构内部的教学行为与管理行为,是远程开放教育质量的保证。该阶段的学习支持服务主要是满足学生的信息服务与资源服务,也包括给学生提供实践性教学环节、作业与考试环节等,并提供相应的人员与设施服务。

这是信息化环境下的学习支持服务的初级阶段,其主要服务对象是远程学生(有些文献中译为远距离学生),在该阶段可利用的技术媒体也较少。

2. 网络环境下的学习支持服务(20 世纪 90 年代末期至今)

20 世纪 90 年代之后,Internet 迅速扩张,网络教育也开始蓬勃发展。首先应用于教学的信息化工具是分散和独立的,主要是将 Internet 上的一些通用标准技术和一些现有的工具直接加以改造应用到教学过程中。随着网络教学的规模扩大,1997 年之后,逐渐出现了一些系统化的网络学习支持服务,如 Learning Space、E-learning、E-class 等网络学习系统及其学习支持服务。

在此阶段,由于网络的发展,制约学习支持服务的地域性不复存在了。加之,学生可以借助网络自己寻找和再利用学习资源,这些都直接导致了学习支持服务发生了质的变革。该阶段的学习支持服务既包括提供满足不同风格学生的学习资源,也包括提供协作化交流的学习平台;既包括远程与现场相结合的学习场景支持,也包括虚实结合的学习场景支持;既包括师生为共同体的学习服务支持,也包括学生间为共同体的学习服务支持等。

这是信息化环境下的学习支持服务的高级阶段,其主要服务对象是网络学生。在该阶段,随着网络学习慢慢延伸为移动学习、正式学习慢慢延伸为泛在学习等,信息化环境下的学习方式正在不断地拓展,其学习支持服务的内容也在不断地拓展中。

3. 微信环境下的学习支持服务(2012 年至今)

微信(WeChat)是腾讯公司于 2011 年推出的一款基于智能手机端的移动即时通信软件。随着其用户数的不断攀升,不少学者开始探索使用微信开展信息化教学的方式,如微信墙的教学方式、"微信+二维码+问卷网"的教学方式、"微信+二维码+百度云"的教学方式等,不一而足。因此,基于微信提供学习支持服务也成为传统学习支持服务的一种有益补充。

微信作为一款安装率非常高的移动应用软件,具备随时随地、充分利用零碎时间的天然优势,基于此的学习支持服务可以更好地满足学生个性化的学习需求。在该阶段,"教学支持服务"包括利用微信公众平台进行课件、拓展阅读、课程通知等内容的推送;"协作交流支持服务"包括利用微信的群聊功能开展研讨活动、利用公众号的留言进行师生互动等;"学习测评支持服务"包括利用公众号的投票功能完成投票与测试等;"自主学习支持服务"包括利用关键字的回复,获取课程学习资源、习题答案自动回复等,还包括分组的个性化资源指导等;更有方便的即时通信和晒朋友圈功能,让学生以多样化的形式展示自己的学习成果等。

这是信息化环境下的学习支持服务的新阶段,微信等这类即时通信工具的使用,使得学习支持服务变得更加便利化了。特别是微信小程序接口,将使得学生所需要的学习资源可以通过"扫一扫"等方式而方便地获取,加上该学习支持服务方式能主动推送资源,这些都使得学生可获得超预期的学习效果。未来,移动学习也将是一种重要的学习方式,更需要服务于此的学习支持服务。

综上所述,科学技术的不断进步、教育理念不断地完善,使得学习支持服务由早期远程教学环境下的学习支持服务,到 E-learning 环境下的学习支持服务,再到微信环境下的学习支持服务,其范畴不断拓展,方式不断丰富,理念更加完善。未来,云计算、人工智能、大数据等技术的应用,意味着学习支持服务将更加即时化、个性化和社交化。

6.2 基于微信的学习支持服务设计

用微信提供学习支持服务主要包括教学支持服务、自主学习支持服务、学习测评支持服务和协作交流支持服务等几个方面。为此,首先需要教师先申请一个微信公众号,这是提供课堂通知与学习资源推送的教学支持服务、自主学习支持服务和学习测评支持服务的主平台,也是协作交流的辅助平台;同时,还需要教师利用个人微信号和学生个人微信号来建立课程群,通过群聊来完成答疑、讨论、展示等协作交流支持服务。当然,有条件的话,教师也可以通过微信小程序入口链接进入相应的学习支持服务平台,来提供更完善的学习支持服务。下面以作者多年来利用微信提供学习支持服务的教学经验为例,介绍微信在教学中所提供的学习支持服务功能,如图 6-2-1 所示。

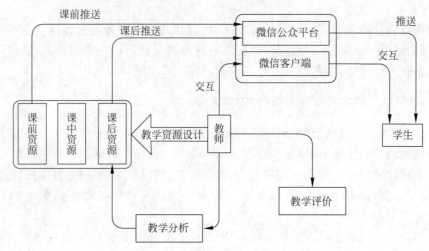

图 6-2-1　基于微信的学习支持服务设计

1. 课前的学习支持服务设计

课前的学习支持服务主要包括课前通知、学习任务单下发、预习资源推送等内容。

（1）教师根据教学目标准备相关的教学资源。课前资源主要包括一些先导性知识以及课程预习的答疑等资源。一般可以为学生准备课前预习任务单、预习知识点文件等。

（2）教师将这些教学资源准备好之后,通过微信公众平台的多图文消息进行发布,学生在微信客户端就可以访问到教师推送的课前资料。

（3）学生参与微信群的互动,与教师或同学进行沟通交流,如按照教师提出的活动要求及人员划分开展小组讨论、对话练习等活动;也可以通过微信公众号的留言功能与教师交流互动,如提问等。

（4）师生间可以通过群聊分享学习资料,通过晒朋友圈等展示学习任务单的完成情况等。

2. 课中的学习支持服务设计

课中的学习支持服务主要包括利用微信进行课堂互动,如投屏、投票、对同学们发到后台的作业点评等内容。利用微信进行课堂互动,可以让教师方便地设置话题,组织学生进行讨论,然后教师进行点评与总结。对课中的学习支持服务而言,教室多媒体屏幕上实时显示的微信互动平台在课堂教学过程中具有工具性的意义,促进了及时的教学反馈,加强了师生间及学生间的沟通交流。

3. 课后的学习支持服务设计

课后的学习支持服务主要包括课后练习的推送、课程评价投票、小测验、个别答疑、集体答疑、拓展学习资源的推送等内容。

(1) 教师将上课时的课件、视频资料、音频资料等通过微信公众平台发布出去供学生复习使用；还包括推送一些拓展性的学习资源，可利用不同的学生分组，实现差异化的学习资源推送，以满足不同层次学生的不同学习需求，在潜移默化中提高学生的学习能力和解决问题能力。

(2) 课后习题亦通过微信公众平台发布出去。教师根据学生做的课后习题的情况，分析学生的学习状况、知识掌握程度以及学生学习过程中遇到的疑难问题，准备下次上课所需要的课件，进行个别答疑或集体答疑。

(3) 反馈评价与测试是利用微信公众平台的投票功能进行发布的。评价的过程中值得注意的是，教师要从学生个人、各个小组以及整体的多角度出发，重视评价的多元性和公平性，以激励为主。通过评测，教师还应注意引导学生的积极探索、交流协作等素质的培养。

6.3 基于微信的学习支持服务教学资源制作技巧

基于微信的学习支持服务，很重要的一部分工作就是在微信公众号平台上进行教学资源的制作，即通过新建微信公众号上的图文消息、视音频信息等进行教学资源的建设，这样就可以应用新媒体的方式传播了。下面将针对图文、视音频等教学资源的制作技巧进行详细介绍。

6.3.1 基于微信公众号的基本教学资源的制作技巧

视频讲解

登录到微信公众号的后台管理界面。进入"素材管理"界面，可以看到界面的左边是素材分类，素材包括图文消息、图片、语音、视频，右边是内容编辑框，由于图片、语音、视频都是很简单的上传文件管理，所以下面重点讲解图文消息的编辑。

1. 图文消息编辑

进入新建图文消息页面后，看到在左边的消息效果预览图下面多了几节内容，单击"增加一条"按钮，会往下增加一条图文消息，如图 6-3-1 所示。最多可以添加 7 条，加上顶部封面那条一共 8 条。

这里第一张头条内容的编辑要求和编辑单条图文消息一样，单击进入后依次添加标题、正文、封面图片等即可。当要编辑下面列表的图文消息时，只需要把鼠标指针移动到对应的图文消息上，这时会出现两个图标，铅笔用于编辑内容，垃圾桶用于删除。单击"铅笔"图标进行编辑操作，右边的编辑框如图 6-3-2 所示。

这里特别注意的是，列表上的图文消息的封面图片都是 400×400 像素的，简单来说是方形的，所以图片要尽量处理成方形。

如果把网络上的内容直接复制到微信编辑框里，会出现一个问题，就是会把文章里的文字样式和背景样式一起复制过来，这会导致内容字体变小，或者内容在手机上显示错位等情况，所以当复制文章后，先全选文章，然后单击"消除格式"按钮，这样就可以保证复制的内容在微信状态下正常显示，如图 6-3-3 所示。

图 6-3-1 微信公众平台图文消息编辑

图 6-3-2 微信公众平台图文消息修改

2．视频教学资源的制作技巧

微信公众号平台支持原创视频的转播，其步骤是将视频文件先上传到腾讯视频网站平台，在公众号平台上引入上传到腾讯视频网站平台上的视频链接，即可在微信公众号中转播原创视频；当视频文件本身大小不超过20MB时，则可以直接上传到微信公众平台上，具体步骤如下。

第一步：登录自己的微信公众平台账号。

第二步：在左侧菜单栏中单击"素材管理"，进入"素材管理"界面。

第三步：把视频上传到腾讯视频网站平台，先单击"上传"按钮并完成上传。

第四步：上传完成之后会有一个审核和转码的时间，这个需要注意。完成之后打开视频管理，如图6-3-4所示。

图 6-3-3　微信公众平台图文消息消除格式

图 6-3-4　腾讯视频上传管理

第五步：在视频管理中单击相应视频，在打开的新页面中复制地址栏中的链接地址，如图6-3-5所示。

第六步：回到微信公众平台，在"素材管理"界面中单击"新建图文素材"按钮。

第七步：在新建的素材正文中单击，然后在右侧选择"视频"，如图6-3-6所示。

图 6-3-5　复制视频地址　　　　图 6-3-6　添加视频

第八步：在打开的"选择视频"界面中，选择"视频链接"，如图6-3-7所示，这时把刚才复制的链接地址直接粘贴，然后单击"确定"按钮。

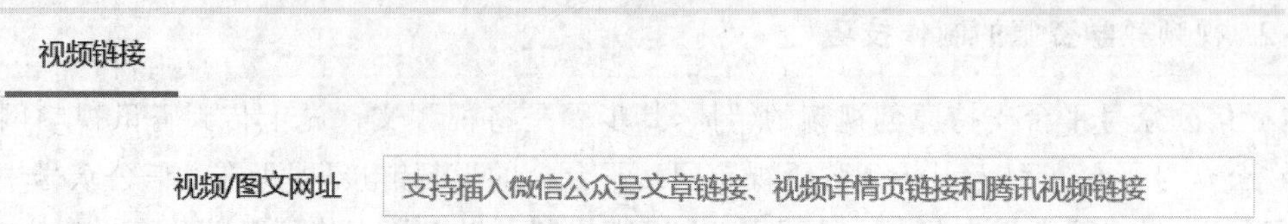

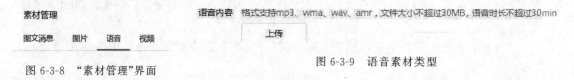

图 6-3-7 添加视频地址

第九步：这时图文的正文中就会出现视频自动抓取的图,然后补充完整标题及图片等信息就可以保存发布了。

3. 音频教学资源的制作技巧

微信公众平台不仅可以支持视频素材,还支持语音素材,语音素材的制作与图文编辑的过程大同小异,下面是语音素材的制作步骤。

第一步：打开"素材管理"界面,如图 6-3-8 所示,选择"语音"。

第二步：在语音素材管理页面,如果已有素材,则可以在此处看到已上传的语音素材。如果想要上传素材,单击"添加"按钮。

第三步：跳转到"新建语音"素材页面,在该页面填写语音标题、选择语音的分类,然后上传语音内容。其中分类只能选择一种,语音内容格式支持 MP3、WMA、WAV、AMR,文件大小不超过 30MB,语音时长不超过 30min,如图 6-3-9 所示。

图 6-3-8 "素材管理"界面 　　图 6-3-9 语音素材类型

第四步：语音素材成功上传后,如图 6-3-10 所示。这时再切换到"图文消息"页面,新建图文消息,或者打开需要添加语音素材的图文消息,进入图文消息编辑页面,如图 6-3-11 所示。

图 6-3-10 语音素材上传完成

第五步：在右侧选择"音频",弹出"选择音频"窗口,在这里选择事先准备好的语音素材,然后单击"确定"按钮。

6.3.2 基于社会性软件的微信教学资源制作技巧

微信的资源制作也可以依托社会性软件来完成,如编辑制作图文效果好的 HTML 5 页

图 6-3-11 图文消息编辑

面等。类似功能的软件有易点、秀米、小蚂蚁等微信图文编辑器,可以编辑出较为炫酷的效果。下文以秀米为例进行介绍。

秀米是一款专门用来进行素材编辑排版的软件,通过专业的内容编辑可以让教学资源的表现形式更加丰富,表现内容更富有张力和个性化,具体制作技巧如下。

视频讲解

1. 秀米的"模板"与"元素"

秀米的素材制作是基于"模板"的。模板是一个整体,模板里面的文字/图片等内容是一个元素。请参看下面三个例子。

(1) 这个模板有一个文字元素,如图 6-3-12 所示。

(2) 这个模板有两个文字元素,如图 6-3-13 所示。

图 6-3-12 含有一个元素的模板

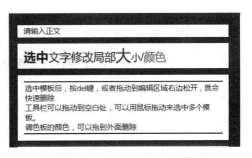

图 6-3-13 含有两个元素的模板

(3) 这个模板有三个元素,如图 6-3-14 所示。

理解了秀米模板和元素的定义之后,就好理解后面选中整体和选中元素的区别了。

2. 各种选中操作

选中操作是后面编辑、复制等各项操作的第一步,任何编辑操作都要从选中编辑目标开始。

如果选中了一个模板整体,会弹出一个基本工具条。然后如果需要在编辑区选中内容,则单击即可。被选中的内容会有一个深灰色的线框来标识,如图 6-3-15 所示。

如果选中了模板里面的文字,会弹出基本工具条和"文字"工具条,如图 6-3-16 所示。

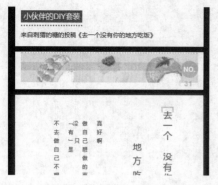

图 6-3-14　含有三个元素的模板

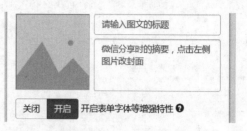

图 6-3-15　秀米内容编辑区

图 6-3-16　秀米编辑"文字"工具条

如果选中了模板里面的图片,会弹出基本工具条和"图片"工具条,如图 6-3-17 所示。

图 6-3-17　秀米编辑"图片"工具条

如果选中了模板里面的布局,会弹出基本工具条和"布局"工具条,如图 6-3-18 所示。

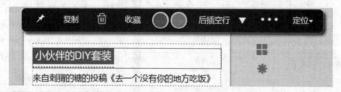

图 6-3-18　秀米编辑"布局"工具条

如果用鼠标拖动来多选,会弹出与多选对应的工具条,如图 6-3-19 所示。

图 6-3-19　秀米编辑多选工具条

小结：工具条对应着选中的内容，可以用工具条来辅助识别选中的内容。

3. 编辑内容操作

用秀米编辑内容，有以下三种方式。

方式一：单击左侧"系统模板"，可将需要的模板直接加到最后，如图 6-3-20 所示。

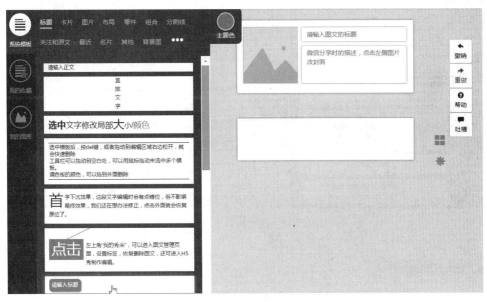

图 6-3-20　秀米内容编辑方式 1

方式二：先选中编辑区一个模板，再单击左侧模板，将其加到选中内容的后面，如图 6-3-21 所示。

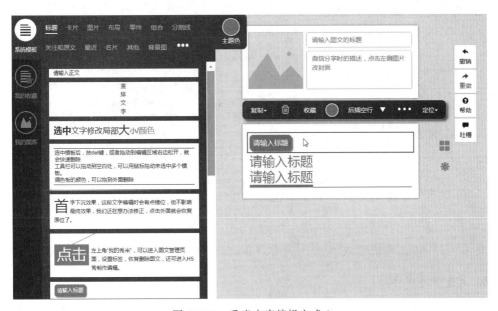

图 6-3-21　秀米内容编辑方式 2

方式三：从左侧拖动模板到需要的位置，如图 6-3-22 所示。

图 6-3-22　秀米内容编辑方式 3

4．移动内容操作

如果要调整编辑内容的位置，有以下两种方式。

方式一：选中内容后，将其拖动到新的位置，如图 6-3-23 所示。

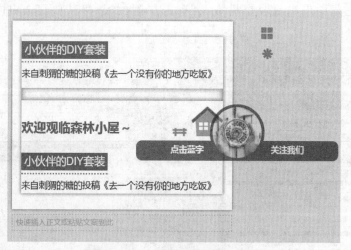

图 6-3-23　秀米内容移动方式 1

方式二：用鼠标拖动来多选，然后进行剪切、粘贴，如图 6-3-24 所示。

5．文字编辑操作

在"文字"的工具条中可以修改文字大小、颜色、背景色、emoji 符号，调整文字的对齐方

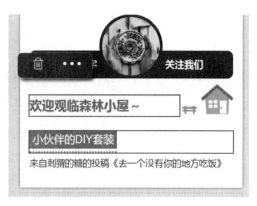

图 6-3-24　秀米内容移动方式 2

式和格式等。如果要单独调整部分文字的属性,就先选中部分文字,再在工具条中进行设置,如图 6-3-25 所示。

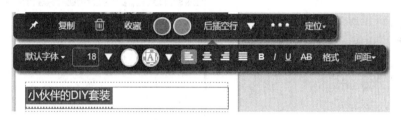

图 6-3-25　秀米文字编辑

6. 颜色编辑操作

单击工具栏上的圆形颜色按钮,就可以调出秀米的调色板,进行颜色设置。

第一步:单击颜色,直接使用调色板的颜色。

第二步:单击"+"按钮,可以增加颜色。

第三步:导入、导出,可以备份恢复自己的颜色。

第四步:重置调色板,会恢复到系统默认颜色。

第五步:拖动颜色到调色板外面释放鼠标,会删除颜色。

6.4　基于微信的学习支持服务的应用技巧

基于微信的学习支持服务系统平台的部署首先要从微信公众号的申请开始,可实现基于关键词自动回复的自助答疑、交流环节中的实时消息管理、学生用户分组管理、群发消息等多种学习支持服务。如图 6-4-1 所示是微信公众号后台的功能结构。

6.4.1　微信公众平台的申请流程

注册微信公众号需要五步,具体如下。

第一步:打开微信公众号平台官方网站,在右上角单击"立即注册",如图 6-4-2 所示。

图 6-4-1 微信公众号后台的功能结构　　图 6-4-2 微信公众号申请流程步骤 1

填写邮箱及密码,如图 6-4-3 所示。

第二步:登录邮箱,查看并激活邮件,通过单击邮箱里面的链接来激活公众号,如图 6-4-4 所示。

图 6-4-3 填写邮箱及密码　　图 6-4-4 微信公众号申请流程步骤 2

第三步:了解订阅号、服务号和企业号的区别后,选择想要的账号类型(一般选择订阅号,比较方便开展各种教学活动),如图 6-4-5 所示。

如图 6-4-6 所示为订阅号、服务号和企业号在手机端的展示效果。

第6章 基于微信的学习支持服务系统教学设计、资源制作与实例

图 6-4-5　微信公众号申请流程步骤 3

图 6-4-6　订阅号、服务号和企业号的展示效果

第四步：信息登记。选择类型之后，填写信息，如图 6-4-7 所示。
第五步：填写账号信息，包括公众号名称、功能介绍、选择运营地区，如图 6-4-8 所示。到此，微信公众号注册完成，如图 6-4-9 所示，可以开始使用了。

6.4.2　利用关键词回复辅助自助答疑的学习支持服务

课后问答是学习支持服务的关键环节之一。如何利用现有的信息化手段，提供更高效的课后问答学习支持服务是亟待解决的问题。微信公众号能设置关键词自动回复，可将该功能应用于课后问答环节中，即把高频问题的答案做成图文消息，然后设置关键词规则，就

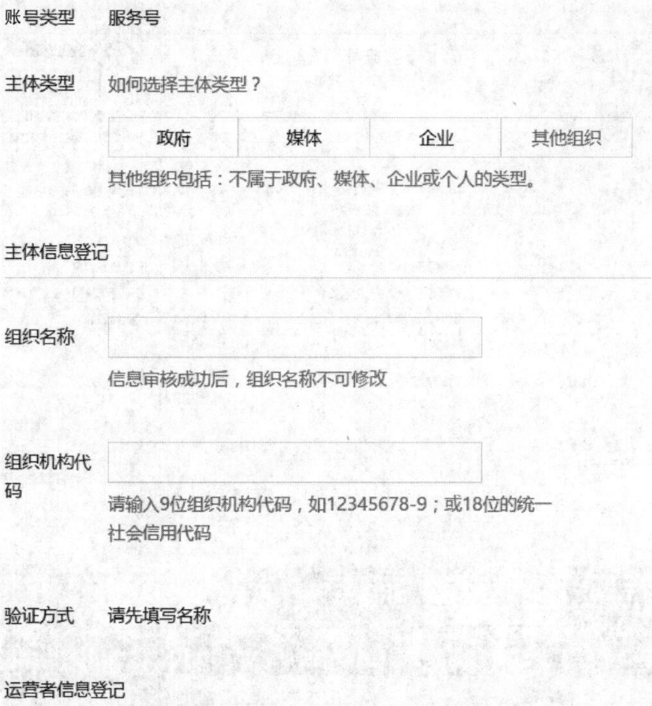

图 6-4-7　微信公众号申请流程步骤 4

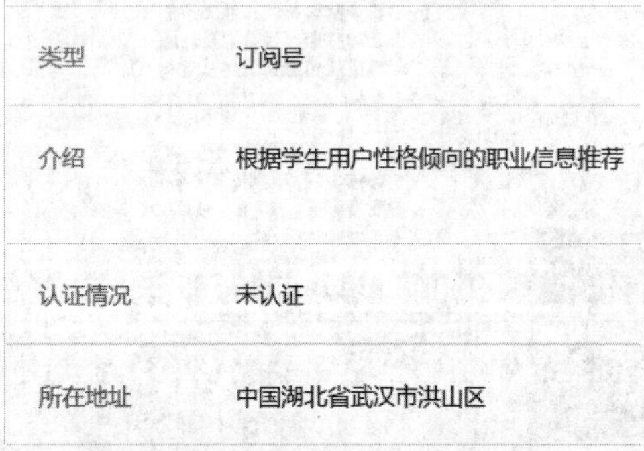

图 6-4-8　微信公众号申请流程步骤 5 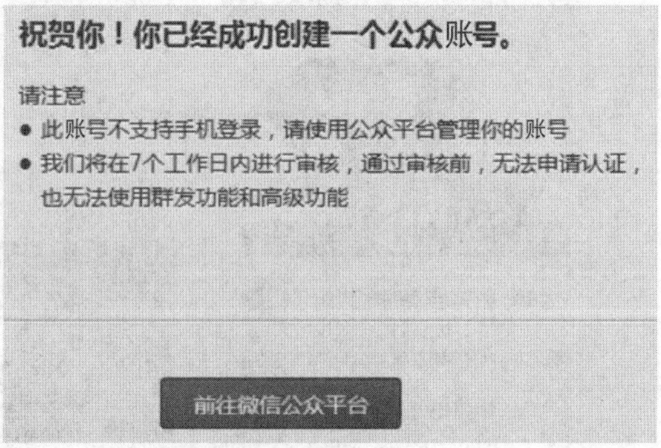　　　　图 6-4-9　微信公众号申请成功

可以实现某一高频问题的自动回复,从而避免了重复回答问题的低效率行为。其具体实现过程如下。

　　第一步:进入微信公众平台的后台管理,单击选择"自动回复"。

　　第二步:在回复页面单击"关键词自动回复",并单击"添加规则"按钮,如图 6-4-10 所示。

图 6-4-10　微信公众号自动回复添加规则

第三步：在"添加规则"页面，输入规则名，添加关键字，注意可以添加多个规则名，按Enter键分隔。

第四步：设置自动回复内容，可添加图片、文字、视频等不同类型的自动回复消息，如图6-4-11所示。

图6-4-11　微信公众号自动回复消息类型

在该技巧的使用过程中，需要注意以下八点。

(1) "被添加自动回复"：这是给新关注用户设置欢迎信息的地方，每当有新用户关注你的官方微信账号时，系统就会自动发送欢迎信息给新用户。这里的设置很重要，所有用户都是通过欢迎信息来了解学习使用你的平台账号。例如，提示用户输入"数学"，就可以找到与数学相关的资料，输入"帮助"可以查看所有引导的关键字。

(2) "消息自动回复"：如果用户发送一些你没有在后台设定好的关键字或无效信息，系统就会发送提示信息给用户，用于提醒和帮助引导用户使用正确的关键字进行查询。这个功能就如同网站404错误页面一样，提示没有该信息，并引导用户回到正确的使用途径上。

(3) "关键词自动回复"：所有需要实现交互的内容都在这里添加。可以设定关键字绑定之前做好的素材内容，用户就可以通过关键字来精准查找他们需要的问题答案。如果在这里设置高频问题的关键词（如"第一章第一题答案"）和对应相关图文素材（如第一章第一题答案的详细解析），则可以实现自助答疑。

(4) "添加规则"：用来添加新的关键字内容规则。

(5) "展开"：打开已经添加好的内容规则。

(6) "规则名"：首先要给这个规则命名，这个主要是方便管理识别使用的。

(7) "关键字"：这里添加的关键字是提供给学生用户搜索查询使用的，记住不要把所有不相关的关键字都添加进去，一定要与右边内容相关，否则会影响用户查找精准信息的体验。每次输入关键字后按Enter键就可以继续输入更多关键字。

(8) "回复"：这里用于存放关键字对应的回复内容，分别有文字、文件、图文。文字就是纯文字内容，文件就是音频、图片、视频等内容，图文就是刚刚学习的图文消息。这里除了文字，文件和图文都需要在素材管理中先编辑好，才能直接在这里调用。回复消息最多可以添加五条，如果添加回复内容超过两条，系统会随机抽取其中一条回复给学生用户。

6.4.3　基于实时消息管理辅助交流互动的学习支持服务

利用公众号平台的实时消息管理，可以实现课前课后的教学互动交流，从而加深学生对课程的理解。在消息管理中，可以查看今天、昨天、前天和五天内的消息以及带有星标的信息，如图6-4-12所示。

图6-4-12中右侧区域有个消息搜索框，可以方便教师通过关键词查找消息。消息信息

图 6-4-12　微信公众号实时消息管理

中,展示有学生头像和学生名,在他们的右边存在四个按钮,分别是"保存为素材""下载素材""对此条消息标星""快速回复"(一般消息只出现后面两个按钮,如果是视频、图片、语音消息就会出现上述四个按钮)。

6.4.4　基于用户分组功能提供差异化教学的学习支持服务

在教学实践过程,会遇到对学生进行分组的教学情景。例如,通过分组进行小组学习、小组讨论、小组报告等。在这个过程中,教师可以根据每一个组的不同情况,推送一些不同的学习材料,从而开展因材施教的差异化教学。具体实现步骤如下。

第一步:进入用户管理,在"用户管理"页面的左侧是用户分类,除了系统默认的未分组、黑名单、星标组、员工组之外,用户也可以自己添加自定义的分类名称。右边是用户列表,列表上面有"批量分组"。当选中用户前面的复选框后,可以把多个用户批量导入所选择的分组里面。如果想单独修改用户分组,在用户名的右边就有调整按钮。

第二步:分组完成后,将分组与群发结合,就可以根据学生的具体情况,发送不同的内容给不同的学生了。即教师在推送图文信息时,就可以分组推送,以达到提供差异化学习支持服务的效果。

群发消息是微信公众平台的基本功能,相当于群发短信一样。它有个比较个性化的功能,就是可以按分组、性别、地区来进行群发,如图 6-4-13 所示。

图 6-4-13　微信公众号消息群发

6.4.5 基于投票功能的评测学习支持服务

课后题目在线测试也是学习支持服务的重要部分。利用微信公众号的投票管理功能,就可以实现课后题目的编辑,并通过微信公众平台推送到每一个同学的客户端,同学们通过微信客户端查看测试题目,然后通过投票提交答案。教师在微信公众号的管理后台可查看同学们对题目的作答情况,以此分析学生的知识点掌握情况。具体实现步骤如下。

第一步:登录公众号平台,进入投票管理,在内容区单击"新建投票"按钮。

第二步:编辑投票内容,在编辑投票内容时可以填写相应课后习题的名称,设置投票内容的投票时间(即课后习题的作答时间),再进行选项编辑(即课后题目的选项编辑,此处比较适用于单选题和多选题的编辑),单击"添加问题"按钮,可以增加课后题目的数量,如图 6-4-14 所示。

图 6-4-14 微信公众号投票选项设置

第三步:单击"完成"按钮,此投票内容就可以被当作图文消息保存在素材库中,然后通过图文消息发布的方式将此投票内容发布到学生的微信客户端。

6.5 基于微信的学习支持服务实例

前面详细介绍了基于微信的学习支持服务的内涵、特征与发展历程,详述了其教学设计过程、教学资源制作技巧和平台部署方法。因此,下面参照 6.2 节"基于微信的学习支持服务设计",选择"英语听说教学"这个特定的场景,设计了其教学过程中的学习支持服务,其显著的优势就是利用微信的语音消息功能进行听力与口语训练,供读者参考。

"英语听说教学"中应用微信的学习支持服务设计

1. 教学内容分析及学生分析

(1) 学生分析与移动学习场景分析:学生普遍具有熟练使用手机的技能且具有独立思考的能力,利用微信的语音消息功能,可以完成英语听说的相关练习。

(2) 确定教学目标:加强听力训练、校正口语发音。

(3) 选择与确定教学内容:听力练习、口语对话练习。

(4) 设计和制作教学资源与部署微信公众号平台:依托于微信公众号平台设计制作听力素材、课件素材、常见问题答疑素材、关键词回复规则等。

2. 学习支持服务策略设计

在传统的口语教学中,教师如何评价学生的口语练习效果是一个较难解决的问题,主要原因是缺少合适的教学工具对学生的练习过程进行记录,教师对学生口语水平的了解主要是通过回答问题、读课文、观察对话活动中的表现来实现的,而利用微信的语音消息功能,则可以有效记录学生的练习情况,方便教师对学生口语水平的评价与指导。

本次教学主要采用课前自主学习与课中点评相结合、课后个别练习与小组对话相结合、测与评相结合、个别答疑与资源推送相结合等学习支持服务策略,如图6-5-1所示。

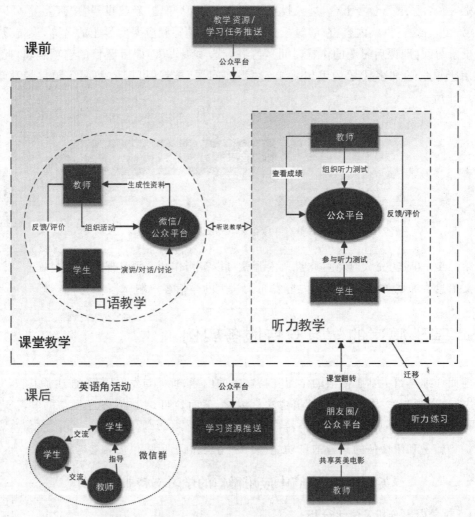

图6-5-1 学习支持服务策略示意图

在该策略图中,通过微信群和微信公众号两个渠道来同时提供学习支持服务。也就是说,一方面通过建立群组进行对话练习、发布听力练习题供学生课外练习、组织线上英语角等;另一方面,依托微信公众号由教师完成资源发布、关键词答疑等活动,学生通过微信客户端完成资源浏览、评测等活动。

3. 教学活动中的学习支持服务设计（如表 6-5-1 所示）

表 6-5-1　学习支持服务设计

教学环节	教学活动		设计意图
	教师活动	学生活动	
（1）课前演讲	划分小组，向每个小组布置 Oral Report 任务并提出相关要求	根据教师要求，结合课本内容准备演讲，在准备妥当后，向公众平台发送语音消息进行演讲，如图 6-5-2 所示	利用微信的语音功能，提供课前预习的学习支持服务
（2）课堂互动	在课堂上使用计算机或白板，打开公众平台后台管理页面，播放学生发送的语音消息，点评并纠错，如图 6-5-3 所示	认真听取教师提出的针对性点评，进行随堂练习，纠正课前的发音错误	利用微信公众号的实时消息管理，开展师生间的互动，提供课中的学习支持服务
（3）课后对话练习	向学生布置对话练习任务，可利用微信语音消息功能布置口语练习，也可以利用群组功能布置对话练习，此处可根据需要灵活掌握	根据课本及教师要求完成口语练习，或建立群组进行对话练习，或利用微信向公众平台发送对话练习语音消息，如图 6-5-4 所示	使用微信公众平台的用户分组功能，在课后提供差异化的学习支持服务
（4）课后学习资源推送	将课堂 PPT 资料、课外扩展资料整理发布到微信公众平台上，并推送到微信客户端，如图 6-5-5 所示	在微信客户端接收教师推送过来的课程资料，利用零碎时间进行资料的阅读与学习	利用微信公众号的图文推送功能，提供课后的学习支持服务
（5）课后学习效果评价，或检测结果分析	制作课后调查问卷，或者课后小测验（限选择题），并通过微信公众平台发布，根据学生的作答情况，分析教学效果，如图 6-5-6 所示	完成上面的学习内容后，在微信客户端填写问卷或者完成课程小测验	利用投票功能，编辑题目或调查问卷，提供课后学习效果评测的学习支持服务
（6）个别答疑，自助答疑	在微信群组中进行互动答疑，同时在微信公众平台中编辑答疑频率较高的问题，并发布问题答案素材，同时设置其关键词自动回复规则，如图 6-5-7 所示	根据自身对于课程内容的理解，在群聊中向教师提问或回答同学间的问题，同时可在公众号消息输入栏中输入关键词，查看常见问题及答案	利用微信的群聊功能和关键词自动回复功能，提供课后答疑环节的学习支持服务
（7）教学反思			

图 6-5-2 语音互动

图 6-5-3 后台语音管理

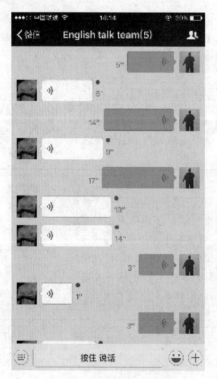

图 6-5-4 对话练习

图 6-5-5 资料推送

图 6-5-6　学习测验　　　　　　　图 6-5-7　关键词自动回复

本章小结

微信是一款社交软件,具有即时通信的特点。相较于基于计算机端的传统学习支持服务,基于微信的学习支持服务具有效率更高、方式更便捷、受限制更少等优势。未来,移动学习也将是一种重要的学习方式,更需要服务于此的学习支持服务,即时化、社交化都将是学习支持服务的核心需求。

本章从学习支持服务的内涵、特征与发展历程开始介绍,提出了基于微信的学习支持服务方法;详述了基于微信的学习支持服务设计,以及教学资源制作技巧与平台部署的方法;最后以英语听说教学为例,设计了该教学过程中的学习支持服务。要真正掌握以上内容,不仅要形成对学习支持服务的相关认知,还要对本章中涵盖的教学资源制作技巧和平台部署方法勤学勤练,并在具体的教学活动中勤加运用,从而熟练掌握相关技巧。

思考与探索

1. 学习支持服务包含哪些方面的内容?
2. 请任意选择一个知识点完成基于微信公众号的教学资源制作。
3. 以基于微信的学习支持服务为内容,完成一篇课程论文。

参考文献

[1] 蔡立锋.微信公众平台在现代远程教育中的教育研究[J].中国信息化教育,2015(17):18-19.
[2] 王乔峰,曹效英,路璐."互联网＋教育"模式的发展情况分析[J].中国教育信息化,2015(15):9-11.
[3] 田嵩,魏启荣.混合云模式下移动学习环境的设计与实现——以微信公共平台下阿拉伯语课程学习为例[J].开发教育研究,2014(6):103-110.
[4] 范文翔,马燕,李凯,等.移动学习环境下微信支持的翻转课堂实践探究[J].开放教育研究,2015(3):90-97.
[5] 王萍.微信移动学习的支持功能与设计原则分析[J].远程教育杂志,2013(6):34-41.
[6] 罗洁.信息技术带动学习变革——从课堂学习到虚拟学习,移动学习再到泛在学习[J].中国电化教育,2014(1):15-21.

[7] 白浩,郝晶晶.微信公众平台在高校教育领域中的应用研究[J].中国教育信息化,2013(4):78-81.

[8] 徐梅丹,兰国帅,张一春,等.构建基于微信公众平台的混合式学习模式[J].中国远程教育,2015(4):37-80.

[9] 赵翠芳.基于网络的学习支持服务实证研究[J].广东广播电视大学学报,2007(3):25-28.

[10] 吴彦文,王婷.主动推送式学习支持系统的设计[J].中国远程教育,2010(11):54-57.

[11] 朱学伟,朱昱,徐小丽.微信支持下的移动学习平台研究与设计[J].中国远程教育,2014(4):77-83.

[12] 丁兴富.远程教育学[M].北京:北京师范大学出版社,2002.

第 7 章 信息化环境下的教学评价

- 了解教学评价的相关概念、发展历史与趋势。
- 理解传统教学评价方式,并掌握现代教学评价的各种方法及使用技巧。
- 理解不同环境下的教学评价策略和方法。
- 熟悉信息化环境下的各类教学评价工具,如可熟练地使用 Excel 进行数据分析,理解量规、电子文件夹、概念图等工具的使用方法,了解教学管理软件的使用技巧,以及数据挖掘技术在教学评价中的应用等。

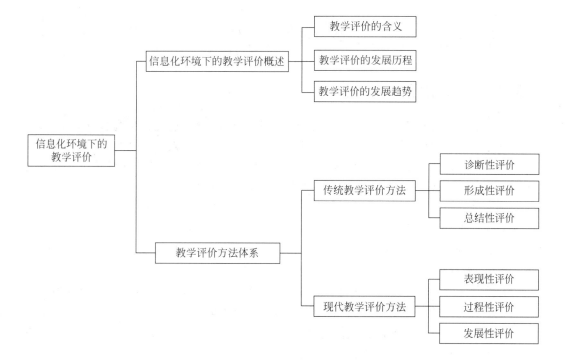

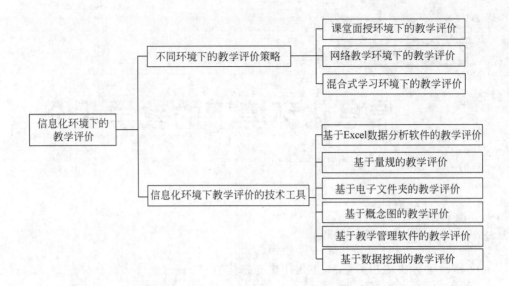

学习要点

本章为教学评价部分,主要涉及信息化教学评价的概念与特征、信息化教学评价的发展历程、教学评价方法体系、在不同环境下实施教学评价的策略以及信息化环境下教学评价的技术工具等基本问题。在理解和掌握相关知识点、熟悉各种评价方式和评价工具的基础上,要形成正确的评价观念,并要根据不同的教学需要、教学环境等选择合适的评价方法与评价工具实施评价。为了帮助读者掌握所学内容,建议在学习时充分利用本章的知识导图。

7.1 信息化环境下的教学评价概述

7.1.1 教学评价的含义

教学评价是指对具有特定目标的一系列教学活动的评价。这是为提高教育质量,通过系统全面地搜集、整理教育信息,并在处理和分析这些信息的基础上,对教育的价值做出判断的过程。随着信息技术以及互联网深入融合到教育的方方面面,信息化环境下的教学评价方式也在逐渐取代传统教学评价方式,并成为教学评价的主导。

上述教学评价的定义包含以下四个要点。

(1) 教育评价的对象即价值判断的对象,可以是教育领域中的任意元素,即评价的对象既可以是教育的参与者,如教师、学生、教育管理人员等,也可以是教育现象或活动类事物,如教育方针、教育政策、教育活动、教育过程、教育效果等。

(2) 教育评价的本质即评价的主要性质,是对教育的价值做出判断。评价者在客观认识教育价值关系中的主体需要和客体属性的基础上,以主体的需要为尺度,去衡量客体的属性能否满足或在多大程度上满足主体需要的过程,它是事实认识和价值认识的统一,并以此作为建构教育评价学科体系的逻辑起点,从而指明了教育评价的研究方向。

(3) 教育评价的手段即评价的方法和技术,是需要综合运用测量、统计、系统分析等科学评价的技术和方法,是进行定性与定量的分析与判断。

(4)教育评价的目的是要为被评价者(或者被评价单位)诊断各种教育问题、探索改进措施、选择行为决策等,最终促进其教育改革并提高其教育质量。

7.1.2 教学评价的发展历程

19世纪末20世纪初,随着实验心理学个体差异研究的推进和教育统计学的发展,教育理论工作者们开始探讨如何将心理测验的方法应用于教学领域,实现学业成绩考核客观化、标准化与数量化。近代的教学评价就是在这个基础上逐步确立的,并在随后的岁月中不断得到完善和发展,前后经历了以下四个发展阶段。

1. 基于教育测量的教学评价阶段

这一时期的特点是测量理论的形成和测验技术在教学中的广泛应用。美国学者莱斯1894年开始研究儿童学习拼音的成绩测量问题,并于1897年发表了测量量表;1905年心理学家桑代克发表了《精神与社会测量导论》,提出"凡存在东西都有数量,凡是有数量东西都可测量",因此被称为"教育测验之父",拉开了美国教育史上著名的测验运动的序幕。

在此期间,各种学科学习量表先后问世,形成教育测量热。例如,斯东(1908年)和克梯斯(1909年)先后发表了算术成绩测量量表;有关拼字、作文、语文等方面的学习成绩量表也纷纷出现,并很快为许多学校所采用;俞子夷1918年发布了"毛笔书法测验",开创了我国编制教育测量量表的先河,促进了教育测验和心理测验(尤其是智力测验)量表编制和试验工作在国内的应用。

总的来看,这一时期的教学评价基本等同于教育测量。评价者在评价中仅扮演测量技术员的角色,评价的中心任务是"用科学的方法和客观的标准,以改善主观方法的不足"。这种教学评价方式,可以相对科学、客观地收集教学信息,并在一定程度上克服传统考试主观、笼统和偏于死记硬背事实性知识的缺点。但该阶段的教学评价方式也存在着明显不足,它试图用数字来表示受教育者的全部特征,难免偏向机械化,因为学生态度、兴趣、创造力、鉴赏力等个性特征十分复杂,难以量化表征。

2. 基于目标参考测试的教学评价阶段

这一阶段出现于20世纪50年代至20世纪70年代,是现代教学评价的第二个发展阶段。这一时期开始注重价值判断,目标参考测验在这一阶段发展起来。最早倡导从"测验"转向"评价"的是美国教育评价与课程理论专家泰勒。他认为,评价必须建立在清晰地陈述目标的基础上,根据目标来评价教学效果,以促进目标的实现。枯巴等学者认为,这一时期的特征是对测验结果进行描述,评价的目标不再是学生本身,而是什么样的学习目标模式对学生的学习成果最有效。例如,泰勒等学者编制了许多测验去测量学生是否掌握了教师要求他们学习的那些知识点,据此辨别、区分有效的目标模式。

目标参考测验以教学目标为评价标准,关注教师教学目标的实现与否。它和教育目标分类学的出现联系在一起,注重以目标为参照系进行价值评判,这是教学评价第二个发展时期的突出特色。该阶段对现代评价标准的发展做出了积极贡献。

3. 基于项目反应理论的教学评价阶段

20世纪80年代到20世纪末，教学评价又有了新发展，这是现代教学评价的第三个发展阶段。在该阶段，项目反应理论把教学评价引向了计算机化和因人施测的方向。模糊评价法发展了教学评价的数据处理技术，枯巴等人又提出了"第三代教育评价"方法，突出了教学评价中的人文主义精神，强调评价者和评价对象之间的不断交互作用、共同建构和全面参与，对教学评价做了有益的反思和建设性构想。阿莫纳什维利在总结20世纪60至70年代实验的基础上，提出了实质性评价理论。实质性评价是贯穿于教学过程始终的特殊教学活动，包括教师的评价、在集体学习活动中的评价、在学生个体学习活动中的评价三种形式。该阶段特别重视学生自我评价能力的形成，重视设计良好的教学评价心理氛围，以及重视教学评价的定性描述和定量描述等。总的说来，现代教学评价的第三个发展阶段，开始着重关注教学评价的人文精神和教学评价本身的教育作用。

4. 基于大数据的教学评价阶段

21世纪以来信息技术飞速发展，大数据技术的产生促进了教育评价活动的转型。教育大数据技术推动了教育评价中数据驱动决策的实现，为多方参与教育评价、实现发展性学生评估等提供了良好的技术支持；同时，平板电脑、数码笔、可穿戴设备等技术的发展，可以实时地记录学生的学习行为及状态，可实现对学生学习全过程的数据采集，为教育领域中实现基于数据分析的教育评估与决策提供了技术支持；另外，各类可视化分析工具能够在稀疏的教育大数据中过滤、挖掘各类隐含的教育信息和规律，帮助理解学生个人知识体系的构建过程，探索学生个体的社会学习网络的演化规律，揭示教学活动在特定时空呈现的特征。

7.1.3 教学评价的发展趋势

随着教学评价理论与技术的不断进步，评价内容的不断丰富，评价对象的不断拓展，未来将呈现出以下发展趋势。

1. 评价模式的多样化与综合化

教育评价正朝着多元化方向发展。迄今为止，已发展出了各种各样的教学评价方法和技术。不同的教学评价方法和技术，有着各自不同的优势和不足。为了让教学评价更加准确和全面，可以把多种不同的评价技术进行整合运用。例如，强调定性与定量相结合、模糊与精确相结合、日常观察和系统测验相结合、他评与自评相结合等。特别是信息化环境下的教学评价，更需要多样化与综合化的评价方式。

2. 注重教学评价的教育性功能

在教学评价中，人们最初重视的是其管理性功能。实践表明，过于关注管理性功能而忽视教育性功能的教学评价，往往给学生的身心发展带来消极的影响。现在，教学评价的教育性功能逐渐受到了重视。例如，形成性评价和真实性评价，它们强调教学评价作为教学活动的一个重要环节，应自觉地服务于教学宗旨，成为实现教学目标的促进性力量，促进学生身心的全面发展。

3. 重视学生评价能力的发展

具有良好的评价能力,帮助学生提高评价水平,是现代社会对学校提出的基本要求之一。在整个教育活动体系中,教学评价是发展学生评价能力的基础性活动,应该重视评价活动中学生评价能力的培养。也就是说,要通过教学评价,使学生掌握有关评价的原理、标准和方法,通过自评、互评和师评相结合,给予学生评价自我和他人的机会,从而提高其评价能力。

7.2 教学评价方法体系

教学评价方法可分为传统教学评价和现代教学评价两大类。

7.2.1 传统教学评价方法

传统教学评价方法包括诊断性评价、形成性评价和总结性评价。这三种评价方法分别发生在教学活动的不同阶段,共同指导着教学活动的有效执行。

1. 诊断性评价

诊断性评价也称为教学前评价或前置评价,一般是指在某项教学活动开始之前对学生的知识、技能以及情感等状况进行的评测。通过这种评测可以了解学生的知识基础和准备状况,以判断他们是否具备实施当前教学目标的条件,为因材施教提供依据。这种评价方法也可在教学过程的某个特定阶段中开展,为教师及时了解、分析、判断学生的学习情况,找出导致学习困难的原因提供依据。

诊断性评价最大的作用就是让教师能够对自己的教育对象做到心中有数,对学生的已有知识、道德情感、性格特点等都有所了解,以便于在下一步的教育教学活动中抓住有利的时机,有针对性地、及时准确地对学生的学习行为做出评价,从而收到较为理想的教育教学效果。

在教学的不同时期实施诊断性评价所起到的作用是不同的。学年或课程开始之前的诊断性评价主要用来确定学生的入学准备程度并对学生进行适当安置;教学过程中的诊断性评价则主要用来确定妨碍学生学习的原因。

应用诊断性评价的流程图如图 7-2-1 所示。

(1) 在学年或课程教学开始之前通过各种诊断性评价方法收集与学生相关的信息,包括知识准备,学习态度等。

(2) 根据收集的信息,明确学生的起点水平与个体差异。

(3) 根据学生的个体差异因材施教。

(4) 在教学过程中也可以恰当地实施诊断性评价,以确定妨碍学生学习的因素,为教师及时调整教学策略提供依据。

2. 形成性评价

对形成性评价含义的描述数不胜数,较具代表性的是美国教育学家斯克瑞文所提出的

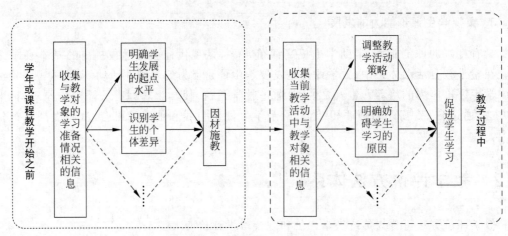

图 7-2-1　诊断性评价应用的流程图

概念:"形成性评价是通过诊断教育方案或计划、教育过程与活动中存在的问题,为正在进行的教育活动提供反馈信息,以提高实践中正在进行的教育活动质量的评价。"它重视评价的教育性和发展性,强调评价活动应该以反馈教育信息、调节教育过程、规范教学管理、提高教育质量和效益,以保证更好地实现教育目标。

形成性评价的核心在于为教学提供反馈信息,方法包括有自我评价、互相评价、教师评价等,依据这些评价结果可以判断学生是否取得预期的学习成果,再依据判断结果进行个别辅导或者集体辅导以及强化学习等,其应用的流程图如图 7-2-2 所示。

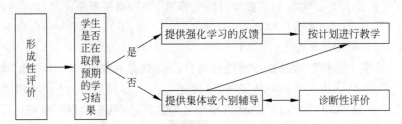

图 7-2-2　形成性评价应用的流程图

在图 7-2-2 中,自我评价是指学生在学习过程中依据评价标准对自己的学习和行为进行的评价,它不仅可以促进学生进行自我反思,还可以提高学生的自信心;互相评价是在教学过程中,以划定的学习小组为单位,依据评价标准,同伴之间对彼此的学习条件、学习过程及学习效果做出的评价,这对鼓励学生合作和向他人学习具有重要意义。

形成性评价目前在强化学生学习、促进学生学习方式转变、给教师提供反馈这三方面起到了一定的辅助作用。

3. 总结性评价

总结性评价也称后测,是在学期、单元或课程结束后,为了判断该学生学到的技能和知识而实施的评价。其功能是:对学生的学习结果做出判断,鉴定成效;为学生的学习提供反馈;证明学生掌握知识、技能的程度和学习态度。施良方曾对总结性评价的含义做出过阐述:"总结性评价或称终结性评价,是在课程计划实施之后关于其效果的评价。它是一种事后评价,目的是要获得对所编制出来的课程质量有一个'整体'的看法。"一般来说,在经过一段时间的学习之后,对学生进行总结性评价是很有必要的。

总结性评价注重于学生对某门课程整个内容体系的掌握,对学习成果进行全面的确定,重点考查学生达到学习总目标的程度,因此总结性评价实施的次数或频率不多,一般是一学期或一学年两三次(如期中、期末考查或考试以及毕业会考等均属于此类);它的概括水平一般较高,评价内容包括的范围较广。

在课程教学中实施总结性评价一般遵从以下流程图,如图 7-2-3 所示。

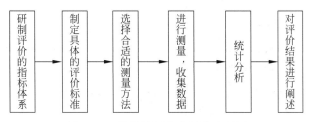

图 7-2-3　总结性评价应用的流程图

(1) 明确评价的目的,根据评价的目的研制评价的指标体系(这里要求评价指标是评价目标某个方面的具体化,具有行为化、可测量的特点,是直接的、具体的评价内容)。

(2) 对各评价指标制定具体的评价标准。

(3) 选择合适的测量方法,如正式的测验、结构化的调查等,测定各评价指标的数据和信息。

(4) 对测量的数据进行统计分析,如对测验结果予以标准化评分,对调查结果进行统计分析等。

(5) 最后,对评价的结果进行阐释。

4. 传统教学评价方法的总结

传统教学评价方法可以在一定程度上对学生学习状况、教师教学情况以及教学管理等方面做出评价。诊断性评价、形成性评价和总结性评价,这些传统教学评价方法的对比如表 7-2-1 所示。

表 7-2-1　传统教学评价方法的对比

	诊断性评价	形成性评价	总结性评价
定义	某项教学活动开始之前对学生的知识、技能以及情感等状况进行评测	通过诊断教育方案或计划、教育过程与活动中存在的问题,为正在进行的教育活动提供反馈信息,以提高实践中正在进行教育活动质量的评价	也称为后测,是在学期、单元或课程结束后,为了判断该学生学到的技能和知识而实施的评价
使用时机	课程或学期、学年开始时,教学过程中需要时	每节课或单元教学结束后,位于教学周期的中期	一段教学过程结束后,一般每学期一两次,位于中后期
方法	通过测评等方法收集知识储备、能力水平、学习态度等信息	自我评价、互相评价、教师评价	如期终或学年考试、结业考试等

续表

	诊断性评价	形成性评价	总结性评价
功能	① 使教师对自己的学生做到心中有数。 ② 前期评价确定学生的入学准备程度并对学生进行适当安置。 ③ 中期评价确定妨碍学生学习的原因	核心目的在于为教学提供反馈信息,指导教学实践	① 对学生的学习结果作出判断,鉴定成效。 ② 为学生的学习提供反馈。 ③ 评测学生掌握知识、技能的程度和学习态度

随着教育理论的不断完善、教育模式的不断丰富,传统的教学评价方法已经不能满足现代化教学的需要,主要存在以下不足。

(1) 评价内容仍然过多地倚重学科知识,特别是课本上的知识,而忽视了实践能力、创新精神、心理素质以及情绪、态度和习惯等综合素质的考查。

(2) 评价标准仍然过多地强调共性和一般趋势,忽略了个体差异和个性化价值的考量。

(3) 评价方法仍以传统的纸笔考试为主,过多地倚重量化的结果,而很少采用体现新的评价思想、质性的评价手段与方法。

(4) 被评价者仍多处于消极的被评价地位,基本上没有形成教师、家长、学生、管理者等多主体共同参与、交互作用的评价模式。

(5) 评价重心仍过于关注结果,忽视被评价者在各个时期的进步状况和努力程度,没有形成真正意义上的以评促学、以评促教、以评促改等评价目标,不能很好地发挥评价促发展的功能。

鉴于以上,许多教育学家又分别提出了一些现代的教学评价方法。

7.2.2 现代教学评价方法

现代教学评价方法体现了教学评价的多样化与综合化,同时注重教学评价的教育性功能,重视学生评价能力的发展。

1. 表现性评价

我国对于表现性评价(Performance Assessment)的译法不尽相同,有些学者译为"实作评量",也有些学者译为"表现性评价""表现性测验"等,本书使用"表现性评价"这个译法。表现性评价强调通过完成一些实际的、比较复杂的、需要学生综合运用多种知识和技能才能解决的任务,来诱导学生的真实表现,以此来评价学生掌握和运用知识的能力、分析和解决问题的能力,以及思考与判断的能力等。表现性评价属于质性评价的范畴,它是对学生的理解能力与行为表现进行直接而系统的评价。

表现性评价和教学过程通常是相互"缠绕"的,如图 7-2-4 所示。表现性评价的实施有两大要求:一是要求学生执行任务;二是要求要有判断结果和表现的评价标准。一般依据对学生表现和学习结果的预期目标,可设计出表现性任务及其评分规则。因此,表现目标、表现任务和评价规则就构成了表现性评价的三个核心元素,如图 7-2-5 所示。

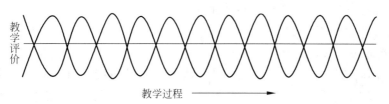

图 7-2-4　表现性评价与教学过程的交互关系

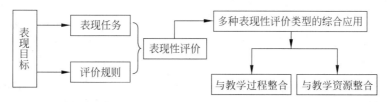

图 7-2-5　表现性评价的概念示意

表现性评价的实施步骤如下。

(1) 制定评价目标,将自己的评价目标明确地、具体地描述出来。

(2) 明确评价内容,进行科学性的论证,将其分解为可观察的具体行为。

(3) 建立评价规则,包含评价标准的各种指标,以便对学生进行观察和判断。

(4) 测试规则的确定以及任务如何在学生中开展,其关键是让学生参与评价。

2. 过程性评价

过程性评价的"过程"是相对于"结果"而言的,具有导向性。过程性评价不是只关注过程而不关注结果的评价,更不是单纯地观察学生的表现。相反,关注教学过程中学生智能发展的过程性结果,如解决现实问题的能力等,及时地对学生的学习质量水平做出判断,肯定成绩、找出问题,是过程性评价的一个重要内容。

过程性评价的功能主要不是体现在评价结果的某个等级或者评语上,更不是要区分与比较学生之间的态度和行为表现。从教学评价标准所依据的参照系来看,过程性评价属于个体内差异评价,也即"一种把每个评价对象个体的过去与现在进行比较,或者把个体的有关侧面相互进行比较,从而得到评价结论的教学评价的类型"。其评价功能主要在于及时地反映学生学习中的情况,促使学生对学习的过程进行积极地反思和总结,而不是最终给学生下一个结论。过程性评价的实质在于过程中的价值判断,其实施步骤包括以下五个环节。

(1) 明确评价的内涵和标准。

(2) 确定评价方案和工具。

(3) 收集数据。

(4) 解释和利用反映学习质量的结果。

(5) 反思和改进评价方案。

因此,过程性评价具有如下特点。

(1) 关注学习过程。学生在学习的过程中会采取不同的学习方式,不同的学习方式又会导致不同的学习结果。而传统的评价方法与评价工具,侧重于对表层式学习方式所产生的学习结果的评价与测量,对于那些由深层式学习方式所导致的学习结果要么不予关注,要么无法评量,结果形成评价死角。过程性评价却关注了学生学习过程中的学习方式并加以评价,从而引导学生自身的反思与改进。所以说,过程性评价很好地填补了上述的评价死角。

(2)重视非预期结果。学生的学习过程是丰富多样的,不同的学生会有不同的学习经历,从而产生不同的学习结果。传统目标导向的学业评价,将评价的目标框定在教育者认为重要的、十分有限的范围内,这种做法使得很多有价值的教育目标被忽视,评价导向的积极作用被削弱。过程性评价则将评价的视野投向学生的整个学习经验领域,认为凡是有价值的学习结果都应当得到评价的肯定,而不管这些学习结果是否在预定的目标范围内。这样,学生的学习积极性大大提高,学习经验的丰富性大大增强。这正是现代教学所期待的最终目标。

应当指出的是,过程性评价也会对学习的结果进行评价,与传统评价所不同的是,这里的结果是过程中的结果,并且其评价标准不是预设的,而是目标游离和价值多元的。例如,学生的一些非正式的学习活动,如与人讨论、浏览网络、看视频或者阅读一些教师所列书单上没有的书籍等,都可能引发新的思考,这些新思考往往成为新思想、新发现的重要来源。

3. 发展性评价

发展性教育评价思想是20世纪80年代后发展起来的,它以多元智能理论、成功智力理论和建构主义等理论为基础,是关于教育评价的较新理念。它一方面注重教师个人价值、专业价值的体现,最大限度地发掘教师的潜能,促进教师的长远发展;另一方面,通过搭建发展性课堂教学平台,有效地发现和发展学生的潜能,促进全体学生的自主发展,特别创新素质和实践能力的发展。

发展性评价是以发展性教育评价理念为基础,以充分发挥评价的促进作用为根本出发点,以融合教学与评价为核心,以教师运用评价工具不断开展行动研究和反思、改进教学为途径,并最终促进学生学习与教师教学的共同发展,其实施流程图如图7-2-6所示。

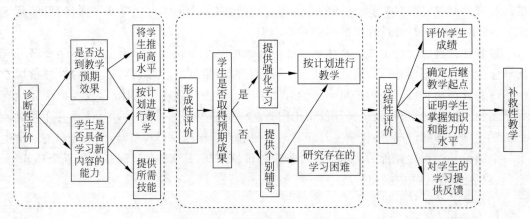

图 7-2-6 发展性评价的实施流程图

(1)评价准备。任何一项评价工作在实施之前都要明确"为什么评,由谁评,评什么,怎样评"这四个问题。

① 为什么评:发展性评价的目的主要是为了促进学生的发展。

② 由谁评:发展性评价强调评价主体的多元化,教师、学生、家长都是评价的主体。

③ 评什么:从知识与技能、过程与方法、情感态度与价值观等方面进行评价。

④ 怎么评：发展性评价强调评价方式的多样化，综合采用多种工具和手段。

（2）评价实施。在发展性评价的实施过程中，要包括教学之前的诊断性评价，教学过程中的形成性评价，教学末的总结性评价以及教学后的补救性教学这四步。

（3）评价信息的收集与分析。这是全面评价学生的关键，评价信息通常包括学生的自我评价、同伴的观察与实践、来自家长的信息、考试和测验的信息、成绩与作品集以及其他有关说明学生进步的信息等。

（4）评价结果的反馈。发展性评价的目的是促进学生的全面发展。所以，在一段学习过程结束后，对收集的学生评价信息进行理性的、多元的分析，给出评语和相关的等级描述后，要及时反馈给学生，并提出改进要点，帮助学生制订改进计划等。

4．现代教学评价方法的总结

现代教学评价方法的对比如表 7-2-2 所示。

表 7-2-2　现代教学评价方法的对比

	表现型评价	过程性评价	发展性评价
定义	通过完成一些实际任务，诱导学生的真实表现，以此评价学生掌握和运用知识的能力	对所确定的方案实施过程性的评价，为方案的制定者提供反馈信息，用于发现方案实施过程中的潜在问题	建立促进教师和学生发展的评价体系，实现教师与学生的共同发展
使用时机	教学中以及教学后	贯穿在教学前、教学中以及教学后	整个教学阶段
方法	设置表现性任务，要求学生完成，并根据评价标准对学生的完成情况进行评价	① 等级量表。 ② 自我汇报表和学习日志。 ③ 观察表。 ④ 角色扮演和模拟。 ⑤ 诊断式谈话等	交流评议、案例分析、档案袋评价、教师评价等方法
功能	① 评价学生掌握和运用知识的能力。 ② 测评学生对某一学科内容的整合能力、对知识的应用能力、问题解决能力，以及思考与判断能力等	① 对学生的学习质量做出判断，肯定成绩，找出问题。 ② 及时地反映学生学习中的情况，促使学生对学习的过程进行积极的反思和总结	① 最大限度地发掘教师的潜能，促进教师的长远发展。 ② 通过搭建发展性课堂教学平台，发现和发展学生的潜能，促进学生的自主发展

简而言之，现代教学评价的主要目的不再是"为了证明"，而是"为了改进"。即虽然教学评价具有诊断、强化、调节和教学四大功能，但现代教学评价更加强调其"诊断"的功能。

7.3　不同环境下的教学评价策略

根据教学活动实施环境的不同，可将教学评价分为课堂面授环境下的教学评价、网络教学环境下的教学评价和混合式学习环境下的教学评价三种。它们可分别对应不同的评价策略和方法。

7.3.1 课堂面授环境下的教学评价

课堂是学校进行教育活动的主要场所,也是在教学评价中的一个重要的应用环境。课堂面授环境下的教学评价是指在师生面对面的传统课堂教学中,根据教学目的和教学原则采取恰当、可行的评价方法和技术,对教学过程及预期的一切效果给予价值上的判断,以提高面授教学活动质量的评价。这是整个教学过程一个重要的组成部分。

课堂面授环境下的教学评价,易将评价融于课堂。相较于网络教学与混合式学习,在传统的面授环境下,教师可以通过声音、眼神、动作等观察学生的课堂行为或与学生进行沟通交流,更直接、更主动地获取评价信息。同时,在传统课堂环境下,易于实施集中评价。由于面授环境下的特点,学生都集中在同一教室,教师通过对整个课堂的把握,可以对学生整个课堂的行为表现进行整体性评价。

1. 遵循原则

在现代教育评价"合理化、人性化、民主化"等理念的指导下,课堂面授环境下教学评价的实施应遵循以下三个原则。

(1) 量化评价与质性评价互补。在教学评价过程中既要采取以考试测量为主的量化评价,也要采用以观察、访谈为主的质性评价,二者的结合使用既可以体现教学评价对科学化、合理化的追求,也可以表现人文化的关怀。

(2) 诊断性评价、形成性评价与总结性评价相结合。正如前面所述,要破除以考代评、为评而评、以评定性的做法,建立诊断性评价、形成性评价、总结性评价相结合的教学评价方法体系。

(3) 他人评价与自我评价结合。他人评价关注的是评价者的意见,自我评价比较关注评价对象的感受与意见,二者的结合可以使评价中的客观性与人性化得到兼顾。

2. 实施步骤

课堂面授环境下的教学评价实施流程图如图 7-3-1 所示。

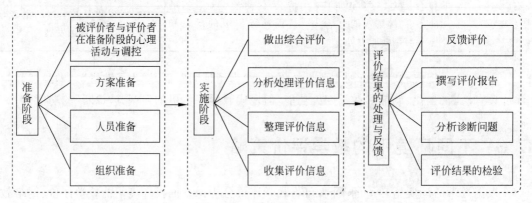

图 7-3-1　课堂面授环境下的教学评价实施流程图

(1) 首先是准备阶段。主要就为什么评价、谁来评价和评价什么等问题做充分准备,它包括组织准备、人员准备、方案准备、被评价者和评价者的心理调控等多个方面。

(2) 其次是实施阶段。这是教学评价活动的中心环节,主要任务是运用各种评价方法和技术收集各种评价信息,并在整理评价信息的基础上做出价值判断,同时对评价者和被评价者的心理进行调控,以保证评价工作的顺利进行。

(3) 最后是评价结果的处理与反馈阶段。这一阶段的主要任务是检验评价结果、分析诊断问题、撰写评价分析报告以及反馈评价结果等。

7.3.2 网络教学环境下的教学评价

网络教学环境下的教学评价是利用信息技术工具对网络教学活动、网络学习活动、行为、表现、成果等进行评价、引导、价值判断的方法,它既是网络教学的重要组成部分,也是网络教学能否成功的关键因素之一。

1. 特色与特性

网络教学环境下的教学评价除了具备教育评价之价值判断、评价发展、参照标准等三个方面的含义外,与其他环境下的教学相比,它又体现出鲜明的特色,如教与学的活动在时空上的分离、网络教学的实现需要可靠而安全的网络传输系统、学生的学习主要是自主学习等。除此之外,网络环境下的教学评价还具备以下三个显著特性。

(1) 注重评价的过程性,强调利用即时反馈的信息来指导、监控甚至补救网络教学活动。

(2) 便于收集与学生相关的客观评价信息。在网络教学活动中,运用信息技术可以将师生之间的互动信息、学生之间的合作过程等客观地记录下来,从而为教学评价的实施提供丰富的评价资源。

(3) 缩短了评价的周期。这一点对根据评价反馈结果及时调整教学活动来说至关重要。

2. 过程

网络环境下的教学评价是一个动态的过程,尽管对不同评价对象的评价方式会有所不同,但都经历了准备、实施、处理与反馈四个阶段,如图 7-3-2 所示。

图 7-3-2 网络环境下的教学评价内容

（1）准备阶段：包括确定评价目标、制定评价指标体系，还包括选择信息来源和信息处理方法，也包括生成试卷或评价量表、调查问卷、质量诊断表等。

（2）实施阶段：收集与学生相关的评价信息，与传统面授环境下的教学评价相比，网络环境下的评价可以收集师生在网络平台中的交互信息以及学生在平台的行为表现信息，这部分信息能比较客观地反映学生在网络平台的实际表现。

（3）处理阶段：对收集的信息进行统计分析，形成综合判断，最终得到评价反馈结果。

（4）反馈阶段：每隔一段时间就要对学生的学习成果进行评价，并借助网络平台中的交流工具给予反馈，这非常有利于学生及时修正自己的学习内容、学习方式、学习态度等。

从图 7-3-2 可见，网络环境下教师对学生学习行为表现的评价主要从两个方面进行：一是对学生在网络学习过程中的表现进行评价，强调形成性评价的作用；二是对学生网络学习的结果进行评价，强调总结性评价的作用。学习过程方面包括答疑情况、交互程度、资源利用情况、协作精神；学习结果方面包括作业情况、测评考试，这些都可以纳入评价的范围。

7.3.3 混合式学习环境下的教学评价

混合式学习(Blended Learning)把面对面教学和在线学习两种学习模式有机地整合，包含学习活动、学习资源与学习评价等基本要素，其中学习评价对促进学生的知识建构、激发学生的动机与提升教师的专业技能具有重要的作用。因此在混合式学习环境下，有效的教学评价是影响混合式学习效果的重要因素之一。

混合式学习环境下的教学评价是根据教学目标，收集在混合情境下学生学习过程的客观资料、信息和数据，对学生的学习态度、学习行为和学习结果进行科学的量化分析，并做出价值判断的过程。由于混合式学习综合运用了多种学习理论、多种教学媒体，其学习环境、学习内容、学习方式都发生了变化，因此对混合式学习的评价方法与评价信息的获取方式也提出了更高的要求，需要综合多种评价方法来共同进行评价，具体原则如下：

（1）多样化的评价方式。由于混合式学习综合运用了不同的学习理论、技术手段和学习方式，在设计学习评价时，也要有多元化的思想，这与混合式学习的宗旨一致。

（2）传统评价与基于网络技术的评价相结合。网络学习在混合式学习中占有相当大的比例，如何应用教学平台的技术手段，对学生的学习行为、学习历程、学习结果等进行分析评价，是决定混合式学习评价成功与否的关键。

（3）强调对作品的评价。通过最终的作品评价，可以检视学生掌握的基本知识、技能与知识迁移能力。

混合式学习环境下教学评价的基本要素包括评价目的、评价主体、评价内容、评价标准等。首先，它强调以学生为中心，以评价学生的学习情况为目的，并为混合式学习的有效开展提供反馈信息；其次，混合式学习的评价主体往往包括学生与教师，评价方式可以是教师评价、学生自我评价、学生互相评价等。混合式学习环境下实施教学评价的基本过程为确定评价目标、设计评价工具、收集反映学习情况的数据和资料、分析评价、提供反馈信息等几个环节，具体过程如图 7-3-3 所示。

7.3.4 不同环境下的教学评价策略对比

不同环境下的教学评价策略对比如表 7-3-1 所示。

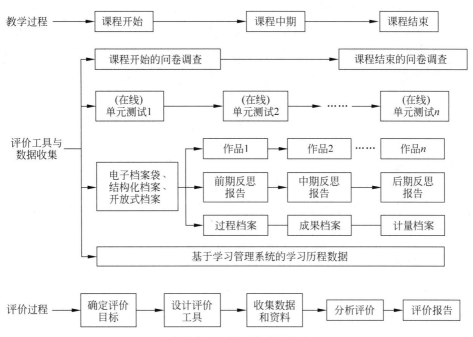

图 7-3-3 混合式学习环境下教学评价的过程及工具

表 7-3-1 不同环境下的教学评价策略对比

	课堂面授环境	网络教学环境	混合式学习环境
定义	在传统课堂教学中采取恰当、可行的评价方法和技术,对教学过程及预期的一切效果给予价值上的评价	基于网络教学活动,利用信息技术和工具对网络学习行为表现进行引导和价值判断的方法	根据教学目标、收集学生学习过程的资料、信息和数据,对学生的学习态度、学习行为和学习结果进行量化分析,并做出判断的过程
特点	易将评价融于课堂;易于集中实施评价	注重评价的过程性;便于收集与学生相关的客观评价信息;缩短了评价的周期	强调以学生为中心;混合式学习的评价主体往往包括学生与教师;评价方式可以是教师评价、学生自我评价、学生互相评价等
原则	量化评价与质性评价互补;诊断性评价、形成性评价与总结性评价相结合;他人评价与自我评价结合	对学生网络学习的结果进行评价,强调总结性评价的作用;对学生在网络学习过程中的表现进行评价,强调形成性评价的作用	多样化的评价方式;传统评价与基于网络技术的评价相结合;强调作品评价

7.4 信息化环境下教学评价的技术工具

信息化教学强调以学生为中心,教师与学生的角色也都在发生着巨大的变化:学生成为知识的主动建构者,而教师则成为助学者。在这种形势下,传统的以教师为中心的教学评价工具显然已经无法满足现代信息化教学的要求,这就促使着能适应信息化教育的、以学生为中心、关注学习过程的新型信息化教学评价工具的产生,量规、电子文件夹与概念图等则是符合上述要求的新型评价工具,同时还有专业的教学评价软件和平台为教学评价提供了方便。

7.4.1 基于 Excel 数据分析软件的教学评价

Excel 是美国 Microsoft 公司开发的电子表格软件,附带在 Office 办公自动化应用软件中。Excel 中文版大约有 300 多个工作表函数,基本上可以满足教学情况统计与分析的数据处理要求。该软件具有绘制统计图的功能,能够方便地绘制出各种形式的图形。该软件同时具有强大的电子表格处理功能,还带有分析工具宏,能通过菜单管理形式直接进行各种统计数据处理分析。在教学评价的数据分析中,常用的 Excel 功能如下。

1. 统计函数功能

Excel 内置大量函数,可以直接调用。在标准工具栏上有一个 fx 按钮,单击此按钮后,将会出现"粘贴函数"对话框,然后在"或选择类别"下拉列表框中选择"统计"选项,下面的列表框中即会出现各种统计功能,可直接单击调用相关函数。例如,根据学生的成绩表,用 Excel 能快速地计算出实考人数、平均分、最高分等,得到如图 7-4-1 所示的各类成绩或参数的统计数据。

科目	班级	任课教师	实考人数	及格人数	优秀人数	平均分		优率		良率		及格率		极差率		标准差		最高分		平均相对分	
						班级	任教班	班级	任教班	班级	任教班	班级	任教班	班级	任教班	班级	任教班	班级	任教班	班级	任教班
语文	初三(1)班	沈和	41	40	4	120.93	121.60	9.76	10.84	82.93	80.72	97.56	98.80	0	0	11.68	11.50	143.0	143.0	0.05	0.72
	初三(5)班		42	41	5	122.26		11.90		78.57		100.00				11.42		142.0		1.38	
	初三(2)班	吴娟	38	37	3	121.39	121.78	7.89	8.22	84.21	84.93	97.37	98.63	2.63	1.37	14.16	12.61	140.0	141.0	0.51	0.90
	初三(4)班		35	35	3	122.20		8.57		85.71		100.00				10.88		141.0		1.32	
	初三(3)班	陈善乐	40	40	1	119.40	119.39	2.50	3.53	85.00	85.88	100.00	98.47	0	0	10.88	11.49	140.0	140.0	-1.48	-1.49
	初三(6)班		45	42	2	119.38		4.44		86.67		93.33				12.13		140.0		-1.50	
	年级		241	236	18	120.88		7.47		83.82		97.93		0.41		11.85		143.0			

图 7-4-1 学生的各类成绩参数

2. "数据分析库"功能

Office 电子表格系统并不能直接用来进行统计数据的处理分析,需要通过加载宏,即启动"数据分析"宏"分析工具库"后,系统才能运行数据处理分析工具,具体步骤如下。

第一步:打开 Excel 电子表格系统后,如果在"工具"下拉菜单中有"数据分析"命令,则可以直接使用;如果没有"数据分析"命令出现,则进行下一步操作。

第二步:在"工具"菜单中选择"加载宏"命令,在弹出的"加载宏"对话框中选中"分析工具库"复选框,然后单击"确定"按钮。

第三步:在"工具"菜单中出现"数据分析"命令,即完成了 Excel 数据分析宏程序的加载。

第四步:在"工具"菜单中选择"数据分析"命令,就会弹出"分析工具"对话框,在对话框中单击使用的统计工具,如描述统计,内容包括有平均、标准误差(相对于平均值)、中位数、众数、标准差、方差、峰值、偏斜度、极差、最小值、最大值、总和、总个数、最大值、最小值和置信度等相关项目,然后单击"确定"按钮。

设置以上部分数据,即可运行统计数据的处理分析工具,得到如图 7-4-2 所示的考试成绩和学习描述统计表。

成绩		学习时间	
平均	78.64285714	平均	62.9142857
标准误差	2.408241878	标准误差	1.9265935
中位数	85	中位数	68
众数	98	众数	78.4
标准差	18.02163202	标准差	14.4173056
方差	324.7792208	方差	207.858701
峰度	1.464424408	峰度	1.46442441
偏度	-1.130551511	偏度	-1.1305515
区域	85	区域	68
最小值	15	最小值	12
最大值	100	最大值	80
求和	4404	求和	3523.2

图 7-4-2　考试成绩与学习时间的描述统计表

3. 制图功能

Excel 的"图标向导"功能可以提供多种图形,单击"图标向导"按钮,就可以启动该功能。在左侧栏选择图表的类型,然后在右侧栏中选择该类型的子类型后,按步骤即可完成制图过程。如可将学生成绩表制成统计图,如图 7-4-3 所示,就可以形象、直观地反映数据的情况。

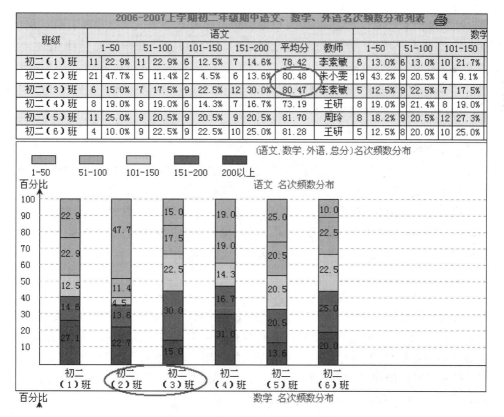

图 7-4-3　学生成绩名次的频率分布

除了上述常用功能外，Excel 还能与 Internet 共享资源，即利用 Visual Basic for Application(VBA)语言开发面向特定应用的程序，这里不再详述。

7.4.2 基于量规的教学评价

量规是一种结构化的定量评价工具，它常以二维表格的形式呈现。在传统的教学评价中，针对非客观性试题或任务的评价就是采用量规法，但评价颗粒度很粗糙。在现代教学评价中，可以依托教学任务和内容制定更加细致的量规。例如，学生的口头表达能力、团队协作能力等方面。

量规译自英文 rubric，意指评价表或评价细则。我国学者祝智庭教授将其定义为"一种结构化的定量评价工具，可以用来评价学生电子作品，可操作性强，准确性高，既可以让教师评，也可以让学生自评和互评"。综合相关研究，可以看出所谓量规是用于评价多种学习活动的量化标准，往往从与评价目标相关的多个方面详细规定评级指标，具有操作性好、准确性高等特性，是教学评价的常用工具。

在日常教学中，设计一个量规并不难，难的是如何设计最适合当前教学评价要求、具有实际价值、操作性强的量规。根据相关研究，一个高效用的量规具有如下特点。

(1) 量规应当包含影响评价绩效的所有重要元素，并具有"约定性"，一般来说，对教学效果产生重要作用的元素，都要列为量规的评价元素。

(2) 量规的评价元素应当根据教学目标需求、学生认知水平和学习环境特点进行合理设置，教学目标的不同决定着量规评价元素的差异。

(3) 量规评价元素的权重设定，应当根据教学目标的侧重点或重要性而有所区别，合理设定各评价元素的权重，不但有助于进行有效的评价，还能更好地引导学生把握学习的重点。

(4) 量规中的评价等级应当是明显的、全面的和描述性的，描述的语言是具体的和可操作的，等级的确定应当能明确涵盖或反映预期教学绩效的范围。

(5) 量规中的每个元素都要尽量细化到不可再分，这样可以使该元素下制定的评价标准具有可行性和可操作性。

至此，已经明确一个高效用量规所具有的特点，那么该如何设计与开发一个高效用的量规呢？首先要明确，量规是基于绩效的评价，它与课程或学习标准紧密结合，充分运用特定的标准形成多主体、多维度评价，适用于评价多样化的学习活动效果。例如，在表现性评价中，教师首先需要设定表现型任务，如表演、展示、操作、写作等，然后要求学生去完成，最后通过量规对学生的口头表达能力、文字表达能力、思维能力、创造能力、实践能力等进行评价。

量规的设计与开发基本遵循下列基本步骤。

(1) 明确学习目的和目标。在教学与评价过程中，学习目的与目标都起着关键作用，它们指导教与学，向其他人传递教学意图并提供评价学生学业的指导意见。因此，在设计量规前首先要明确学习目标，对学生目标的清楚描述能够对量规的设计提供指导。

(2) 根据学习目的和学习目标确定评价目的，再根据评价目的列出评价指标。一个有效的量规，应包含所评价绩效的所有重要元素。

(3) 制定评价标准及水平等级。在文献分析、调查问卷、访谈的基础上制定相应的等级,需涵盖预期绩效的全部范畴,每个等级应代表明显不同的层次,不能重叠或模棱两可,等级描述的语言应当清晰、具体且具有可操作,要避免含混抽象。

(4) 给每个水平等级分配分值。量规是个复杂的评价工具,在一个分项量规中,每个等级对应的分值也会因评价标准的不同而不同。

(5) 检查、测试、修改量规。

经过上述步骤之后,一个量规已经基本成型。典型的量规如图 7-4-4 所示。

评价指标		评价标准	权重	评价等级及分值				得分			小计
				A(5分)	B(4分)	C(2分)	D(1分)	自评	互评	教师评	
探究技能	制订计划	能独立制订详细可行的计划,小组每位成员熟悉活动的具体内容和要求	0.5	能独立制订详细可行性的活动计划,小组成员都熟悉活动的具体内容和要求	能独立制订可行性活动计划,小组成员较熟悉活动内容与要求	能通过讨论独立订可行性活动计划,小组部分成员熟悉活动内容和要求	小组需要在他人的帮助下订订活动计划,或者大多数小组成员不熟悉活动内容和要求	4	2	2	4
	口头语言表达能力	语言概括能力强,能用流利标准的普通话进行观点阐述,对内容的说明非常清晰充分	1.5	语言概括能力较强,能用普通话完整表达自己的看法;能解答他人问题并能提出质疑;能论述自己的探究过程和结果	语言表达能力强,能完整表达自己的看法;能较详细介绍现象;能对他人的研究提出质疑	语言表达能力一般,语言语调较正确,能把自己搜集的资料基本表达出来;较少发表自己的观点	语言表达能力较差,不能概括自己所搜集的资料。与他人交流能力差,不发表自己的观点	6	5	4	22.5
	写作能力	有很强的语言驾驭能力。演讲计赛稿件文章观点鲜明,中心突出,材料具体生动,有真情实感。结构严谨,详略得当,语言得体、流畅	1.5	有很强的语言驾驭能力。文章观点鲜明,中心突出,材料具体生动,有真情实感。结构严谨,详略得当,语言得体、流畅	有很强的语言驾驭能力。文章观点鲜明,中心突出,材料具体生动,有真情实感。结构完整,有条理清晰。语言规范、通顺	有一定的语言功底。文章观点鲜明,结构基本完整,有条理。语言基本通顺,有少数错别字	文章观点不鲜明,材料难以表现中心。结构不完整,条不通顺,错别字较多	5	3	4	18
	创新实践	善于观察与思考家庭、校园与社会中的追星现象,有较强的搜集和整理资料的能力,并有丰硕成果	2	善于观察与思考家庭、校园与社会中的追星现象,有较强的搜集和整理资料的方法,并有丰硕成果	肯实践,有一定的观察思考能力,掌握搜集和整理资料的方法,有成果	搜集、整理资料的任务需要在他人的帮助下完成,成果不明显	缺乏搜集和整理资料的能力或拒绝参与实践	5	2	4	22

图 7-4-4 量规示例

7.4.3 基于电子文件夹的教学评价

长期以来,文件夹是人们收藏各类作品或资料的重要工具。在教学领域,电子文件夹也可以成为一种教学评价的工具。

电子文件夹又称为电子档案袋,是指学生运用信息技术手段表现和展示学生在学习过程中有关学习目的、学习作品、学习成果、学习付出、学业进步以及对学习结果进行反思的一整套材料。简单来说,电子文件夹就是一个记录学生发展与成长过程的网络工具,它不仅能辅助教师的教学,也能促进学生的个人成长与自我评价。

作为一种信息化教学评价工具,与传统的教学评价工具相比,电子文件夹有以下三个显著的特性。

(1) 数字化的表现形式。电子文件夹是利用现代信息技术记录学生的学习过程,并以此来评价学生学习效果的评价工具。

(2) 制作过程的参与性。电子文件夹是一种以学生为中心的信息化学习评价工具,它要求学生全程参与到整个电子文件夹的制作过程中,使学生真正成为学习的主人。

(3) 评价的过程性。电子文件夹是一种基于过程的教学评价工具,体现了"学习是个过程,学习评价也应有过程评价"的思想。在电子文件夹的使用过程中,学生能够不断地发现自己在整个学习过程中的进步与不足,从而正确地评价自己。

综合来看,电子文件夹的使用有利于记录学生成长的足迹,为学生更好地了解自己提供依据,并使学生真正成为学习的主体。它具有高效率、吸引力强、储存携带方便、易于交流等优势。在现代教育评价体系中,电子文件夹适用于发展性评价中评价信息的收集与分析,所收集的评价信息包括学生的自我评价、同伴的观察与实践、来自家长的信息、考试和测验的信息、成绩与作品集以及其他有关说明学生进步的信息等。通过分析这些信息来了解学生的学习情况,发掘学生潜能。制作一个电子文件夹看上去或许会令人望而生畏,但是如果将其分解为一系列步骤就会容易很多,归结起来,电子文件夹的设计过程包括以下四个步骤。

(1) 确定建立文件夹的目的。在建立文件夹前,师生需要确定文件夹的用途,为确定文件夹中的内容打下基础。

(2) 确定文件夹的内容。确定好建立文件夹的目的后,就要进一步思考文件夹的内容有哪些。电子文件夹中一般可以包含学生信息、学习记录、学习成果、学习依据、学习反思五大类。

(3) 评价、修改文件夹的设计。为了使文件夹的设计更加科学、合理,教师和学生要对现有的文件夹进行评价,看其中是否存在问题、是否符合学生的成长规律。在分析完这些问题后,对现有的文件夹进行修改。

(4) 教师与学生收集各个内容模块相关的信息、资料,丰富文件夹。在整个学习过程中,学生可以随时查看自己的文件夹,查缺补漏。

7.4.4 基于概念图的教学评价

概念图是建立在以图式为主的学习理论基础上的一种认知工具,它既可以为学生提供直观可视化的知识表征,促进其创造性思维的发展;又可以为教师提供一定的教学支持,方便其进行课堂教学与效果评价。随着信息技术的不断发展,多样化的技术工具大大扩充了概念图的形式和功能,使其在教学与评价中具有了更广阔的应用价值。

概念图是由美国心理学家诺瓦克(Joseph Novak)于1984年在其著作《学习如何学习》中正式提出的,自此以后概念图被广泛应用于课堂教学与评价中,特别是在知识组织和表征上发挥着重要作用。概念图通常将某一主题的有关概念放在圆圈或方框中,然后将相关的两个概念用线段连接,并在线段上标明两个概念之间的意义关系。概念图的理论基础是源自奥苏贝尔的有意义学习理论,随着教育心理学的发展,认知主义和建构主义理论也能很好地支持概念图在教学中的应用。

概念图评价就是以概念图为工具对学生掌握知识的情况进行评价的一种方法。玛丽亚·鲁伊斯-普里莫(Maria Ruiz-Primo)和理查德·谢弗尔森(Richard Shavelson)对于概念图在科学教育评价中的运用进行了深入研究,并提出了一个三维概念图成分评估的理论构架(如表7-4-1所示),这也是迄今为止最权威、引用最广泛的概念图评估理论构架。他们认为,概念图的评价是"评价任务""反应方式"和"评分体系"的综合体。

如上所述,概念图作为评价工具有两大优势:一是可以反映学生掌握已有概念、把握知识特点、联系和产出新知的能力;二是从学生所举的概念节点上可获知学生对概念意义理解的清晰性和广阔性。概念图评价工具的这两大优点,可以让教师对学生在某一知识领域的认知水平做出有效的评价。

表 7-4-1　三维概念图成分评估的理论构架

评估成分	评估变量	实　例
评价任务	任务要求	要求学生做填充概念图，从头构建概念图，排列卡片；评价概念对应关系；撰写文章；访谈等
	任务限制	学生是否被要求：建构等级图；提供任务中所使用的概念；提供任务中所使用的概念间的连接语；允许在两个节点间使用一个或以上的连接；允许移动概念直至达到满意为止；按要求定义图中所使用的术语等
	内容结构	任务要求，任务限定，某知识领域结构的交互作用等
反应形式	作答方式	采用纸、笔记、口头、计算机等
	形式特征	作答的形式特征主要与任务相匹配
	制图者	学生、教师或研究者等
评分体系	按概念图成分评分	集中在三个成分或者它们的变式；命题层；层次水平；例子等
	使用标准图	比较学生图和标准图
	成分和标准图结合	整合前两种策略给概念图评分

如图 7-4-5 所示就是一个概念图的示例，表达出概念图"概念、命题、交叉连接和层级结构"四个基本特征。概念是感知到的同类事物的共同属性，通常用专用名词进行标记；命题是对事物现象、结构和规则的陈述，在概念图中，命题是两个概念之间通过某个连接词而形成的意义上的关系；交叉连接是表示不同知识领域概念之间存在的某种关系，连接可以是单向的也可以是双向的；层级结构是概念的展现方式。

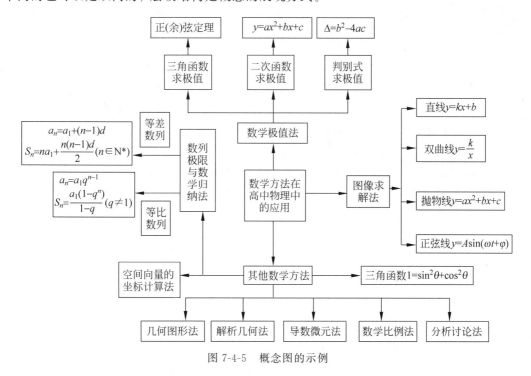

图 7-4-5　概念图的示例

概念图在现代教育评价体系的表现性评价方式中应用较为广泛。用概念图评价学生的理解水平，答案往往不是唯一的，这不但有利于培养学生的发散思维，而且有利于激发学生的创造力。同时，概念图又不是没有范围的完全开放，它有严格、客观的量规，不会因人为因素而造成评价的偏差。另外,学生在绘制概念图时,会自然地流露出认知的情感,因此概念图不仅可以用来评价学生对知识的掌握程度,同时也可用来评价其情感态度和价值观。

7.4.5 基于教学管理软件的教学评价

作为信息化教学体系的一个重要组成部分,良好、有效的教学管理与评价系统可以作为教学双方交互与反馈的平台,同时也能够起到检验教学效果、诊断教学问题的作用。

一般而言,教学管理与评价系统功能较多,主要有学生学籍、成绩管理、试卷分析、作业管理、教职工信息和办公事务管理等模块,如图7-4-6所示。在系统中,不同的模块可以实现不同的教学评价功能,但主要功能是教学质量分析,兼有评教功能和学生统计功能等。

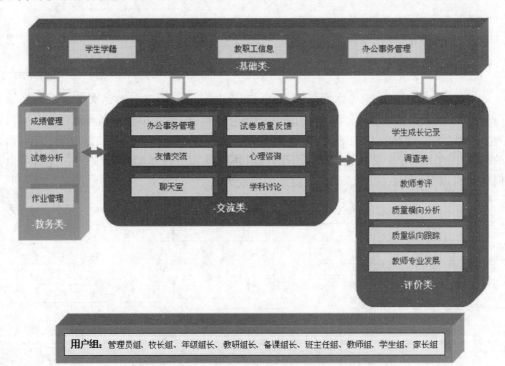

图 7-4-6 教学管理与评价系统功能示意图

教学质量分析功能是教学管理与评价系统的核心功能,主要是通过"知识点"和"认知水平"两个维度的教学测试,对教与学两个方面进行诊断和分析、反馈和调整,也包括矫正和补偿,以追求教与学的匹配和优化,有针对地提升教学质量,具体包括以下四个方面。

- 学习水平结构分析:成绩分数段人数分布、标准分、平均分、优率、良率、及格率、等级、高低分组、排名分布、得分分布等。
- 教学目标达成度分析:知识点和认知水平的双向细目表。
- 自我发展性评价:个体和群体的教学质量跟踪分析。
- 教学有效性分析:试卷的效度、信度、区分度,九宫格,SP 表等。

1. 学习水平结构分析

学习水平结构分析包括两类,即常规分析和拓展分析。其中,常规分析又包括群体优率、良率、及格率、极差率、平均分、分数段频数、名次、多种形式总分名次、离差、学年总评、成绩单等内容；拓展分析又包括等级频数、标准分、档次、M 值、百分比、高低分组、得分分布、名次频数、生源类别质量分析、班级学习水平结构分析等内容。

（1）基于群体优良率频数的常规分析。例如，群体优良率频数分析如图 7-4-7 所示，综合分析班级各分数段、最高分、最低分、平均分、标准分、T 值、优良率等信息，可以看出有两个班级的平均分一样，但 1 班两极分化现象较严重，优生和不及格学生都较多，因而 1 班教学应适当补差；2 班居中度比较高，良和合格的学生分布较多，但优秀学生相对较少，因而 2 班教学应适当提优。

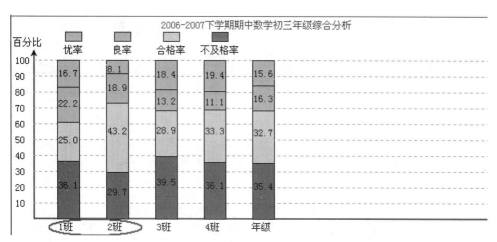

图 7-4-7　群体优良率频数分析

（2）基于平均分的常规分析。该功能可汇总多科各班级的优率、良率、及格率、极差率、平均分、名次等情况，如图 7-4-8 所示。

2007-2008上学期初三年级期中（语文，数学）平均分分析（总分=各科平均分之和

班	语文								数学						
	优	良	及格	极差	均分	名次	离差	教师	优	良	及格	极差	均分	名次	离差
1	9.76	82.93	4.88	0.00	120.93	4	0.05	沈和	51.22	39.02	0.00	7.32	123.93	6	-3.83
2	7.89	84.21	5.26	2.63	121.39	3	0.51	吴娟	63.16	23.68	5.26	5.26	126.74	4	-1.02
3	2.50	85.00	12.50	0.00	119.40	5	-1.48	陈善乐	52.50	35.00	12.50	0.00	129.30	2	1.54
4	8.57	85.71	5.71	0.00	122.20	2	1.32	吴娟	42.86	48.57	5.71	2.86	126.77	3	-0.99
5	11.90	78.57	9.52	0.00	122.26	1	1.38	沈和	40.48	42.86	9.52	0.00	125.79	5	-1.97
6	4.44	86.67	2.22	0.00	119.38	6	-1.50	陈善乐	60.00	31.11	4.44	2.22	133.38	1	5.62
小计	7.47	83.82	6.64	0.41	120.88				51.87	36.51	6.22	2.90	127.76		
年级	7.47	83.82	6.64	0.41	120.88				51.87	36.51	6.22	2.90	127.76		

注：优、良、及格、极差分别对应优率、良率、及格率、极差率，他们相应的数字后面都省略了“%”。离差=班级平均

科目	优秀分数段	良好分数段	及格分数段
语文	150-135	134-105	104-90
数学	150-135	134-105	104-90

年级/班级总分图表分析

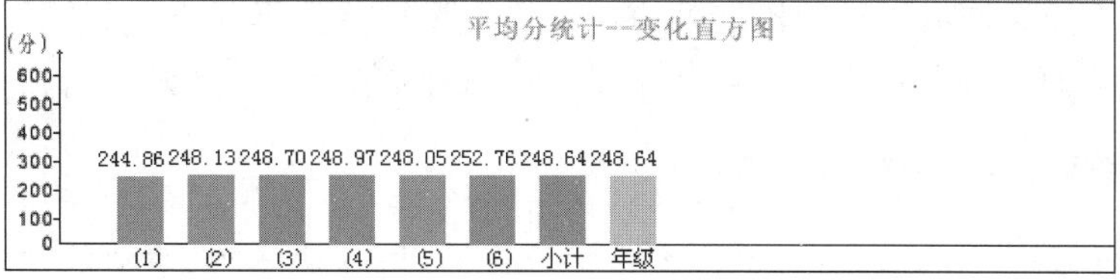

图 7-4-8　平均分分析

(3) 基于总分频数的常规分析。该功能可以统计总分各分数段的人数和所占比例,反映各班多科总分的学习水平结构,如图 7-4-9 所示。

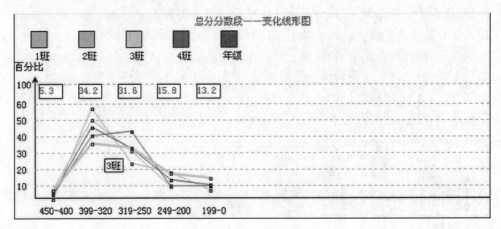

图 7-4-9　总分频数分析

(4) 基于个体学生名次的常规分析。通过统计出学生各科和多科总分的班级名次和年级名次,对学生各科成绩进行比较。同时生成多种形式的总分,为教学提供参考(如作为高中生文理分科的依据),如图 7-4-10 所示。

学籍号	姓名	学号	语文/班/年	数学/班/年	外语/班/年	总分	班	年
2027239197	廖燕	214	75(3)(31)	88(2)(32)	79(1)(34)	242.0	1	29
2027239052	吉宇波	224	76(2)(22)	88(2)(32)	66(5)(53)	230.0	2	42
2027239050	洪沁洋	222	70(8)(54)	89(1)(30)	66(5)(53)	225.0	3	47
2027239198	李玉秀	213	73(5)(37)	88(2)(32)	61(8)(66)	222.0	4	48
2027239049	胡琛斌	221	77(1)(18)	73(11)(79)	69(3)(50)	219.0	5	53
2027239048	秦骏	211	64(16)(78)	83(5)(54)	66(5)(53)	213.0	6	59
2027239051	杨晓俊	223	73(5)(37)	70(12)(82)	67(4)(52)	210.0	7	61
2027239037	李亚莉	201	74(4)(32)	78(8)(63)	55(10)(74)	207.0	8	63
2027239070	魏禛	240	71(7)(48)	75(9)(74)	55(10)(74)	201.0	9	67
2027239044	宗一琦	207	66(13)(71)	79(7)(62)	50(15)(84)	195.0	10	69
2027239040	刘嘉燕	204	70(8)(54)	49(23)(110)	71(2)(48)	190.0	11	74

图 7-4-10　个体学生名次分析

(5) 基于群体档次的拓展分析。分析各班级单科或多科总分各档次的人数和百分比例,有利于教师根据班级内部结构不同,制定不同的教学对策。例如,群体档次分析如图 7-4-11 所示,1 班 B 档人数较多,同时 D 档人数也较多,而 2 班 C 档人数多但 A 档次较少。因此,针对不同班级学生的学习水平结构,教师应采取不同的教学对策。

(6) 基于群体高低组频数的拓展分析。分析各班优秀学生和需努力学生的分布状况,为教师选拔学科竞赛和需特别辅导的学生提供依据,如图 7-4-12 所示。

2. 教学目标达成度分析与监控

使用命题双向细目表,进行教学内容与学习行为目标(认知的、情感的、技能的)达成度的分析与监控。

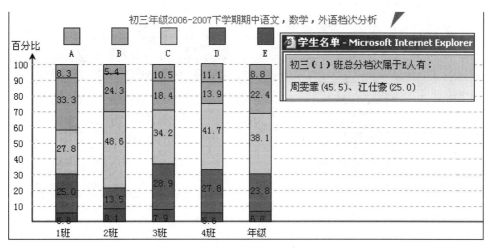

图 7-4-11　群体档次分析

2006-2007 下学期 期中 语文 数学 外语初三年级**高低组分析**			
高分组分析(27%)平均分(377.9)			
班级	班主任	人数(班比例)	名单
1班	张丽蓉	12(33.33%)	卫海雄、潘嘉敏、张顺发、周玫、张思、沈毅伟、曹威、沈小东、唐卫、李季豪、周亭、沈陆依
2班	黄燕	10(27.03%)	徐涛、蔡琴琴、黄蕾、顾捷、周超、朱承迪、倪梦玉、朱婷婷、潘雪红、瞿致
3班	陈忠	10(26.32%)	陈菲、李英、李佩靓、沈佳慧、张瑜、黄志怡、樊凯、季诚、朱丹丹、王霜霜
4班	冯伟珍	8(22.22%)	顾思敏、李晓倩、张涵、徐财、朱培洁、陈洁、宋雪琪、张弘炜
低分组分析(27%)平均分(208.2)			
班级	班主任	人数(班比例)	名单
1班	张丽蓉	10(27.78%)	王琼、顾玉影、季卫萍、黄波、金宇涛、许杰、王秀枝、黄秋凤、俞志强、张
2班	黄燕	8(21.62%)	沈春弟、沈一本、彭飞、张云峰、乔燕、施若尘、闵丽、施若云
3班	陈忠	12(31.58%)	沈涛、王晓霞、潘思超、沈晓冬、朱磊、黄彬、樊波、唐佳明、周顺、潘佳伟、施丹文、张琪
4班	冯伟珍	10(27.78%)	沈嘉麟、沈丽君、蔡燕、唐佳慧、沈冬、张银华、王倩、季清、胡威军、沈聪
生成Excel的方法：首先，在统计结果的表格范围内单击，然后按Ctrl+A组合键，再按Ctrl+C组合键，再打开Exce1文档再按Ctr1+V组合键，最后保存成Excel即可。			

图 7-4-12　群体高低组频数分析

(1) 试题诊断与反馈：通过试题分析反馈教学效果，了解试卷难度、信度、区分度，可及时发现教学过程中存在的问题，并为教师的教学质量和教学反思提供了有效依据，如图 7-4-13 所示。

(2) 试卷得分率分析：通过个体和群体的得分率分析，了解学生学习过程中和教师教学过程中的薄弱环节。从而为学生提供有针对性的教学强化训练，并为教师日常教学提供一定的参照依据，如图 7-4-14 所示。

(3) 双向细目表个体和群体的诊断与分析：有效反馈学生个体和班级群体认知水平的各项指标和各知识点的目标达成度，可及时发现学生学习过程中和教师教学过程中存在的薄弱环节，如图 7-4-15 所示。

题号	错误举例及原因	
一、文言文阅读（一）	1、 江某：文言文背诵平时较重视，因此这次默写得分情况尚可。本题共七题，只需任选四题。而有些同学全做，其中有错误，结果反而扣分。虽然这是新题型，但主要是审题不仔细。个别同学每题都写了四句，全扣，这也是审题不清	
二、文言文阅读（二）	1、 江某： 文言词语中很大一部分实词需要认真背诵，通过不断积累，为将来的古文学习打好基础。但学生背诵效果不好，关键是不太理解词语在原文中的意义和作用，因此答题时或答不完整，或想当然，正确率不理想	
七、写作	1、 江某： 本次作文为半命题，同学选材范围很大，都能找到自己印象深刻的一些生活素材，基本都有话可写。但内容上中心明确，详略安排得当的文章并不很多，语句上多半基本能达到通顺，很流畅而较有表现力的则很少	
全卷	对试卷意见及建议录入 1、 江某： 基本适合考查同学们的语文基础知识和运用能力	进一步改进教学的意见 1、 江某： 今后将加大文言文阅读的学习训练，尤其是课外文言文，增强古文阅读能力和解题能力；加强现代文阅读训练，多让学生接触课外优秀文本，增强文章理解感悟能力；同时加强写作指导与训练，提高写作能力。

图 7-4-13 试题诊断与反馈

2006-2007上学期初二（2）班期中数学 试卷得分率 分析结果表 学生：陆婧怡

姓名	学号	一填空题(30.0	二选择题(10.0	三计算题(30.0	四证明题(10.0	五证明题(14.0	六解答题(6.0	全卷
陆婧怡	0211	80.0	80.0	93.3	100.0	100.0	66.7	88.0
班级		92.0	85.0	93.3	82.0	95.0	64.8	89.5
年级		85.9	75.4	87.7	53.6	79.5	46.7	78.9

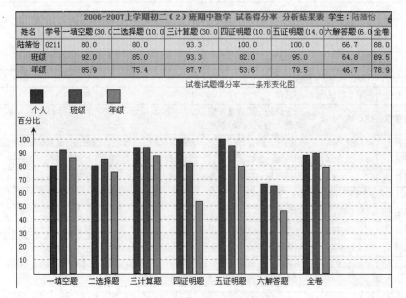

图 7-4-14 试卷得分率分析

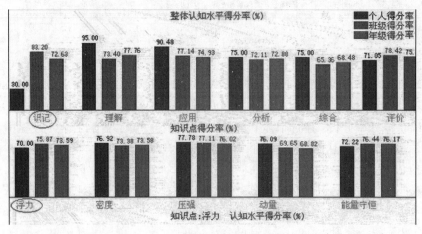

图 7-4-15 双向细目表个体和群体的诊断与分析

从图 7-4-15 中列举的一份物理试卷的分析可知,该学生在认知水平中识记评价上相对比较薄弱;在知识点"浮力"和"能量守恒"上相对比较薄弱;其中"浮力"知识点上识记和分析比较薄弱。因而,教师和学生家长应根据学生学习过程中的薄弱环节,有针对性地对学生进行辅导,这样学生成绩才能得到快速有效地提高。

(4) 知识点分析:汇总知识点分布的题目、分值以及知识点的总分值,分析全校、班级、学生知识点的得分率,更详细地汇总了班级和学生在知识点的薄弱环节,如图 7-4-16 所示。

知识点	题号	题目分值	知识点分值	全校			预(1)班			预(2)班		
				得分	得分率	知识点得分率	得分	得分率	知识点得分率	得分	得分率	知识点得分
数的整除	2.1	2	12	374.0	95.41	88.82	62.0	93.94	84.60	66.0	97.06	92.89
	2.14	2		292.0	74.49		48.0	72.73		50.0	73.53	
	1.2	1		188.0	95.92		30.0	90.91		34.0	100.00	
	2.2	2		375.0	95.67		63.0	95.46		67.0	98.53	
	4.4	4		672.0	85.72		100.0	75.76		129.0	94.85	
	1.6	1		188.0	95.92		32.0	96.97		33.0	97.06	
分数意义	1.1	1	2	186.0	94.90	94.39	31.0	93.94	93.94	33.0	97.06	95.59
	1.7	1		184.0	93.88		31.0	93.94		32.0	94.12	
比和比例	3.2	2	27	174.0	44.39	84.88	24.0	36.37	83.16	32.0	47.06	87.36
	5.2	5		826.0	84.29		145.0	87.88		152.0	89.41	
	1.8	1		177.0	90.31		29.0	87.88		32.0	94.12	
	2.3	2		286.0	72.96		46.0	69.70		46.0	67.65	
	2.5	2		330.0	84.19		52.0	78.79		60.0	88.24	
	3.3	2		368.0	93.88		64.0	96.97		68.0	100.00	
	2.7	2		321.0	81.89		50.0	75.76		60.0	88.24	
	5.1	5		932.0	95.10		151.0	91.52		165.0	97.06	
	6.1	6		1078.0	91.67		180.0	90.91		187.0	91.67	
圆和扇形	2.15	2	18	339.0	86.48	76.24	53.0	80.31	75.57	60.0	88.24	78.49
	3.5	5		208.0	53.06		30.0	45.46		38.0	55.88	
	2.11	2		368.0	93.88		60.0	90.91		66.0	97.06	
	5.3	6		803.0	68.28		142.0	71.72		139.0	68.14	
	1.10	1		191.0	97.45		32.0	96.97		33.0	97.06	
	2.13	2		294.0	75.00		50.0	75.76		58.0	85.30	
	1.5	1		188.0	95.92		32.0	96.97		33.0	97.06	
全卷			100		83.71			81.55			87.09	

图 7-4-16 知识点分析

3. 教学质量纵向跟踪

教学质量纵向跟踪又包括个体发展性评价、班级群体发展性评价和发展情况跟踪三个方向。其中,个体发展性评价通过学生每次的考试名次、标准分、档次、比值系数、百分比、认知水平等不同角度反映学生学习质量的进步状况;班级群体发展性评价通过班级每次考试的均分系数、优良率系数、及格率系数、M 值、标准分、档次人数等指标跟踪班级学习质量的进步状况;发展情况跟踪通过个体名次、比值系数、标准分等指标对学生个体的发展情况进行跟踪分析,通过平均分名次、均分系数、及格率名次、优良率名次、标准分、档次人数、档次达成率等指标对班级群体的发展情况进行跟踪分析。

(1) 基于个人名次跟踪的个体发展性评价,能可视化呈现个人历次单科或多科成绩在班级、年级中的变化曲线图,如图 7-4-17 所示。

(2) 基于均分系数跟踪的班级群体发展性评价,能可视化呈现班级均分与年级均分的比值系数,跟踪班级学习成绩的发展状况。

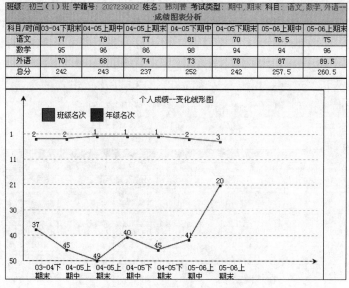

图 7-4-17　个体发展性评价—名次跟踪

从图 7-4-18 中可见，4 班入学基础明显要优于 3 班，但从历次考试的曲线上看 4 班虽然每次考试成绩优于其他班，但曲线呈下降趋势，相应 3 班虽然前面考试成绩还处于落后状态，但整根曲线上看该班是在不断进步。因此，这张图有效地反映了班级成绩的进步状况，为教师的评价和班级的发展提供了合理的参考依据。

年级：初三年级　考试类型：期中，期末　年度：2005-2006　科目：语文---均分系数图表分析				
(均分系数=班级平均分/年级平均分)				
(箭头↑表示提升率，箭头↓表示下降率。箭头后面的数值表示本次系数值与上次的系数值之差)				
类型\班级	1班	2班	3班	4班
03-04下期末	0.9220	0.9634	0.8214	1.2148
04-05上期中	0.9854 ↑0.0634	1.0016 ↑0.0382	0.8820 ↑0.0606	1.0997 ↓0.1151
04-05上期末	0.9413 ↓0.0441	1.0163 ↑0.0147	0.9272 ↑0.0452	1.0895 ↓0.0102
04-05下期中	1.0155 ↑0.0742	0.9596 ↓0.0567	0.8995 ↓0.0277	1.0967 ↑0.0072
04-05下期末	1.0030 ↓0.0125	0.9498 ↓0.0098	0.9702 ↑0.0707	1.0609 ↓0.0358
05-06上期中	0.9292 ↓0.0738	1.0057 ↑0.0559	0.9883 ↑0.0181	1.0561 ↓0.0048
05-06上期末	0.9542 ↑0.0250	0.9301 ↓0.0756	1.0355 ↑0.0472	1.0596 ↑0.0035
05-06下期中	0.9105 ↓0.0437	0.9849 ↑0.0548	1.0789 ↑0.0434	1.0229 ↓0.0367

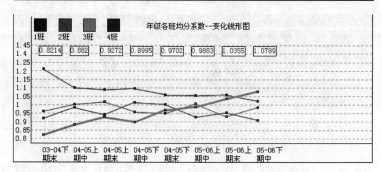

图 7-4-18　班级群体发展性评价—均分系数跟踪

（3）基于群体总评及百分比的班级群体发展性评价，可以对班级学生各次考试进行总评，并绘制雷达图，跟踪历次考试的偏科情况，如图 7-4-19 所示。

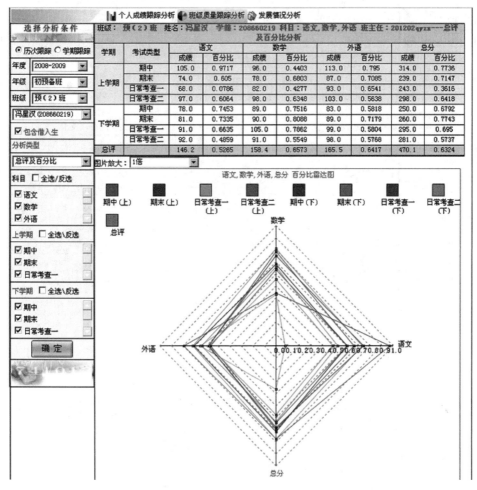

图 7-4-19　群体总评及百分比

注：表中单科总评和总分总评的具体计算公式如下。

单科总评＝第一次考试的单科分数×第一次考试类型的权重/各考试类型的权重之和＋
　　　　　第二次考试的单科分数×第二次考试类型的权重/各考试类型的权重之和＋…

总分总评：先让各科分别乘以它自己的分数比重，然后再将每次考试类型的所有科目分别乘以每次考试类型的权重然后再除以各考试类型的权重之和，然后再相加即可。

（4）基于班级名次变化的发展情况跟踪，可依据各班级当前与以往一次考试各科总分以及名次，分析其发展变化情况，如图 7-4-20 所示。

4．教学有效性分析

该功能包括试卷的有效性分析（试卷的难度、区分度和信度）、九宫格有效性分析（试题分布、班级试题得分分布、分析与诊断）、SP 表有效性分析（对学生答题和试题质量有效性进

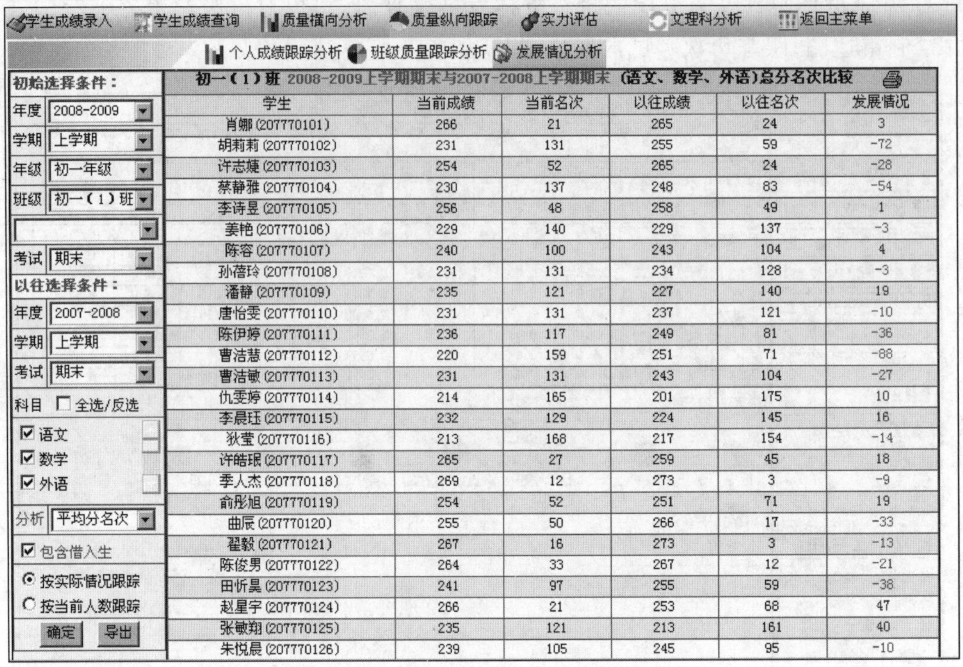

初一（1）班 2008-2009上学期期末与2007-2008上学期期末 （语文、数学、外语）总分名次比较

学生	当前成绩	当前名次	以往成绩	以往名次	发展情况
肖娜(207770101)	266	21	265	24	3
胡莉莉(207770102)	231	131	255	59	-72
许志婕(207770103)	254	52	265	24	-28
蔡静雅(207770104)	230	137	248	83	-54
李诗昱(207770105)	256	48	258	49	1
姜艳(207770106)	229	140	229	137	-3
陈容(207770107)	240	100	243	104	4
孙蓓玲(207770108)	231	131	234	128	-3
潘静(207770109)	235	121	227	140	19
唐怡雯(207770110)	231	131	237	121	-10
陈伊婷(207770111)	236	117	249	81	-36
曹洁慧(207770112)	220	159	251	71	-88
曹洁敏(207770113)	231	131	243	104	-27
仇雯婷(207770114)	214	165	201	175	10
李晨珏(207770115)	232	129	224	145	16
狄莹(207770116)	213	168	217	154	-14
许皓琨(207770117)	265	27	259	45	18
季人杰(207770118)	269	12	273	3	-9
俞彤旭(207770119)	254	52	251	71	19
曲辰(207770120)	255	50	266	17	-33
翟毅(207770121)	267	16	273	3	-13
陈俊男(207770122)	264	33	267	12	-21
田忻昊(207770123)	241	97	255	59	-38
赵星宇(207770124)	266	21	253	68	47
张敏翔(207770125)	235	121	213	161	40
朱悦晨(207770126)	239	105	245	95	-10

图 7-4-20　发展情况跟踪—班级名次变化

行分析和诊断)，分别如图 7-4-21～图 7-4-23 所示。

(1) 以试卷的难度、区分度和信度对试卷的有效性进行分析。

初一（1）班2005-2006年度上学期期中语文试卷　教师：李飞

题号	满分	平均分 班/年	得分率 班/年	前27%	后27%	区分度	信度	标准差	最高分	最低分
一、文言文阅读（一）	8	6.80/6.63	.85/.83	1.00	.52	.48		1.85	8.00	2.00
二、文言文阅读（二）	6	3.64/4.35	.61/.73	.98	.24	.74		1.80	6.00	.00
三、文言文阅读（三）	6	3.80/4.13	.63/.69	.93	.31	.62		1.58	6.00	.00
四、文言文阅读（四）	5	2.04/2.48	.41/.50	.69	.14	.54		1.17	5.00	.00
五、现代文阅读（一）	12	7.96/8.13	.66/.68	.86	.43	.43		2.23	11.00	3.00
六、现代文阅读（二）	21	10.36/10.55	.49/.50	.71	.25	.46		4.17	19.00	.00
七、写作	42	32.48/32.76	.77/.78	.83	.71	.12		2.62	36.00	23.00
全卷	100	67.08/69.03	.67/.69	.78	.53	.25	.85	12.63	83	36

注解：1.得分率等于难度；
2.点击题号可对相应的题号输入"试题质量分析"的错误举例及原因；
3.点击"全卷"可对相应的题号输入对试卷意见及建议录入与进一步改进教学的意见；
4.前27%：实考人数的前27%的得分率 ；后27%：实考人数的后27%的得分率；
区分度=实考人数的前27%的得分率-实考人数的后27%的得分率；
5.信度为折半信度，是将试卷按照奇数题、偶数题分成两半，信度=1-两半之差的方差/两半之和的方差。

图 7-4-21　试卷的有效性

(2) 九宫格诊断，根据各班级各题所分布的区域给出相应的教学对策。

(3) SP 诊断，对学生答题和试卷质量进行诊断分析。

除了以上教学质量分析功能以外，教学管理与评价系统还有评教功能，即学生可在该系统中进行网上评教，包括打分和留言等，鉴于篇幅原因就不详述了。

此外，教学管理与评价系统还有学生统计功能等，即通过对学籍中相关信息的统计和分析，可以得到每个学校的学生人数、班级总数、各年级的班数人数、学生的家庭分布情况、男女比例情况等。

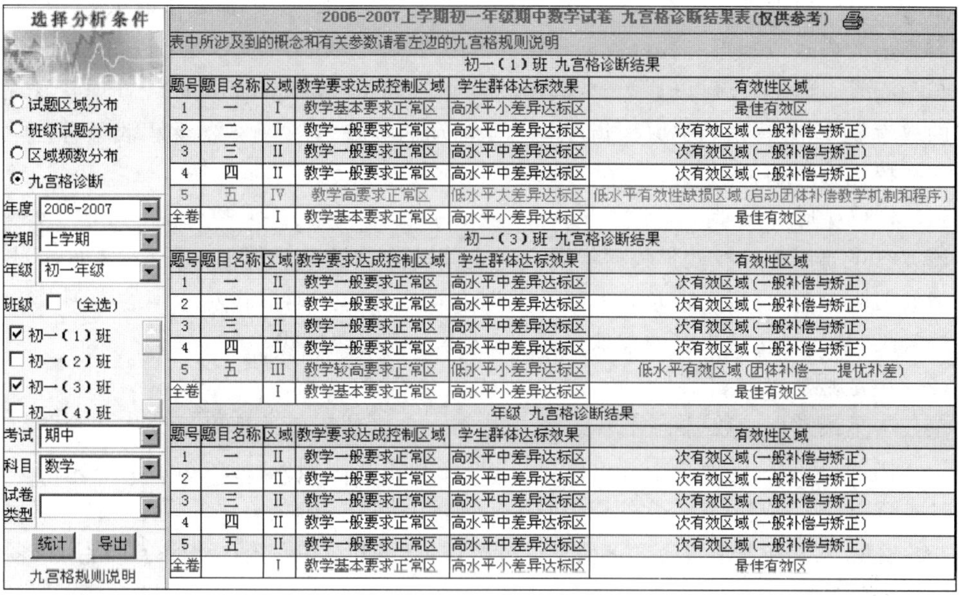

初一(1)班 九宫格诊断结果

题号	题目名称	区域	教学要求达成控制区域	学生群体达标效果	有效性区域
1	一	I	教学基本要求正常区	高水平小差异达标区	最佳有效区
2	二	II	教学一般要求正常区	高水平中差异达标区	次有效区域(一般补偿与矫正)
3	三	II	教学一般要求正常区	高水平中差异达标区	次有效区域(一般补偿与矫正)
4	四	II	教学一般要求正常区	高水平中差异达标区	次有效区域(一般补偿与矫正)
5	五	IV	教学高要求正常区	低水平大差异达标区	低水平有效性缺损区域(启动团体补偿教学机制和程序)
全卷		I	教学基本要求正常区	高水平小差异达标区	最佳有效区

初一(3)班 九宫格诊断结果

题号	题目名称	区域	教学要求达成控制区域	学生群体达标效果	有效性区域
1	一	II	教学一般要求正常区	高水平中差异达标区	次有效区域(一般补偿与矫正)
2	二	II	教学一般要求正常区	高水平中差异达标区	次有效区域(一般补偿与矫正)
3	三	II	教学一般要求正常区	高水平中差异达标区	次有效区域(一般补偿与矫正)
4	四	II	教学一般要求正常区	高水平中差异达标区	次有效区域(一般补偿与矫正)
5	五	III	教学较高要求正常区	低水平小差异达标区	低水平有效区域(团体补偿——提优补差)
全卷		I	教学基本要求正常区	高水平小差异达标区	最佳有效区

年级 九宫格诊断结果

题号	题目名称	区域	教学要求达成控制区域	学生群体达标效果	有效性区域
1	一	II	教学一般要求正常区	高水平中差异达标区	次有效区域(一般补偿与矫正)
2	二	II	教学一般要求正常区	高水平中差异达标区	次有效区域(一般补偿与矫正)
3	三	II	教学一般要求正常区	高水平中差异达标区	次有效区域(一般补偿与矫正)
4	四	II	教学一般要求正常区	高水平中差异达标区	次有效区域(一般补偿与矫正)
5	五	II	教学一般要求正常区	高水平中差异达标区	次有效区域(一般补偿与矫正)
全卷		I	教学基本要求正常区	高水平小差异达标区	最佳有效区

图 7-4-22 九宫格诊断

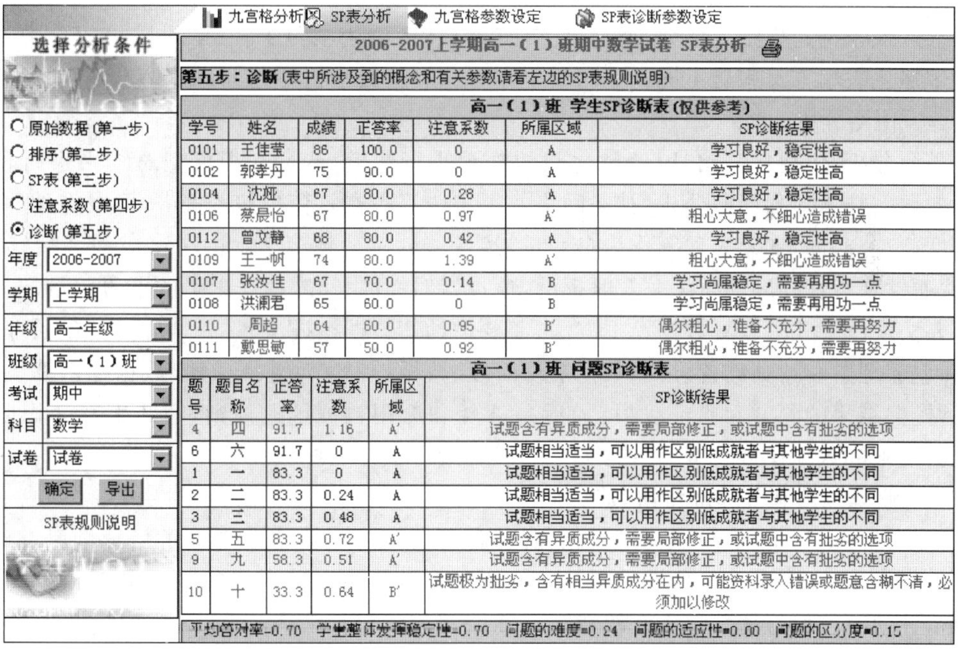

高一(1)班 学生SP诊断表(仅供参考)

学号	姓名	成绩	正答率	注意系数	所属区域	SP诊断结果
0101	王佳莹	86	100.0	0	A	学习良好,稳定性高
0102	郭孝丹	75	90.0	0	A	学习良好,稳定性高
0104	沈娅	67	80.0	0.28	A	学习良好,稳定性高
0106	蔡晨怡	67	80.0	0.97	A′	粗心大意,不细心造成错误
0112	曾文静	68	80.0	0.42	A	学习良好,稳定性高
0109	王一帆	74	80.0	1.39	A′	粗心大意,不细心造成错误
0107	张汝佳	67	70.0	0.14	B	学习尚属稳定,需要再用功一点
0108	洪澜君	65	60.0	0	B	学习尚属稳定,需要再用功一点
0110	周超	64	60.0	0.95	B′	偶尔粗心,准备不充分,需要再努力
0111	戴思敏	57	50.0	0.92	B′	偶尔粗心,准备不充分,需要再努力

高一(1)班 问题SP诊断表

题号	题目名称	正答率	注意系数	所属区域	SP诊断结果
4	四	91.7	1.16	A′	试题含有异质成分,需要局部修正,或试题中含有拙劣的选项
6	六	91.7	0	A	试题相当适当,可以用作区别低成就者与其他学生的不同
1	一	83.3	0	A	试题相当适当,可以用作区别低成就者与其他学生的不同
2	二	83.3	0.24	A	试题相当适当,可以用作区别低成就者与其他学生的不同
3	三	83.3	0.48	A	试题相当适当,可以用作区别低成就者与其他学生的不同
5	五	83.3	0.72	A′	试题含有异质成分,需要局部修正,或试题中含有拙劣的选项
9	九	58.3	0.51	A′	试题含有异质成分,需要局部修正,或试题中含有拙劣的选项
10	十	33.3	0.64	B′	试题极为拙劣,含有相当异质成分在内,可能资料录入错误或题意含糊不清,必须加以修改

平均答对率=0.70 学生整体发挥稳定性=0.70 问题的难度=0.24 问题的适应性=0.00 问题的区分度=0.15

图 7-4-23 SP 诊断

7.4.6 基于数据挖掘的教学评价

1. 教育数据挖掘概述

教育数据挖掘技术(EDM)是数据挖掘技术在教学评价领域的应用,是现今教育研究中的重点与热点。数据挖掘就是从大量的、有噪的、无规则的数据中提取出有效的、对未来数据预测有用的模式或知识。教育数据挖掘将来自教学环境中独特的数据进行去噪与处理、分析与预测等,这样不仅可以让学校和教师得到有用的教学数据,还可以让管理者发现一些隐藏的教学规律,并运用相关方法指导教与学活动的实施、开展有效的课程改革等。常用的教育数据挖掘方法如下。

(1) 关联规则。

该方法主要用于寻找教育数据集中变量之间的隐藏关系。例如,通过对授课模式与学习成绩的关联分析,可以发现教师的哪种授课方式或课堂互动形式对学生的学习具有良好的促进效果,从而强化效果好的授课模式、淘汰不好的授课模式。

(2) 分类规则。

该方法是最常用的数据挖掘技术,它是基于一个可预测属性把事例分成多个类别的一种方法。例如,在学生学业水平评价中,可以事先利用一组预先分好类的学生数据(例如学生平时成绩、作业完成质量、课堂的积极性等),进行决策树等分类算法的模型训练;然后基于训练好的模型,对后续学生进行学习质量的分类评价(该方法在系统自动评分中应用较多)。

(3) 聚类规则。

"物以类聚,人以群分",聚类分析在本质上与分类分析类似,都是对数据进行分类。但是,聚类是一种无监督的数据挖掘任务,所有输入的数据属性都是平等的,需要聚类算法通过多次迭代来构建模型。例如,通过该方法可以实现学生学习个性、学习风格的分类,然后通过个性化教学方案来对不同类型的学生实行差异化教学指导,从而提高整体的教学质量。

(4) 预测分析。

预测分析是对自变量和因变量之间的关系进行建模,然后利用模型对结果进行预测。常用的预测技术包括回归分析、神经网络及决策树等。在教育数据挖掘中,可以将学生的上课态度、学习时间、课堂表现等作为自变量,然后借助模型预测学生的考试成绩及后续表现等,从而发现存在问题的学生并及时提醒,通过针对性的指导,提高学生的学习质量。

要实现以上几种教育数据挖掘方法,需要设计其数据挖掘步骤。一般而言,包括六个步骤,即业务理解和数据准备阶段、数据清理阶段、数据挖掘模型建立阶段、数据挖掘算法选择阶段、挖掘结果的测试和验证阶段,最后是解释和应用数据挖掘规则,即产生新知识阶段。以预测规则的数据挖掘为例,介绍如下。

(1) 业务理解和数据准备阶段。

这一步主要集中在理解数据挖掘的目标和需求。例如,将预测学生的后续学习表现,要收集的数据是什么,要建立什么模型等。这个只是转化为数据挖掘问题的定义和完成目标的初步计划。然后再搜集学生在校期间及其他相关的各种信息,其中主要包括学生的学习风格、个人信息、学习基础、学习能力、学生家庭收入、家庭成员组成及教育程度等。

(2) 数据清理阶段。

为了获得有效的数据,需要对从几个部门得到的数据进行筛选处理,选出所需要的数据。数据筛选过程既可以人工手动实现,又可以利用编程自动实现,若要筛选的数据量较小,则手动筛选相对方便简洁;若要筛选的数据量较大,则可以借助编程来实现自动筛选。

接下来对筛选出的数据进行预处理,删除明显错误、不全的数据,对简录、少录且能补上的数据进行增补,以保证数据的完整性,之后对数据进行重新整理分类,做到条理清楚,以备后续数据转换之用。

然后将预处理后的数据依照数据挖掘变量的格式要求进行组合变换,对于预测分析而言,甚至需要对字符变量进行赋值操作,将其转化成数值变量,进而参与数据挖掘预测模型的建立;对分类分析而言,则不需要对字符变量进行定量化操作,仅需对变量进行归类。

数据转换结果质量的好坏,会对教育数据挖掘的结果具有较大的影响。

(3) 数据挖掘模型建立阶段。

将转换好的已知结果的学生信息数据按 7∶3 的比例分成两部分,较大部分的数据作为训练数据,主要用于建立学生分类、学生表现或者学生知识结构的挖掘模型;较小部分的数据作为测试数据用于分类及预测模型的检验。

(4) 数据挖掘算法选择阶段。

模型的算法多种多样,主要因建模方法的不同而存在差异。依据学生分类、学生表现的数据建立的预测模型所用到的算法主要有分类分析、聚类分析、预测分析、人工智能、关联规则、神经网络及决策树等。一般根据业务的实际需求,选择一种或多种算法。

(5) 挖掘结果的测试和验证阶段。

用较小部分的数据集作为测试集对预测模型进行评估,不断地改善模型,使模型的参数达到最优。同时,充分考虑实际因素进一步完善模型。

(6) 解释和应用挖掘规则,产生新知识阶段。

通过挖掘结果找出影响学生表现情况的因素,为学生、教师及学校管理者提供基础数据,使学生能够改正自己的不足,发挥自己的优点;使教师及学校管理者能对学生的表现情况有一个整体的了解,及时更改教学计划、提醒处于危险边缘的学生,最大限度地做到以学生为中心,在提高学生成绩的基础上增强学校的整体实力。根据需求,这个阶段可以产生简单的报告,如调整教学策略的建议或其他新知识(以前尚未注意的问题)等。综上,教育数据挖掘的流程图如图 7-4-24 所示。

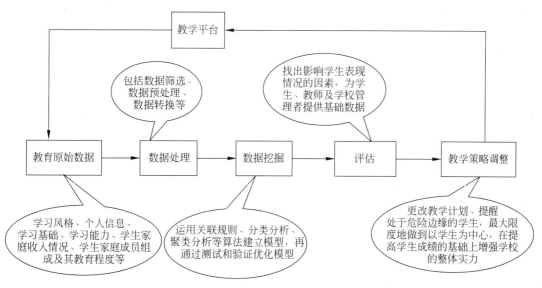

图 7-4-24　教育数据挖掘的流程图

2. 教育数据挖掘在教学过程中的应用

(1) 基于数据挖掘技术可实现学生的个性化培养。

传统课堂教学中，一般默认学生们的起点相似，且多为集体讲授式教学模式，很少考虑个体性差异因素，不利于因材施教。如果引入数据挖掘技术对学生特征进行分析，包括学习准备状态、学习风格、学习习惯和学习偏好等，就有可能实现个性化的培养模式。例如，运用关联规则、决策树等方法，可以对学生的基本信息及学习行为等进行数据挖掘，分析出其知识点的掌握水平或薄弱知识点，然后针对性地提供个性化补偿教学方案。再例如，运用预测规则等方法，可以对学生的已学知识点及水平等进行数据挖掘，分析出其学习偏好，指导学生选择下一阶段的课程学习、培养兴趣方向等。这样就可以达到因材施教、培养不同层次人才的目标。

(2) 运用数据挖掘技术可辅助教师的教学过程决策。

在教学过程中，教师要灵活运用各种教学方法和手段来完成自己的教学任务，并获取最佳的教学效果。至于何种教学方法教学效果最佳，以前全靠教师个人经验的总结与积累。现在，可以从大量的教学历史数据，运用回归线分析、关联规则等方法来判定不同专业、不同特征的学生应采取什么样的教学方法，以及教学内容的范围和深度是否合适，选择的教学媒体是否实用，讲解的时间是否恰到好处，教学策略是否得当等。只有这样，才能使教学方法随着教学对象的不同、教学内容的更新、教学手段的改进以及教学活动中各种因素的变化而变化。利用数据挖掘技术，可发现恰当的教学方法与教学手段，更好地激发学生的学习兴趣，最终提高教学质量。

(3) 运用数据挖掘技术可实现精准化测评考试。

考试是教学活动中重要一环，是检验学生所学知识和能力掌握程度的主要手段。但是，传统教学中，所有人都是同一份试卷，无法真实、全面地鉴定出学生的知识水平与能力。以至于在教学中，有些教师为了考试而教学。如果引入数据挖掘方法，就可以实现自适应地测评考试。例如，根据学生的学习内容与知识点序列，可以自适应组卷，做到因人而异地选题，且题目针对性强，可以用较少的题目较精确地估计被试者的能力。同时，被测试者可以通过大数据，了解自己的排位情况，选择同类型的知识点或习题多加练习以巩固知识点。这种基于数据挖掘而实现的精准化测评考试是因人而异的，不必因害怕泄露试题而规定统一的测验时间，且能及时了解测验结果，并能方便地通过网络将测验结果传送到所需的部门或个人，如试题相对学生的难易度、学生掌握知识点的全面度等，这样就可以辅助教师的教学决策，有针对性地提升教学质量。

(4) 运用数据挖掘实现科学化的教学管理。

如今多数学校使用了教学管理系统协助完成日常教学管理工作，使得大量教学过程中的数据得以有效累积，将数据挖掘技术运用于行政和教学管理工作中，也可为管理者提供更为全面的分析。

例如，可以实现"学业预警"。具体来说，就是通过决策树算法挖掘学生的日常表现数据，建立"学业预警生"模型，再追踪日常的学生表现数据，一旦发现相似迹象，就对该生进行学业预警，降低学生的不及格率等。

再例如，对教师的教学质量进行测评，通过收集教学评价数据如教师的性别、年龄、职称、学历与评定分数等,利用关联规则来对数据属性之间的关系进行挖掘和评价。通过评价可以发现优秀的教师,然后予以奖励,并举办优秀教师分享会来鼓励优秀教师分享教学经验和成果。同时也可以使学校更加合理地分配教师资源,为学校教学管理、教育行政部门的决策提供了帮助。

另外,学校各课程的开设有先有后,各门课程之间有着一定的关联与前后顺序关系,这种关系是潜在的、不易发觉的。但通过数据挖掘分析,就可以找到合理设置学生课程的依据,及时调整各课程的开设顺序,以达到最佳的教学效果。简而言之,应用数据挖掘技术,能快速、准确地实现资源的有效配置以及课程设置的合理化。

未来,基于数据挖掘的教学评价一定会大行其道,大数据将给现行的教育体制带来变革。教师可以用数据挖掘分析找出教学过程中的问题,完善教学方法,让学生接受个性化的、自适应的学习。学校也可以基于数据挖掘分析找出优秀的教师,配置合理的教育资源。也许有一天,学生也可以利用大数据定制自己的学习过程,学会应对挑战,成为终身学习的人。

本章小结

"互联网+教育"理念的日趋成熟,使得教育信息化的程度越来越高,加上教学评价理论与技术的不断进步,使得教学评价的内容与评价对象也不断地拓展。未来,信息化教学评价将更加多样化、综合化,更加重视教学评价的教育性功能,以促进学生能力的全面发展。

本章主要从信息化环境下的教学评价发展现状和趋势、信息化环境下的教学评价方法体系、不同环境下的教学评价策略与方法以及信息化环境下教学评价的技术工具四个层面对信息化环境下的教学评价进行阐释,要求读者理解和掌握相关知识和技能,形成正确的评价观念,并能够在不同情境中设计和运用教学评价方法,对教学质量进行评价。

思考与探索

1. 教育评价的发展历程前后经历了哪四个发展阶段?
2. 传统教学评价方法包括:_____、_____、_____;现代教学评价方法包括:_____、_____、_____。
3. 什么是发展性评价?简述发展性评价的功能以及评价步骤。
4. 混合式学习环境下的教学评价特点是什么?该环境下的教学评价原则是什么?
5. 教育数据挖掘技术在教学评价中可以实现哪些功能?

参考文献

[1] 祝智庭.解读教育大数据的文化意蕴[J].电化教育研究,2017(1),28-35.
[2] 穆肃,左萍萍.智慧教育新发展:信息化教学环境下课堂教学行为分析方法的研究[J].电化教育研究,2015(9):62-69.

[3] 苗广豫,杜炫杰.表现性评价在小学信息技术课程中的应用[J].中国电化教育,2015(1):62-64.

[4] 郑明达.过程性评价的组织策略与方法研究[J].中国电化教育,2010(9):107-109.

[5] 吕啸,余胜泉,谭霓.基于发展性评价理念的网络教学平台学习评价系统设计[J].电化教育研究,2011(2):73-78.

[6] 刘洋,兰聪花,马炅.电子档案袋评价与传统教学评价的比较研究[J].电化教育研究,2012(2):75-77.

[7] 陈明选,龙琴琴,马志强.基于概念图的协作评价活动设计与应用研究[J].电化教育研究,2016(11):75-83.

[8] 牟智佳,俞显,武法提.国际教育数据挖掘研究现状的可视化分析:热点与趋势[J].电化教育研究,2017(4):108-113.

第8章 社会性软件的教学应用

了解一些社会性软件在当前教学中的应用,至少掌握几种社会性软件的教学应用技巧。

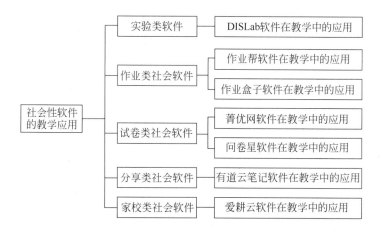

学习要点

应用于智能手机、平板电脑的软件越来越多,各种聊天应用、视频应用、办公应用、游戏应用等层出不穷。与此同时,学习类应用软件也如雨后春笋般纷纷涌出。例如,帮助学生做实验的 DISLab 软件、辅导学生做习题的作业帮软件、掌握学生答卷情况的菁优网、辅助学生做笔记的有道云等,甚至还有一些游戏化的教学软件也能帮助学生进行学习。

因此,本章主要介绍几种社会性软件在教学中的应用技巧,有实验类软件、作业类社会软件、试卷类社会软件、分享类社会软件、家校类社会软件等。通过介绍这些软件的教学应用,希望可以更好地帮助教师掌握相关使用技巧。

视频讲解

8.1 DISLab 软件在教学中的应用

DISLab(Digital Information System Laboratory,数字化信息的系统实验室)是一种将传感器、数据采集器、计算机及软件组合起来,共同完成对光、电、力、热等物理量的测量、转换并可视化显示实验结果的一种数字化实验设备。在 DISLab 实验过程中,不仅可以直接在计算机上看到实验数据,还可以通过图表、曲线等工具分析实验结果,给出的实验数据不仅十分直观与简便,还大大简化了以往实验课上烦琐的计算过程。

8.1.1 DISLab 软件概述

DISLab 系统的构成如图 8-1-1 所示,实物如图 8-1-2 所示。DISLab 安装过程为:连接数据采集器与计算机→连接数据采集器与交流电源→连接数据采集器与传感器→将传感器连接、固定在相应的试验装置上→打开数据采集器开关→打开计算机,进入 DISLab 实验系统软件。

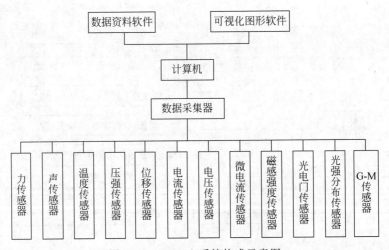

图 8-1-1　DISLab 系统构成示意图

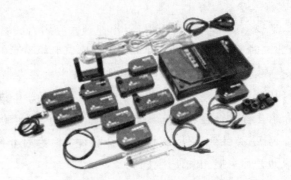

图 8-1-2　DISLab 数据采集器、部分传感器实物图

DISLab 数据采集器与计算机以串行方式通信，四路并行输入，可同时插接四种传感器，数据采集器前、后面板分别如图 8-1-3 和图 8-1-4 所示。传感器可实时记录实验数据，多种传感器的性能参数如表 8-1-1 所示。而数据采集器和传感器是由传感器连线连接起来的，传感器连线如图 8-1-5 所示。

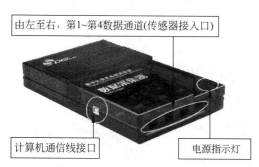

图 8-1-3　数据采集器前面板

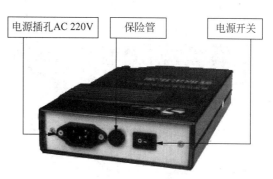

图 8-1-4　数据采集器后面板

图 8-1-5　传感器连线

表 8-1-1　DISLab 传感器性能参数

传感器名称	量　程	标配数量
电流传感器	$-1\sim+1$A	1
微电流传感器	$-1\sim+1\mu$A	1
电压传感器	$-12\sim+12$V	1
压强传感器	$0\sim300$kPa	1
温度传感器	$-10\sim+110$℃	1
声传感器	/	1
位移传感器	1.5m	1+1（发射+接收）
力传感器	$-20\sim+20$N	2
磁感强度传感器	$-15\sim+15$mT	1
光电门传感器	/	1
光强分布传感器	12dot/mm	非标配

8.1.2　DISLab 软件的安装使用

将 DISLab 软件光盘放入计算机光驱，安装程序将自动运行，如图 8-1-6 所示。完成安装后即在桌面上生成快捷方式 。

DISLab软件分为教材专用软件和教材通用软件,其初始界面如图8-1-7所示。单击不同的软件,将会显示不同的主界面。

图8-1-6 软件安装欢迎界面

图8-1-7 初始界面

8.1.3 DISLab软件的教学应用技巧

本节主要以匀速直线运动、小灯泡的U-I曲线及单缝衍射中的光强分布规律为例,介绍DISLab软件的教学应用技巧。步骤主要分为数据采集、数据接收、数据记录和观察数据等。

1. 基于DISLab软件的匀速直线运动实验研究

(1)实验器材。

DISLab数据采集器、位移传感器、DISLab力学轨道、DISLab力学轨道小车、支架和计算机,实验装置连接如图8-1-8所示。

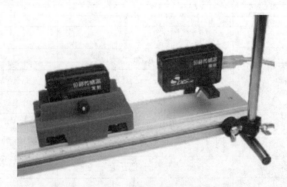
图8-1-8 研究匀速直线运动实验装置

(2)实验步骤。

第一步:将位移传感器接收器固定在轨道顶端,连接到数据采集器的第一通道将位移传感器发射器固定到小车上。

第二步:单击教材专用软件主界面上的实验条目"研究匀速直线运动",打开该软件。

第三步：单击"开始记录"按钮，将小车放到轨道上，打开位移传感器发射器的电源开关，令其滑下，调节斜板的倾角，使小车下滑尽可能地接近匀速。

第四步：当获得 s-t 曲线时（如图 8-1-9 所示），表明此次数据采集完成。

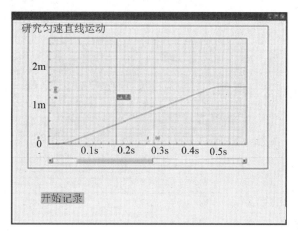

图 8-1-9　采集完成

第五步：拖动滚动条，将对应小车运动状态的 s-t 图线置于显示区域中间，单击"选择区域"按钮，以便在 s-t 图线上选择研究区域。

第六步：选择研究区域的第一步，必须通过单击确定研究区域的"开始点"，如图 8-1-10 所示。

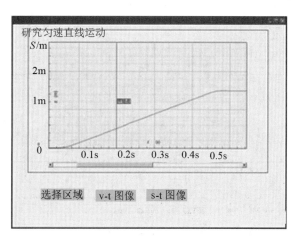

图 8-1-10　选择区域的"开始点"

第七步：再次单击，以确定研究区域的"结束点"。此时在软件界面左下方的数据窗口中，即可显示出研究区域内 s-t 图线的初位移、末位移、时间差、速度的值，如图 8-1-11 所示。

第八步：单击"v-t 图像"按钮，观察研究区域内 s-t 图线对应的 v-t 图线，如图 8-1-12 所示。

第九步：单击"s-t 图像"按钮，可返回并重新设置选择区域，对另一段 s-t 图像进行研究。

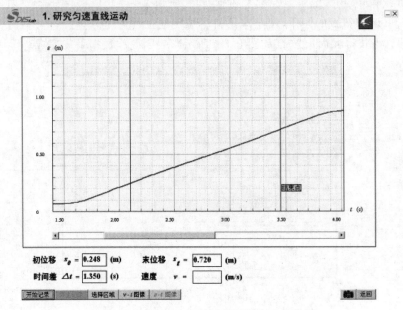

图 8-1-11 选定研究区域后即可得出有关数据

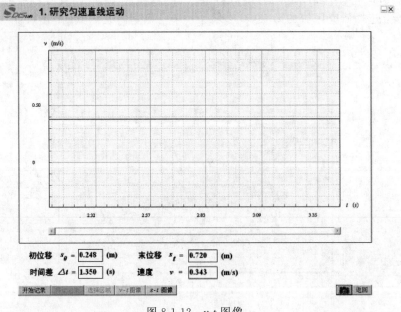

图 8-1-12 v-t 图像

第十步：单击"开始记录"按钮，即可启动数据采集，开始新的实验。

第十一步：单击软件窗口右下角 按钮，可将当前实验结果以图像文件的形式保存下来。

第十二步：实验结束，单击"返回"按钮，退出该软件，并注意关闭位移传感器发射器的电源开关。

(3) 特别注意。

选择研究区域时,默认起始点位于结束点之前。只有单击"选择区域"后,才能激活"v-t 图像"按钮。分组实验时,不同小组的位移传感器发射器可能相互干扰,用课本或木板加以简单遮挡即可解决此问题。

2. 基于 DISLab 软件的 U-I 曲线描述实验研究

(1) 实验器材。

DISLab 数据采集器、电流传感器、电压传感器、学生电源、滑动变阻器、小灯泡、朗威系列电学实验板 EXB-12(也可直接使用灯泡座)、导线和计算机,实验原理和装置连接分别如图 8-1-13 和图 8-1-14 所示。

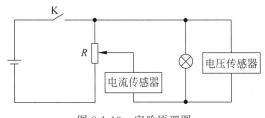

图 8-1-13 实验原理图

图 8-1-14 实验装置图

(2) 实验步骤。

第一步:将电流和电压传感器分别连接到数据采集器,将朗威系列电学实验板 EXB-12 上的 K 拨到 2,滑动变阻器接入 W2,电压传感器和电流传感器的鳄鱼夹分别与实验板的 U、I 端连接,调节滑动变阻器的触点至电源的正极一端。

第二步:单击教材专用软件主界面上的实验条目"小灯泡的 U-I 图线描述",打开该软件。

第三步:单击"开始记录"按钮,对电流、电压传感器调零。

第四步:闭合实验电路中的开关,单击"记录数据"按钮,将一组电流、电压值记录在软件窗口下方的表格。

第五步:调节滑动变阻器的触点,单击"记录数据"按钮,记录此刻的电压、电流值。

第六步:重复上述操作,记录多组数据,如图 8-1-15 所示。

第七步:单击"绘图"按钮,得出基于表格内实验数据的 U-I 关系图线,如图 8-1-16 所示。

(3) 特别注意。

电流与电压传感器外观相近,使用时要看清标识,注意区分。如果实验数据有误,可单击"清除本次数据"按钮,重新进行实验。学生也可根据原理图自己搭建实验电路。

3. 基于 DISLab 软件的单缝衍射中的光强分布规律研究

(1) 实验器材。

DISLab 数据采集器、光强分布传感器、激光光源、偏振片、缝宽为 0.08mm 和 0.1mm 的单缝、托架和计算机,实验装置连接如图 8-1-17 所示。

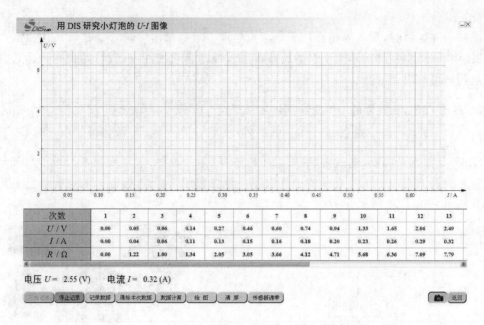

图 8-1-15　记录多组电流-电压数据

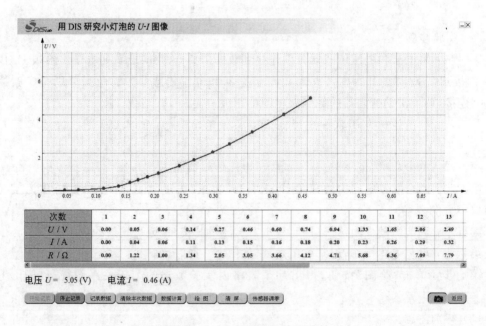

图 8-1-16　绘出小灯泡 U-I 图线

（2）实验操作。

第一步：将光强度传感器置于 DISLab 光具座底部并接入数据采集器。

第二步：将缝宽为 0.08mm 单缝至光强度传感器的距离 L 调整为 60～70cm。

第三步：打开配套光源的开关，使用偏振片将光强调整到适当（以消除图线"平顶"现象为准），得到衍射图线，如图 8-1-18 所示。

图 8-1-17　单缝衍射实验装置图

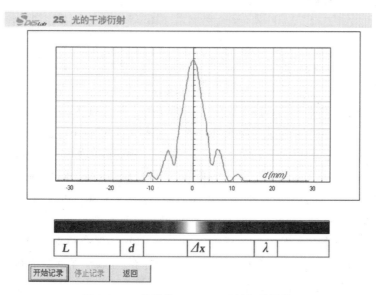

图 8-1-18　缝宽为 0.08mm 时的衍射图像

第四步：观察图中光强条纹，可见其遵循以下规律。即中央条纹最亮，同时也最宽，约为其他明条纹宽度的两倍。中央条纹两侧，光强度迅速减小，直至第一暗条纹。随后光强又逐渐增大成为第一明条纹，以此类推。分析图中光强条纹与光强图线的对应关系，可见光强条纹的明暗、宽窄都对应着光强图线的高低及宽窄。

第五步：改变单缝与光传感器的间距 L，可见条纹和光强度图线基本不发生变化。

第六步：更换缝宽为 0.1mm 的单缝，则光强条纹变窄的同时亮度增加，对应的光强度图线中央峰变窄、变高，如图 8-1-19 所示。

（3）演示实验结论。

光的衍射仅与缝的宽度有关。缝宽越大，光强度（光的能量）越集中于中央条纹，所形成的图线中央峰窄且高。随着缝宽进一步加大，衍射图线的中央峰将被压缩成一条亮线，基本观察不到衍射波形。此时可以认为光是以直线传播的。因此，光的衍射实验是对光的波动

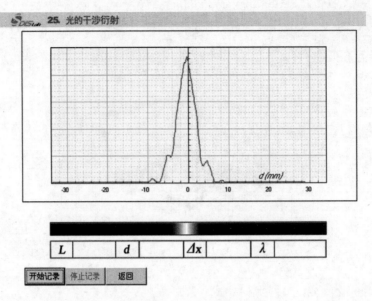

图 8-1-19　缝宽为 0.1mm 时的衍射图像

特性的最直接、最有力的支持。

  本节通过介绍"基于 DISLab 软件的匀速直线运动实验研究""基于 DISLab 软件的 U-I 曲线描述实验研究"和"基于 DISLab 软件的单缝衍射中的光强分布规律研究"三个实验可以看出,DISLab 这种由"传感器+数据采集器+实验软件包+计算机"构成的新型实验系统,成功地克服了传统物理实验仪器的诸多弊端,有力地支持了信息技术与物理实验教学的全面整合。除了上述的实验研究以外,DISLab 还可以完成声振动图像的实验、弹簧振子的振动图像实验、微弱磁通量变化时的感生电流实验、电子天平称量的实验、G-M 计数器进行计数的实验、超重失重的实验、斜面上力分解的实验和摩擦做功使温度升高的实验等多项声、光、电、力、热方面的实验研究。这样先进的实验手段,不仅有利于改善演示实验的效果,还可以开展探究性教学;通过"可视化"的实验数据演示,可以加深学生的知识记忆与理解,并活跃课堂气氛,从而使课堂教学更有效。

8.2　作业帮软件在教学中的应用

视频讲解

8.2.1　作业帮软件概述

  对于每个学生来说,家庭作业是每天必做的。可是每当碰到难题就会感到束手无策,家长也是爱莫能助。作业帮软件就是针对以上痛点问题而研发的。它是以习题为核心的一种移动学习平台,可以快速地帮助学生解决家庭作业中的困难。除了习题搜索,它还有课程直播和一对一辅导等功能。

  利用作业帮软件,学生可以通过拍照、读题目或键盘输入题目等方式迅速得到难题的解析步骤、考点答案,从而发现自己的知识薄弱点,精选习题进行补充训练;也可以观看课程直播,或手机互动学习;还可以与全国众多名校的教师进行在线一对一答疑;另外,学习之余还能与同龄学生一起交流,讨论学习生活中的趣事等。该软件的基本功能如图 8-2-1 所示。

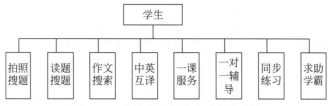

图 8-2-1 作业帮软件基本功能示意图

该软件功能主要有三大部分:搜题、直播课、一对一辅导。搜题就是可以通过拍照、读题目等方式进行习题搜索;直播课就是教师可以在平台上开课,并与学生进行互动与交流;一对一辅导是针对学生个人需求而开设的,相当于网上家教。

8.2.2 作业帮软件的安装与使用

该软件可以在作业帮的官方网站上进行下载,而移动终端的应用则需从应用中心或是直接扫描网页上的二维码进行下载,如图 8-2-2 所示。安装完成后,桌面上会生成作业帮的图标 ,目前该软件支持计算机桌面版、网页版、iPhone 版、Android 版、iPad 版、手机网页版等多种形式。

应用安装完成后,双击图标就可以打开该软件。如果是新用户,需要先注册,再登录;如果已经是用户,直接登录即可。

图 8-2-2 官方网站首页及下载二维码

8.2.3 作业帮软件在教学中的应用技巧

1. 利用作业帮软件来辅助教师备课

作业帮软件以习题为核心,教师可以借助该软件来辅助自己备课,如使用该软件来查找习题的多种解法,对相关题目的知识点进行延伸与拓展,总结归纳相关考点等。该软件的最大特色就是搜题方便,有拍照搜题、读题搜题等方式。其中拍照搜题,如图 8-2-3 所示最方便,就是通过手机拍照,将题目先照下来,然后上传到作业帮软件上进行搜索,系统自动从题库中寻找题目进行匹配,寻找对应题目和类似题目,再提供解答过程给搜索者;而读题搜题也很方便,主要适用于没有现有题目或只记得部分题面的情形。

(1)培养学生一题多解的思维。

一般而言,该软件搜索到题目后,会提供多种解答方法以供参考,教师可以利用此功能辅助自己完成一题多解的备课,以培养学生一题多解的思维,如图 8-2-4 所示。

图 8-2-3 拍照页面

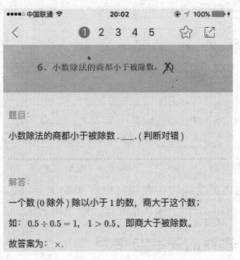

图 8-2-4　题目解析页面 1

(2) 培养学生举一反三的能力。

同步练习是培养学生举一反三能力的一种重要途径。学生在完成一道题目后,不论正确与否,软件均会显示此题的正确解题方法,并在题目右上角显示该题所涉及的知识点。作业帮软件也会给出此知识点的经典例题,可以让学生进行针对性的强化训练。因此,教师可以利用此功能辅助自己备课,以培养学生举一反三的能力,如图 8-2-5 和图 8-2-6 所示。

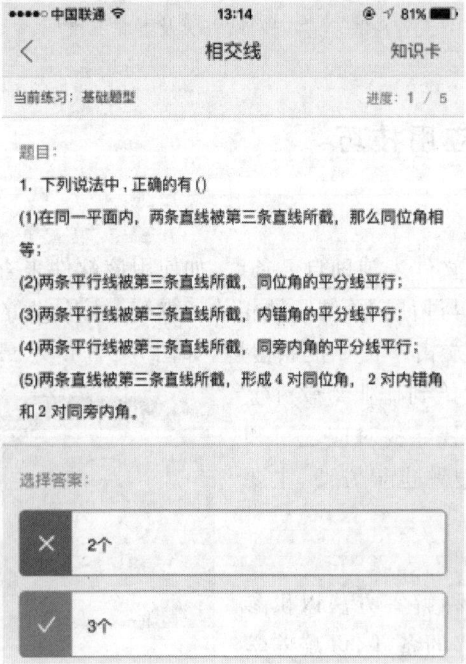

图 8-2-5　解题页面 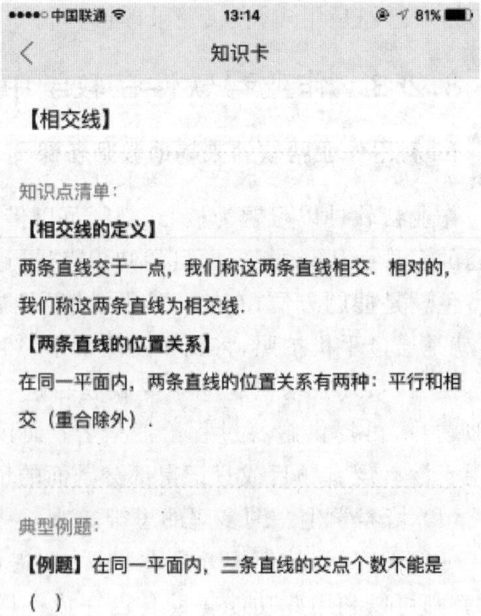　　　　　　　　图 8-2-6　题目解析页面 2

(3) 利用海量素材辅助作文、英汉互译、古文赏析等课程备课。

作业帮软件有个百宝箱功能，提供语文作文、英语作文、单词翻译、古文助手等功能。

作文搜索是在写作时参考该软件上的文献，从而提升自己的文采。这里不仅可以搜索中文作文，还可以搜索英语美文，学生在文章中可以借鉴经典结构、句子等，让自己的文章表达更加信、达、雅。教师利用此功能也可以在备课时给学生提供参考，帮助学生打开思路，如图 8-2-7 和图 8-2-8 所示。

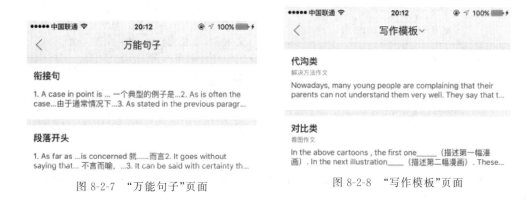

图 8-2-7 "万能句子"页面　　　　图 8-2-8 "写作模板"页面

古文助手主要分为学、背、练三大模块。利用"学"模块帮助学生翻译古文、朗读原文；利用"背"模块适当提醒学生某一字词进行背诵；利用"练"模块帮助学生理解实词、虚词的含义。教师利用古文助手可以对学生的古文背诵情况进行查阅，能对文言文方面的课程进行更好地备课，如图 8-2-9～图 8-2-11 所示。

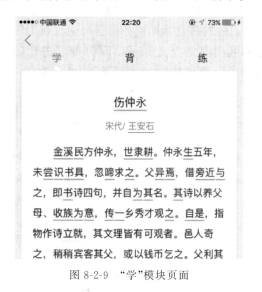

图 8-2-9 "学"模块页面　　　　图 8-2-10 "背"模块页面

限于篇幅原因，利用单词翻译功能辅助教师备课就不再赘述了。

(4) 利用相关教学视频辅助教师备课。

在"一课"模块中，汇聚了不少名师的教学视频，教师也可通过观看其他教师的视频来辅助自己备课。此功能对新教师更有帮助，如图 8-2-12 所示。

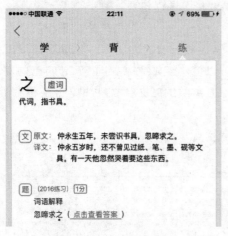

图 8-2-11 "练"模块页面

图 8-2-12 "一课"模块页面

(5) 以知识拓展的方式来激励学生。

在"历史上的今天"这一模块中，每天都会展示历史上当天的重大事件。通过此功能，可以让同学们多了解历史以拓展知识面，如图 8-2-13 所示。

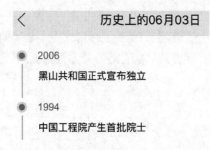

图 8-2-13 "历史上的今天"模块页面

2. 利用作业帮软件远程辅导学生

教师可以注册成为作业帮的在线教师，通过网络直播或者单独在线辅导两种形式来帮助班上的学生学习，解决学生在家学习时遇到的疑难问题。

(1) 通过网络直播课服务来进行全班课下辅导。

教师利用网络直播课可以面向全班进行辅导，如本周知识点回顾或每日一题等，学生通过直播课就可以足不出户地进行课程学习了。当然，教师也可以引导学生观看其他教师的讲解，如图 8-2-14 所示。

(2) 通过一对一辅导来帮助学习困难的学生。

教师通过一对一辅导可以帮助个别基础较差的学生，或学生可以针对自己的问题向教师进行请教，教师可以对学生进行远程辅导，帮助学生整理思路、分析问题，如图 8-2-15 所示。

图 8-2-14 直播页面

图 8-2-15 一对一辅导页面

3. 利用作业帮软件引导学生自主学习

作业帮软件中有"同步练习""错题本"和"知识诊断"等小模块,可以用来引导学生自主练习,在题目做错后自主收集此题并反复多加练习;通过定时评测功能,还能测试这段时间的学习效果,从而更好地引导学生的自主学习。

(1)利用同步练习来巩固相关知识点。

该功能可以帮助学生通过反复练习来加深对知识点的掌握,如图8-2-16所示。

(2)学生利用错题本总结教训。

学生做完一道题后,查看解答思路与参考答案是否一致,如若错误即将题目收录在错题本中,每隔三到五天拿出来进行重复练习,以巩固相关知识点,如图8-2-17所示。

图8-2-16 "同步练习"页面

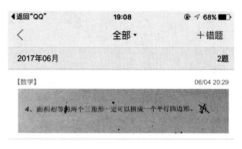
图8-2-17 "错题"页面

(3)学生通过知识诊断进行评测。

学习一段时间后,应该对本阶段的学习效果进行评测,以便较好地了解该学习阶段的学习情况和进行相应的调整。

4. 利用作业帮软件引导学生间的互帮互助

利用作业帮软件还可引导同学间互帮互助,有困难的学生可以通过平台上传习题或问题,引导同班学霸对其进行解答,增加班级的凝聚力,也可以求教于其他学霸们。

该功能可以作为一个交流互动的频道,在作业问答里,可以将题目拿来提问,向同学、向学霸、向教师咨询。这样,基于习题,可以发现班级学生共同的知识难点,也帮助教师分析出问题,并对学生的薄弱知识点部分进行针对性的训练,如图8-2-18所示。

综上,充分利用好作业帮这款社会性软件,不仅可以辅助教师自己的备课,还可以培养学生一题多解、举一反三的能力。通过知识拓展、

图8-2-18 求助学霸页面

交流互动,不仅可以拉近师生间的关系,还能让同学之间养成互帮互助的习惯;通过网络直播或者一对一辅导,可以解决学生在家学习时遇到的疑难问题;通过"同步练习""错题本"和"知识诊断"等小模块,还可以引导学生的自主学习等。这种基于习题的社会性软件,不仅能辅助教师的备课,更有利于学生对习题背后知识点的理解与掌握;通过反复练习,可以实

现对知识点稳扎稳打的记忆与运用,从而使学习更有成效。

8.3 作业盒子软件在教学中的应用

视频讲解

8.3.1 作业盒子软件概述

对于学生来说,适量的作业是必不可少的,但随着学生上交的作业越来越多,教师所承担的批改量就会比较大,特别是题目正确率的统计更让教师们劳心劳力。

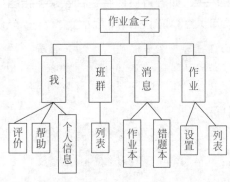

图 8-3-1 作业盒子软件基本功能示意图

作业盒子是一款帮助学生做作业、辅助教师批改作业的应用软件。它为教师提供了智能出题、自动批改等服务,帮教师减轻批改作业的工作量。学生使用作业盒子软件做作业和提交作业,客观题直接在网页上选择答案,主观题则通过拍照上传,既减轻了书包负担,又可以杜绝"忘带作业本"现象。该软件的基本功能如图 8-3-1 所示。

作业盒子软件的首页面主要包括四大模块:我、班群、消息和作业。"我"模块主要是个人信息的编辑;"班群"模块主要是帮助教师创建一个本班学生与教师交流的环境;"消息"模块包含有作业本和错题本;"作业"模块会显示教师当前所布置的作业情况。

8.3.2 作业盒子软件的安装与使用

该软件可在作业盒子的官方网站上进行下载,如图 8-3-2 所示。而移动终端的应用软件则需从应用中心下载,或者直接扫描二维码进行下载,如图 8-3-3 所示。该软件分教师端应用和学生端应用,安装后在桌面上生成的图标分别为 和 ,目前支持计算机桌面版、网页版、iPhone 版、Android 版、iPad 版、手机网页版等多种形式。双击图标就可以打开该

图 8-3-2 官方网站首页示意图

软件进行使用。当然,如果是新用户,需要先注册,再登录;如果已经是用户,直接登录即可。

8.3.3 作业盒子软件在教学中的应用

1. 利用作业盒子实现移动办公且减轻教师批改工作量

图 8-3-3 移动端下载二维码

作业盒子将教师从办公室解放出来,可以随时查看学生的作业完成情况,即使教师不在办公室也可以轻松地实现移动办公。软件中的选择题自动批改功能,不仅可以大大减少教师批改作业的工作量,还可以防止选择题漏改、错改等问题的发生,分别如图 8-3-4 和图 8-3-5 所示。

图 8-3-4 "习题统计"页面　　　　图 8-3-5 "批改作业"页面

2. 利用海量题库帮助学生完成巩固练习

在作业盒子中有海量题库可以查看。对于各考点,作业盒子中都有多种题型可供强化练习。这样教师不必再费心地去收集各种习题库,大大降低了挑选题目的工作量。作业盒子的大部分功能与作业帮相似,如可以查看一道题目的多种解法,也可以查看同类题目的总汇,还可以对考点或知识点进行系统归纳,分别如图 8-3-6 和图 8-3-7 所示。

图 8-3-6 题库页面　　　　图 8-3-7 题库详情页面

3. 通过创建"班群"帮助师生间进行沟通与交流

(1) 作业盒子有课堂互动功能。即教师可以使用教师客户端创建班级,然后设置好六

图 8-3-8　创建班群示意图

位数的号码,学生可以通过输入这六位数的号码进入班群,同一个课堂或不同课堂的学生都可以加入同一个班群,如图 8-3-8 所示。

(2) 加入班群后,学生不仅可以查看和在线完成教师布置的作业,还可以查看错题本和自己做错的作业记录,分别如图 8-3-9 和图 8-3-10 所示。

(3) 学生还可以查看优秀作业,找出差距,进行学习,如图 8-3-11 所示。

(4) 班群管理。管理员可以邀请学生,还有转让班群的功能,如图 8-3-12 所示。

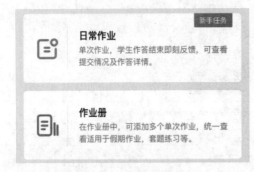

图 8-3-9　布置作业页面

图 8-3-10　"错题本"页面

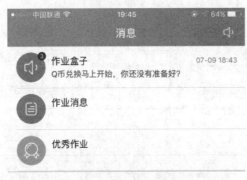

图 8-3-11　"消息"页面

图 8-3-12　"班群管理"页面

4. 利用闯关模式增加学生的学习兴趣

(1) 作业盒子(中学版)的学生端应用软件设置了闯关模式。学生首先需要在个人信息中填写自己的姓名、学校、所需学习的年级和课程。系统会按照知识点的顺序设计学习计划和闯关流程。学生选择开始闯关,当学生完成了相应的学习任务后就可以获得奖励,这样就能用游戏的方式激励学生参与主动练习,分别如图 8-3-13 和图 8-3-14 所示。

(2) 对于作业的练习和闯关,都设有时间限制,学生只有在规定时间内对某一类知识点全部回答正确才会闯关成功,继续解锁下一类知识点。某一问题回答错误或者答题时间超出,均算闯关失败,即对该部分知识点内容不够熟练,需要继续练习,分别如图 8-3-15 和

图 8-3-16 所示。

图 8-3-13 数学游乐场

图 8-3-14 学习任务页面

图 8-3-15 闯关页面

图 8-3-16 答题页面

（3）该软件中设有草稿本的功能，可以在闯关过程中手写打草稿，帮助学生进行简单的答题演练；还设置了题目报错的功能，如果题目有错，可以根据错误类型提交错误报告，帮助学生提高识别错误的能力，真正吃透知识点，如图 8-3-17～图 8-3-19 所示。

综上，充分利用好"作业盒子"这款社会性软件，不仅可以将教师从办公室解放出来，让教师轻松地实现移动办公，还可以帮助教师进行选择题的批改等，从而减轻教师批改作业的任务量。同时，该软件也可以培养学生一题多解、举一反三的能力，还可以对考点或知识点进行系统归纳。班群功能可以帮助师生间进行沟通，教师可以通过该模块布置

图 8-3-17 做题页面

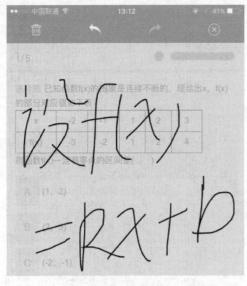
图 8-3-18　草稿本页面

图 8-3-19　"题目报错"页面

作业,学生可以通过该模块完成作业。学生通过查看错题本和优秀作业,以及查看自己的排名,做到"知己知彼"。闯关模式以游戏的方式激励学生主动练习。可见,这种基于作业布置与批改的社会性软件,不仅能辅助教师课后教学,更有利于学生通过作业检测知识点的掌握情况,从而让学生更好地掌握和巩固书本知识。该软件为教师督促学生、检查学生的学习效果提供了一种方便的信息化教学手段。

8.4　菁优网软件在教学中的应用

8.4.1　菁优网软件概述

为了对学生掌握知识点的情况做一个大体的评估,许多学校都会举行月考、期中考、期末考以及各种模拟考试等,试卷的题目既要包含所学的核心知识点,还要有创新题、经典题,所以手工出试卷、改试卷等工作占用了教师们不少的时间,但效率却低下。

菁优网软件收录了全国各地历届中考题、高考题、期中期末考题,乃至部分名校月考题。教师使用该软件出题,既可以参考同类试卷的出题思路,又可以有效地避开雷同题,提高了出试卷的效率。同时,用户可以在搜索栏中输入题目关键字查询题目,或者搜索试卷。网站提供试题、试卷的查看及下载,部分题目可以免费显示标准答案及详细解析,但一些较难题目需要支付优点或通过充值 VIP 服务来直接查看标准答案和解析。利用该软件的在线免费测试,用户还可以完成自我测评。该软件的基本功能如图 8-4-1 所示。

菁优网软件分为学生客户端和教师客户端。学生端可以实现做练习、看考点、查试题和查试卷四大功能；教师端是一个组卷中心。两端均有搜题、问答等功能,还包含有"我的书包""小工具"等小组件。

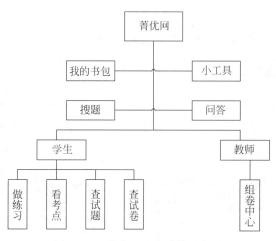

图 8-4-1　菁优网基本功能示意图

8.4.2　菁优网软件的安装与使用

该软件可在菁优网的官方网站进行下载,官方网站首页如图 8-4-2 所示。而移动客户端的应用则需在应用中心进行下载,或者直接扫描二维码下载,如图 8-4-3 所示。安装完成后,桌面上会生成菁优网的图标 。目前,支持计算机桌面版、网页版、iPhone 版、Android 版、iPad 版、手机网页版等多种形式。应用安装完成后,双击图标就可以打开该软件。如果是新用户,则需要先注册再登录;如果已经是用户,则直接登录即可。

图 8-4-2　菁优网官方网站首页

图 8-4-3　移动端下载二维码

8.4.3 菁优网软件在教学中的应用技巧

1. 通过搜题来辅助备课

搜题的方式主要有三种，分别为"搜题""查试题"和"查试卷"。通过搜索关键词能够搜索相应的题目，了解到一个知识点的多种出题角度，能够更好地帮助教师出卷和备课，分别如图 8-4-4 和图 8-4-5 所示。

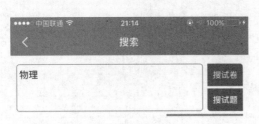 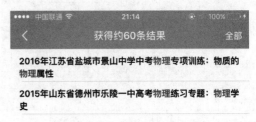

图 8-4-4 搜索关键词页面　　　　　　　　图 8-4-5 搜索出试卷页面

2. 通过看考点来辅助备课

教师通过"看考点"设计授课讲题的侧重点，考点说明下面有具体知识点的定义，以及知识要点的说明；另外，还可以输入考点查询关键字，对考点进行筛选，分别如图 8-4-6 和图 8-4-7 所示。

 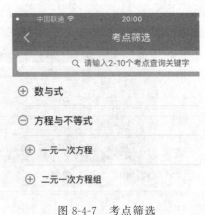

图 8-4-6 知识点学习　　　　　　　　　　图 8-4-7 考点筛选

3. 通过收藏题目来组建个人题库

通过收藏功能可以将所筛选的试题或试卷组建为个人题库，然后教师再利用所收藏的题目自动或自助组卷；学生也可以利用收藏功能建立个人题库，反复练习所收藏的题目，掌握更多的题型解法，如图 8-4-8 所示。

4. 通过组卷来测试学生的学习状况

基于考点组建试卷,这是教师模式特有的功能。单击"组卷"按钮之后,再单击右上角的"+"号按钮,加入"组卷车";单击下方"完成组卷"按钮,如图 8-4-9 所示,就可以给学生发布试卷或将试卷进行下载,如图 8-4-10 所示,这样可以帮助教师了解学生的学习状态、组织相关知识点的复习。

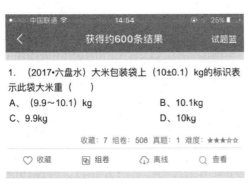

图 8-4-8　组建个人题库

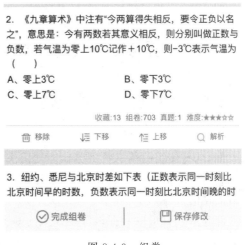

图 8-4-9　组卷

5. 利用菁优网软件帮助学生进行在线答疑

学生的题目可通过照片的形式发到交流平台上,如图 8-4-11 所示,便于教师为同学们及时解答疑问。通过这种线上交流题目的方式可以让教师和学生的关系更加紧密,沟通也会更顺畅。

图 8-4-10　下载试题　　　　　　　　图 8-4-11　上传题目进行交流

综上,菁优网软件作为试卷类软件,可以帮助教师通过"搜题""查试卷""查试题"等三种方式总结同一类型的题目。该软件中的"看考点"功能不仅可以辅助教师了解考点的分布、命题方向,也可以让学生明白某一知识点的重要程度,还可以推荐学生下载考点视频自主学习;通过收藏题目组建个人题库,教师可以组题成卷对学生进行测试,学生也可以强化练习从而将知识点熟练运用;通过交流平台,学生将疑难问题发布出来,让教师为学生答疑解惑。可见,菁优网方便了教师选题、组卷和测试,方便了学生自我学习水平的诊断,可引导学生对知识点的复习与巩固。

8.5 问卷星软件在教学中的应用

8.5.1 问卷星软件概述

以往教师对学生的学习情况、家庭情况等方面的了解往往基于电话访谈或者纸质问卷的收集,这种传统的信息收集方式费时又费力。问卷星软件是集题库与问卷于一身的平台,既能够对学生的学习科目进行测试,还能够完成许多关于学生基本情况的调查,有助于教师教研活动的开展。

问卷星软件可以根据教师所输入的知识点设置筛选条件,将简单的知识点设置较少、难题的知识点设置较多来加强对学生的习题训练;通过合理控制答卷时间,提高学生的答题效率;问卷星软件还可以根据答卷情况来判断试卷是否为有效答卷,极大地减轻了教师批改试卷的工作量。基于问卷星的电子版调查问卷还能极大地减少印刷、分发、回收纸质问卷,并进行数据统计的工作量。该软件的基本功能如图 8-5-1 所示。

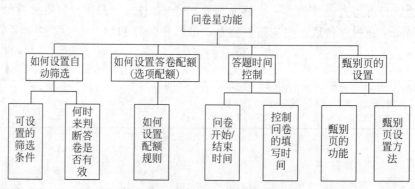

图 8-5-1 问卷星基本功能示意图

问卷星软件的主要功能包括制作问卷进行社会调查、对某一事件的态度进行投票等。在教学中我们还可以利用问卷星软件进行模拟考试,包括在题库中随机抽题、随机组卷、系统自动阅卷、自动计算成绩、限时答题并实时提醒等功能。

8.5.2 问卷星软件的安装与使用

该软件可以直接登录问卷星官方网站进行使用,如图 8-5-2 所示。而移动终端的应用则需从应用中心下载,或者直接扫描二维码进行下载,如图 8-5-3 所示。应用安装完成后,桌面上会生成问卷星的图标 ![], 双击图标就可以打开该软件。目前支持计算机桌面版、网页版、iPhone 版、Android 版、iPad 版、手机网页版等形式。

图 8-5-2　问卷星官方网站首页

该软件的使用步骤如图 8-5-4 所示。

图 8-5-3　移动端下载二维码

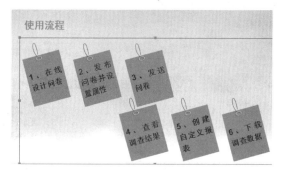

图 8-5-4　使用步骤示意图

8.5.3　问卷星软件在教学中的应用技巧

1. 教师利用问卷星软件可完成在线测试

教师利用问卷星软件可完成在线测试，这样不仅能帮助教师更便捷地了解学生的学习情况，而且能帮助教师免除印刷试卷、回收试卷等烦琐过程。

（1）首先教师可以在问卷星平台上提前出好试卷，让学生在课堂上作答或作为课后作业。通过设置开始和结束的时间，灵活控制学生的答题时间，如图 8-5-5 和图 8-5-6 所示。

（2）教师可以利用单选题设置功能，要求学生必须答完所有单选题后才能提交试卷。通过设置标准答案，软件可实现自动记分，还可以呈现具体的答案解析，帮助学生分析错误原因，分别如图 8-5-7 和图 8-5-8 所示。

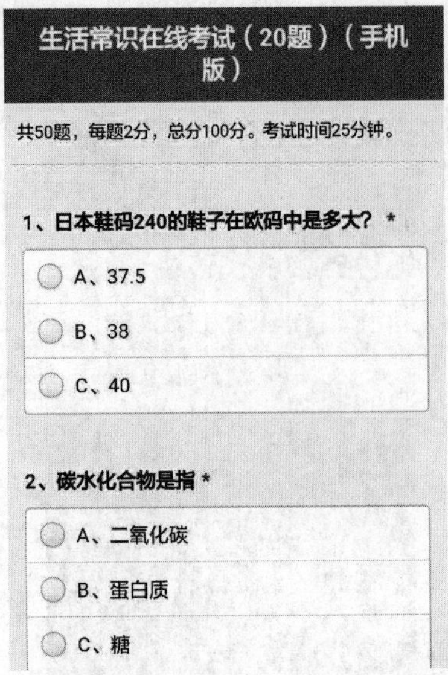

图 8-5-5　考试试卷编辑页面 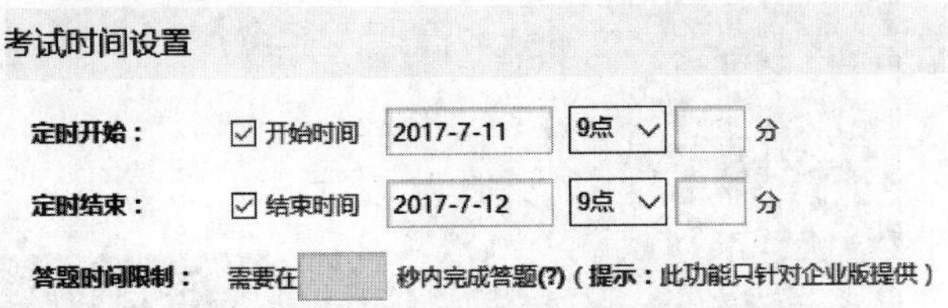　　　　　　　图 8-5-6　"考试时间设置"页面

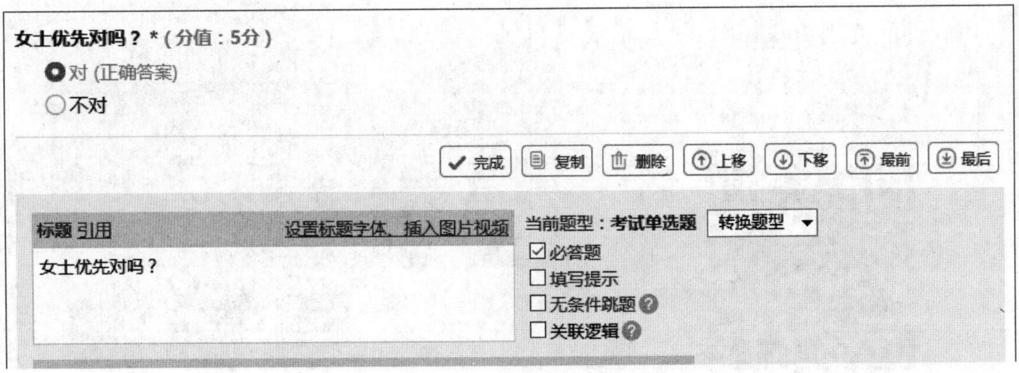

图 8-5-7　设置单选页面

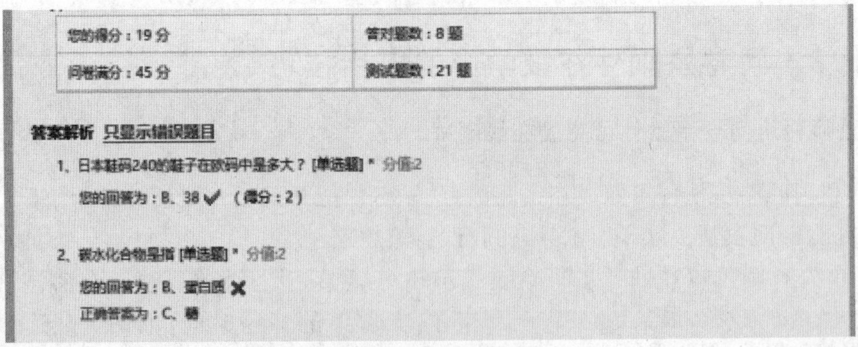

图 8-5-8　试卷分析页面

（3）教师如果在课堂上利用在线考试功能，还可以有效防止同学逃课和代答现象。如在试卷中添加一些主观题，没来的同学就不好回答或别人无法替他代答，如图 8-5-9 所示。

图 8-5-9　在线考试页面

(4) 利用该软件的筛选问卷功能(自动或手动),可帮助教师找出或删除异常试卷。自动筛选功能将学生所提交的试卷进行筛选,如若答卷不符合要求,默认显示"非常抱歉,您的某些条件不符合本次调查要求,感谢您的参与";手动筛选功能可以将不符合填写要求的少量试卷进行手动删除。

(5) 利用该软件的甄别页功能,可帮助教师分类应答试卷的群体。例如,六年级的学生可以考查二元一次方程问题,五年级的学生可以考查一元一次方程问题等,这里就可以通过设置甄别页来完成不同群体的不同试题应答。甄别页的设置方法是在编辑问卷页面,将所需甄别的题目放在同一页,然后编辑此页的分页栏,确认勾选"此页是否是甄别页"复选框。如果设置此页为甄别页,那么当用户单击"下一页"按钮时,系统会自动应用所设置的规则,即只允许符合要求的填写者,进入下一页的答题,对于不符合规则要求的填写者,系统会终止其答题。

2. 利用问卷星软件教师可开展教学研究活动

教师可以利用问卷星软件开展教学研究活动。例如,通过该软件对学生的学习情况、个人情绪与学习的关系、体育爱好与健康等问题通过问卷进行调查分析,从而更好地帮助自己开展教学。在制作问卷的过程中,为了避免无效答卷影响教学研究结论,教师可利用问卷星软件对答卷是否有效进行判断。

(1) 教师为了将测试对象限制为学生,往往需要设置一些筛选条件,例如所在省份、所在城市、年龄段、职业、高校等。通过筛选的条件来判断提交的答卷是否为有效答卷,如图 8-5-10 所示。

图 8-5-10　设置筛选条件

(2) 为了防止学生乱填、错填调查问卷,教师可利用该软件的关联设置、双题规则等技巧,通过判断两个题目选项是否存在冲突,来判断此份答卷是否为有效答卷。双题规则的设置如图 8-5-11 所示。

可以设置填写者填写的问卷中两个题目,是否互相冲突,来判断此份问卷是否为有效答卷。

设置动图:

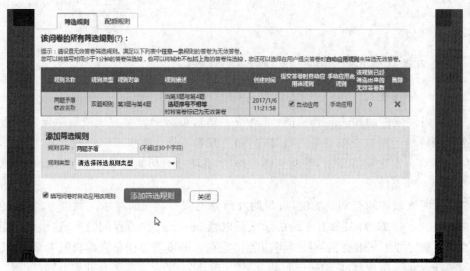

图 8-5-11　设置双题规则

(3) 教师可以利用该软件的配额规则设置,使得调查采样数据更趋合理。配额规则即控制指定选项的被选次数。当达到指定次数后,此选项就不能被选择或者选择了此选项就是无效答卷。例如,为了防止所测试学生的男女比例不均衡的情况,教师可设置性别配额男女各 500 份。当男性选项达到了配额数,如果是显式配额,用户会直接在界面上看到男性选项的配额已满,不能再单击选项,选择按钮是灰色的;如果是隐式配额,那么用户再选择男性选项,提交的答卷就会变成无效答卷。配额规则的设置如图 8-5-12 所示。

图 8-5-12　设置配额规则

当制作好一份调查问卷后,该软件可以自动生成分享链接和二维码,如图 8-5-13 所示。教师可以将该链接分享到朋友圈或者 QQ 群后,由相关人员(如学生或家人等)填写调查问卷。调查问卷填写者完成后,会自动跳出问卷填写成功的提示。教师可以随时查看问卷的填写情况并得到调查数据或图表,分别如图 8-5-14 和图 8-5-15 所示,以帮助自己得出相应的教学研究结论。

图 8-5-13　分享页面

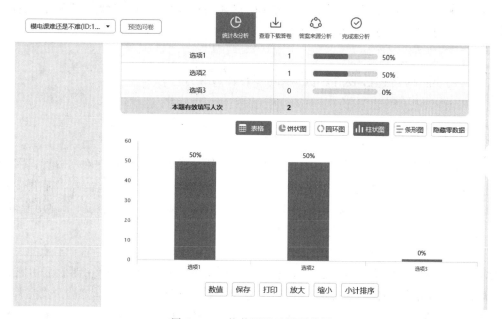

图 8-5-14　柱状图显示投票结果

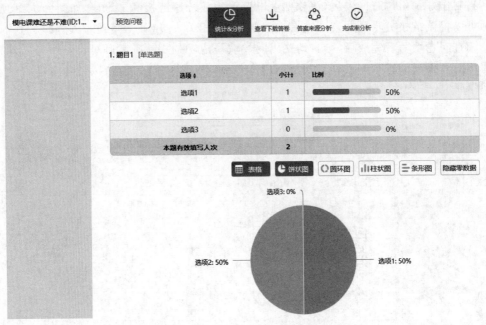

图 8-5-15　饼状图显示投票结果

综上,问卷星软件既是采集教学研究信息的一种方式,又是集题库与问卷于一身的测试平台,还可以进行在线投票。问卷星软件还能以简明的数据报表和清晰的图表曲线的形式呈现测评结果。可见,问卷星这种基于调查问卷的社会性软件,既是简便易用的在线试卷型工具,又是纸质调查问卷的电子版,不仅极大地减轻了纸质问卷与纸质试卷的印刷、分发、回收、数据统计等工作量,还非常方便地以链接的形式进行分享,更有多种数据报表与图表功能,是教师开展教学研究必不可少的信息化教学手段。

8.6　有道云笔记软件在教学中的应用

8.6.1　有道云笔记软件概述

学生做笔记是学习过程中很重要的一部分。传统纸质方式做笔记存在易缺页、易丢本、笔记难找且归纳整理困难,加上 PPT 教学速度较快、学生容易记不全笔记等。而有道云笔记软件既能有效解决上述问题,还具有个人资料和信息的跨平台、跨地点的管理功能,用户可以通过手机随时随地记录自己的笔记和心得,并且不用担心笔记丢失。

有道云笔记是一款免费的云笔记软件。所谓云笔记是既可将笔记存储于本地的用户记事本或备忘工具中,也可上传至云端的电子笔记记录方式。例如,学生在课堂上用它记笔记,课下还可以分类整理笔记、分类查找笔记,并通过好友之间的互相分享等进一步完善自己的课堂笔记。在不同的设备上,用户只需要使用自己的账号和密码登录,就可以查看自己存储于云端的笔记,有效地避免了在课堂上忘带笔记的情况。该软件的基本功能如图 8-6-1 所示。

用户登录以后有三个可选模块:云笔记、云协作、个人中心。云笔记模块主要是用于记

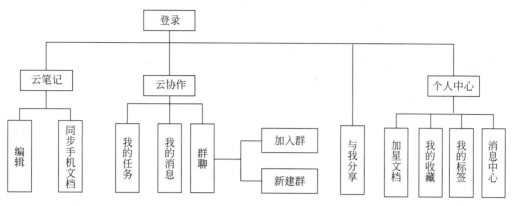

图 8-6-1　有道云笔记软件的基本功能示意图

录笔记；云协作模块主要用于与好友进行互动；个人中心模块用于对自己的云笔记进行管理操作等。

8.6.2　有道云笔记软件的安装与使用

该软件可在有道云笔记的官方网站（http://note.youdao.com）进行下载，如图 8-6-2 所示。而移动端的应用则需在应用中心下载，或者直接扫描二维码下载，如图 8-6-3 所示。应用安装完成后，桌面上会生成有道云笔记的图标 ◐，双击图标就可以打开该软件。目前支持计算机桌面版、网页版、iPhone 版、Android 版、iPad 版、手机网页版等多种形式。

图 8-6-2　有道云笔记官网首页

图 8-6-3　移动端下载二维码

完成安装之后双击打开有道云笔记，会看到一个登录界面。登录时需要使用通行证，如果没有通行证可注册一个新的通行证；如果原本就有，则直接登录即可使用。

8.6.3 有道云笔记软件在教学中的应用技巧

1. 利用云笔记帮助学生随手记录课堂笔记

（1）在有道云笔记中，可建立文字笔记、照片笔记、相簿笔记、手写笔记等，学生可以选择自己喜欢的方式进行记录，如图 8-6-4 所示。如果学生在手机上记录笔记后，登录同一个有道账号则可在桌面版软件中同步，如图 8-6-5 所示。

图 8-6-4　在手机上新建笔记　　　　图 8-6-5　计算机上同步显示

（2）如果学生选择图片记笔记的方式，可直接使用手机拍照，然后上传至云端或保存于手机端的云笔记中。上传完毕后，照片即可在计算机上查看，既省去了使用数据线的麻烦，又能及时拍下课上的 PPT 课件，跟上教师的授课节奏，如图 8-6-6 所示。

（3）手写笔记是最快捷的笔记记录方式。该方式不需要调取系统输入法，学生直接在屏幕上手写输入，即可录入文字和图片，分别如图 8-6-7 和图 8-6-8 所示。

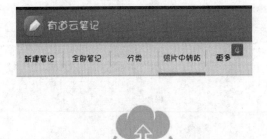

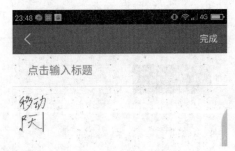

图 8-6-6　利用云笔记进行数据传输　　　　图 8-6-7　手写文字输入

云笔记同步时应该注意以下技巧：首先需要在手机上安装 2.0 或更高版本的有道云笔记，这样可以启用照片中转站服务。登录之后，为了避免不必要的流量损失，建议用户在照片中转站设置中选择"仅在有 Wi-Fi 时自动上传"同步笔记，分别如图 8-6-9～图 8-6-11 所示。

图 8-6-8　录入图片　　　　　　图 8-6-9　开启照片中转站

图 8-6-10　照片中转站设置　　　图 8-6-11　在中转站查看照片

通过以上设置,在每次使用手机拍摄照片记录笔记后,照片就会自动进入有道云笔记的照片中转站。如果此时用户的网络状态良好,那么刚才拍摄的照片就会在后台立即同步到照片中转站。用户照片从同步之日起,会在服务器保存一个月,当用户在其他设备中登录云笔记后,即可查看照片中转站中的图片,减少了存储空间的占用。

2. 利用云笔记教师随时向学生分享知识

利用云笔记,教师可以随时向学生分享知识,以帮助学生拓宽视野。首先,教师需要先建立一个自己的分享笔记本,通过对该分享笔记本建立子目录进行内容管理。例如,教师可以在分享笔记本中分别建立课件、板书、优美文字、励志话语、奇思妙想等子目录,再把相关收藏的内容放到相应的子目录中。之后,如果教师想要分享自己的笔记,只要单击右下角的"更多/分享"按钮就可以进行分享,具体步骤如图 8-6-12 所示。

图 8-6-12　分享步骤图

当教师在微信上看到一些有趣的视频想要分享时,可以先保存该视频,或长按屏幕选择"收藏"选项。接下来返回到微信首页,搜索并关注"有道云笔记"公众号,关注之后按照提示绑定账号，推荐使用 QQ 号码进行绑定；单击"＋"号按钮，选择"收藏"选项，找到已收藏的教学视频发送即可。发送完成后会系统会提示保存成功，然后把刚才保存的视频通过有道云笔记软件进行分享，与此同时还可以在正文中输入对这篇文章的想法和观点。当教师分享成功后就可以在有道云笔记中查看到刚才所保存的内容了。分享视频步骤如图 8-6-13 所示。

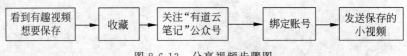

图 8-6-13　分享视频步骤图

无论是在计算机端还是移动端，分享成功后教师都可以在不同设备上使用有道云笔记客户端或网页版查看这些内容，即使原社交媒体中的该内容被删除，也不会影响云笔记中所保存的内容。

但有时为了防止同学们对所分享的内容胡乱评论，教师用链接分享时还可以设置相关访问权限，分别如图 8-6-14 和图 8-6-15 所示。

图 8-6-14　分享链接　　　　　　　　图 8-6-15　设置权限

3. 利用云笔记帮助学生构建自己的知识库和制订学习计划

（1）学生不仅要学习课内的知识，更要利用课外的知识来拓展思维。学生可以新建一个"我的资源"文件夹，将课内和课外学习到的知识进行分门归类，形成树状结构，这种方法会更有利于知识的内化。在有道云笔记中，当学生需要整理笔记时，找到相应的文件夹，在其中新建笔记即可，这样会使笔记显得更加有条理，如图 8-6-16 所示。

（2）学生还可以新建一个"个人计划"笔记本，用待办事项将自己的计划罗列出来，当完成了某计划后，就可以在前边标记上"√"，以便提示和监督自己的计划执行。与此同时，笔记本中计划的内容可以随时进行修改，个人计划同步之后可在所有的相关联设备上自动更新。

（3）学生通过云笔记的待办事项及提醒功能，还可设置学习计划的提醒时间以督促其执行。例如，在有道云笔记计算机端添加待办事项（学习计划）及提醒时间，然后通过保存让系统自动同步到多台设备中，即使外出，手机也会提醒学习计划时间已到，以督促学生尽快返回完成该学习计划，其步骤分别如图 8-6-17～图 8-6-19 所示。

图 8-6-16　个人知识库目录

图 8-6-17　新建待办事项

图 8-6-18　填写待办事项

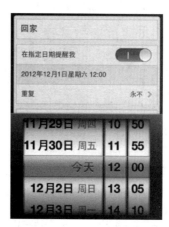

图 8-6-19　选择提醒时间

　　本节介绍的有道云笔记软件,不仅可以帮助学生通过上传照片等方式来便捷地记录自己的笔记与心得,还可以帮助教师分享自己的笔记与知识库;不仅可以帮助学生构建自己的知识导图,还可以让教师帮助学生制订学习计划;不仅可以实现各个终端上信息的同步实时更新,还可以对待办事项进行及时提醒。可见,有道云笔记是一种基于笔记的社会性软件。该软件在教学中的有效应用,既可让学生通过不断完善自己的笔记以内化知识结构,还可以通过分享笔记来拉近师生间的距离、拓展学生的视野,特别是学习计划设置及提醒功能,还能起到督促学生执行学习计划的作用。该软件的个人资料和信息跨平台跨地点的管理功能,可以让教师与学生随时随地记录自己的笔记和心得,并且不用担心笔记丢失,为师生提供了一种信息化的做笔记的新方式。

8.7　爱耕云软件在教学中的应用

8.7.1　爱耕云软件概述

　　学生的成长离不开家庭和学校的教育。因此,加强学校和家庭之间的沟通,意义重大。教师与家长如果不能及时沟通学生在学校的表现情况,就无法帮助学生更好地成长,也容易产生矛盾。而爱耕云软件可以较好地解决该痛点问题。它不仅可以为教师和家长之间搭建便捷的沟通渠道，还可以为教师、学生、家长提供一个简单、好用的教育信息互动平台，进而实现校园信息智能化和家校沟通便捷化。

爱耕云以物联网为基础，将学校教学、管理和校园生活融合在一起，提供了一个信息互通的智慧化交流平台。为便于教师、学生、家长的操作，该软件提供网页版和微信小程序版两种登录方式，可以实时记录学生的考勤、学习、考试、作业等日常信息，并将这些信息反馈给教师和家长。该软件的基本功能主要包括招生管理、学生管理、教务管理、家校服务、校长决策这五个功能模块，如图8-7-1所示。

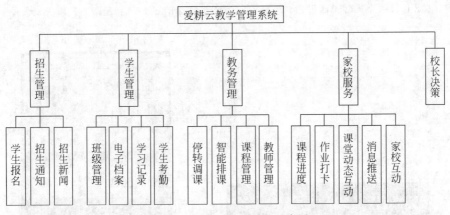

图 8-7-1　爱耕云基本功能示意图

8.7.2　爱耕云安装与使用

爱耕云官网首页如图8-7-2所示。用户无需安装该软件，只需要在电脑端搜索爱耕云网页即可直接登录和使用，也可以在手机微信端搜索爱耕云微信小程序，登录后方可使用。但如果你是新用户，则需要先注册账号。

图 8-7-2　爱耕云官网首页

8.7.3　爱耕云软件在教学中的应用技巧

1. 利用爱耕云平台进行学生管理

（1）电子档案。学校管理系统后台可为学生建立个人档案，便于家长及时了解学生的学习情况。

(2) 到校、离校通知。由于该平台无缝对接微信端,家长可以通过关注"爱耕云"微信公众号,接收学生的到校、离校通知,实时掌握学生的到校、离校动态。

(3) 课时查询。家长通过移动端,实时查询学生的已消耗的课时和剩余课时。

(4) 跟进回访。通过系统自带的外呼软件,教师可以实现电话回访,并且可以将回访语音转化成文字。

2. 利用爱耕云平台进行教务管理

利用爱耕云平台可以方便地进行教务管理,如图 8-7-3 所示。

(1) 智能信息管理:教务老师可以在线查询学生档案、课程记录、课时记录等信息,还可以通过一键导入、导出数据功能,减少重复性的工作,从而提高工作效率。

(2) 学生考勤:学生可使用电脑或手机实现一键签到、请假、调课。同时,系统会自动扣除课时。学生和家长也能实时收到考勤通知和自动生成的报表统计。

(3) 智能排课:支持手机端和电脑端同步操作,也支持班级排课和一对一排课以及隔周、隔天排课。当发生排课冲突时,系统会进行智能检测,有效地解决上课时间、空闲教室、授课教师三者中任意一个冲突的问题,缩短排课周期,提高排课准确性。

(4) 系统自动生成日、周、月课程表:用户可以通过一键筛选教师、课程、班级功能,查看课程安排和导出课表。

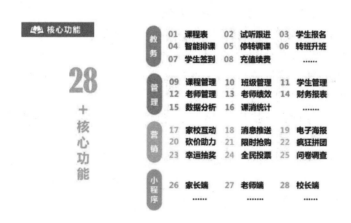

图 8-7-3 基于爱耕云的教务管理示意图

3. 利用爱耕云软件完成教师与家长、学生间的沟通

(1) 课程进度:家长可查看学生的学习进度、所上课程和剩余课时、智能数据统计表。

(2) 作业打卡:支持教师一键布置作业(作业支持文字、语音、图等形式),学生在线提交作业,教师实时点评作业,系统对未提交作业学员主动提醒等功能。

(3) 课堂动态互动:支持课堂学习动态即时反馈,教师发送上课视频、图片,一对一互动点评,学习成长记录自动生成等功能。家长也可以通过查看和分享的方式,激发学生的学习积极性。

(4) 消息提醒：支持重要通知实时推送，教学动态及时分享功能。微信公众号可以实时推送上课提醒、考勤信息、课堂动态评价、作业提醒、调课、放假等通知。

除了爱耕云这种沟通软件应用于教学中外，还有寓教于乐类的软件也在校园广泛流行。如 PK 型软件"百词斩"等。"百词斩"是一款帮助学生背单词且通过好友匹配或随机匹配的方式进行测试词汇量的 PK 型软件，它可以用游戏的形式促进学生的单词记忆。

这些趣味性软件可以将枯燥的学习变得更加有趣，学生可以利用这些寓教于乐型的教学软件开拓自己的思维、提升自己的学习能力；教师也可以利用这些游戏型学习软件来激励学生的学习兴趣、改善学生单调的学习方法等；再加上非正式化学习的盛行，未来游戏类软件或娱教技术在教学中的应用会越来越普及。

本章小结

社会性软件这一新兴事物是在网络时代蓬勃发展的情况下产生的。正由于其拥有受众面广、使用简单便捷、跨平台特性好等优势，我们不妨应用某些社会性软件来辅助教学活动的开展，以拓展学校、教师、家长、学生沟通的途径，营造师生间融洽的教学氛围，并提高课内外学习的学习效果。特别是移动通信的发展，让这些社会性软件更加智能化、人性化与个性化。在教学上应用某些社会性软件，不仅可以随时随地开展学习，也能促进随心随境地沟通、交流与分享，这样一方面促进了人们的知识分享与学习，另一方面也为人们提供连接学习与生活的平台，最终实现学生的学习效果最大化。

当然，要在教学中利用好这些社会性软件，教师不妨多借鉴别人的经验与技巧，为此本章介绍了实验类、作业类、试卷类等多种软件的教学应用技巧。例如，有助于构建网络学习共同体的作业帮软件的教学应用技巧，协助教师提高教学研究能力的问卷星软件的教学应用技巧，帮助家长更好地了解学生在校情况的爱耕云软件的教学应用技巧等。要掌握并运用好这些社会性软件的各种教学技巧，还需要读者勤习勤练，通过实际的教学应用摸索出适合自己的使用技巧。

思考与探索

1. 什么是社会性软件？它们的应用主要有哪些？
2. 谈谈自己常用哪些社会性软件来辅助自己学习与工作？

参考文献

[1] 官海萍.基于社会性软件的研究生个人知识管理研究[D].兰州：西北师范大学,2013.
[2] 疏凤芳,赵呈领,万力勇.基于社会性软件的混合式学习案例设计与研究[C].全国计算机辅助教育学会第十五届学术年会,2012.
[3] 段金菊,余胜泉,吴鹏飞.社会化学习的研究视角及其演化趋势——基于开放知识社区的分析[J].远程教育杂志,2016,35(3)：51-62.
[4] 赵丹丹.基于社会性网络 SNS 农村中小学教师非正式学习平台的构建[D].赣州：赣南师范大

学,2015.

[5] 权朝俊.社会性软件在研究生网络学习中的应用现状及对策研究[D].兰州：西北师范大学,2013.

[6] 孔悦.答疑类APP"教育这件事,机器不能取代人"[N].新京报,2015-10-19.

[7] 帅煜.基于社会性软件的大学生学习模式探究——以大耳朵英语为例[J].计算机光盘软件与应用,2015(3)：43-44.

[8] 陈萍.社会性软件在中小学教师继续教育中的应用研究[D].成都：四川师范大学,2013.

[9] Michael Filsecker,Daniel Thomas Hickey. A mulyilevel analysis of the effects of external rewards on elementary students' motivation,engagement and learning in an educational game[J]. Computers & Education,2014,75：136-148.

[10] K Kiili. Digital game-based learning：Towards an experiential gaming model[J]. The Internet and Higher Education,2005,8(1)：13-24.

第9章 新技术在信息化教学中的应用及展望

学习目标

了解一些新兴信息技术的发展现状及其教学应用,如智慧教室、虚拟实验室、电子书包、3D打印技术、VR技术、AR技术及交互技术等。

知识导图

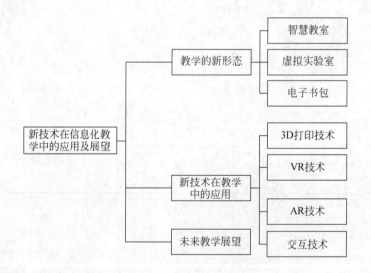

学习要点

对新技术的理解和掌握,有助于教师更好地实施信息化的教学活动和开展课程。为此,本章介绍了智慧教室、虚拟实验室、电子书包、3D打印技术、VR技术、AR技术及交互技术等新技术及其在教学中的典型应用,供教师在教学过程中参考使用。为帮助读者理解学习内容,建议在学习过程中充分利用本章的知识导图。未来,将有更多的技术融入教学活动中,可以更好地改善教师的教学体验和学生的学习体验。

9.1 智慧教室在教学中的应用

9.1.1 智慧教室概述

2008年,IBM首次提出"智慧地球"的概念,并扩展到不同领域,进而出现了智慧城市、智慧医疗、智慧交通、智慧电网等新应用。2009年,IBM又接着倡导智慧教育,提出了智慧教育的五大目标,即"学生的技术沉浸""个性化与多元化的学习路径""服务型经济的知识与技能""文化与资源的全球整合"以及"为经济发展起关键作用",由此开启了全球对智慧教育领域的关注。然而,在教育领域中,课堂教学是学生接受系统教育最重要的一环,也是保障教学质量的关键。因此,在整个智慧教育领域中,学校普遍关注智慧教室的建设与应用。

智慧教室的概念可以追溯到1988年雷西尼奥在《教育技术的实践应用》中提出的Smart-Classroom。今天,ICT(ICT是信息(Information)、通信(Communication)和技术(Technology)的简称)已经深度融合于教学中。这使得传统的多媒体教室已经向全数字化、虚拟化的智慧教室方向发展,各种传感技术、网络技术、多媒体技术及人工智能技术等更是广泛应用到了教室环境中。教室已经成为"能优化教学内容呈现、便利学习资源获取、促进课堂交互开展,具有情境感知和环境管理功能"的新型教室,这种教室便被称为智慧教室。

智慧教室强调物理空间、资源空间和虚拟空间的无缝整合,其智慧性体现在内容呈现、环境管理、资源获取、及时互动以及情境感知这五个维度上,核心技术在于数据挖掘、学习分析等,能够主动满足学生潜在的学习需求。智慧教室也是一种智慧学习环境的物化,因为它既可以是实体的智慧教室,也可以是网上虚拟的智慧教室。如图9-1-1展示了三种常见的智慧教室。

(a) 直播录播教室

(b) 地理教室

(c) 幼教教室

图 9-1-1 三种常见的智慧教室

现阶段,智慧教室的种类较多,有基于交互式白板的智能教室、智能微格教室、多媒体智能教学教室等,并且各类智慧教室功能也较丰富,如应用发布平台、教学资源平台、校园一卡通平台、移动终端系统、电子书包系统等,如图 9-1-2 所示。鉴于篇幅原因,本节主要介绍其教学子系统、考勤子系统、资产管理子系统、智慧环境调节子系统这四个模块在教学中的功能作用。

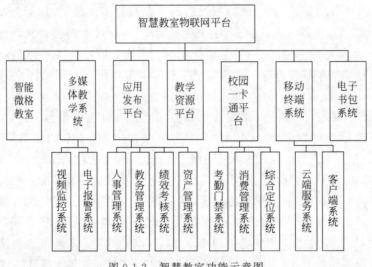

图 9-1-2　智慧教室功能示意图

(1) 教学子系统由内置电子白板功能的触控投影机、一体机、功放、音箱、无线麦克、扩音器、问答器和配套控制软件等部分构成。使用内置电子白板功能的触控投影机代替传统的黑板教学,可以实现无尘教学,并在投影画面上操作计算机。通过在每个桌位上配置问答器,可以实现师生交互式课堂教学;该子系统还可以实现高质量教学资源、信息资源和智力资源的共享与传播。

(2) 考勤子系统由 RFID 考勤机、考勤卡和配套控制软件等部分构成。在教室前后门各安装一个 RFID 考勤机,对进入教室的人员进行身份识别,以方便进行师生的考勤统计。

(3) 资产管理子系统由特高频 RFID 读卡器、纸质标签、抗金属标签和配套控制软件等部分构成。在教室前后门各安装一个特高频读卡器,对教室内的实验仪器、设备等资产(贴有 RFID 标签,标签上存储有设备的详细信息)进行出入教室的监控与管理,对把教室内资产带出教室的未授权用户进行告警,方便设备管理人员对教室设备的统一管理。

(4) 智慧环境调节子系统由温度控制、光照控制、湿度控制等部分构成。其中,LED 显示子系统由 LED 面板拼接而成,安装在教室黑板顶部,用于显示教室内各传感器采集的环境数据,包括室内温湿度、光照度、二氧化碳浓度等。温度子系统在室温过低或过高时,可以远程控制空调系统自动开启,调节室温至适宜温度。同样,湿度控制系统、光照系统等都可以实时远程调控,使教室达到最舒适的上课环境。

利用智慧教室的上述功能,能够帮助教师更好地实现课堂教学;管理人员可以更方便地完成资产管理、考勤管理等管理工作,以及更方便地辅助教学活动的开展;基于智慧环境调节、门窗监控等课堂环境的控制,学生可以在更舒适的环境中学习等。

9.1.2 智慧教室在教学中的应用

1. 基于智慧教室的教学模式

基于智慧教室的教学模式可方便地开展混合式教学、网络课程教学等多种教学模式,如图 9-1-3 所示。

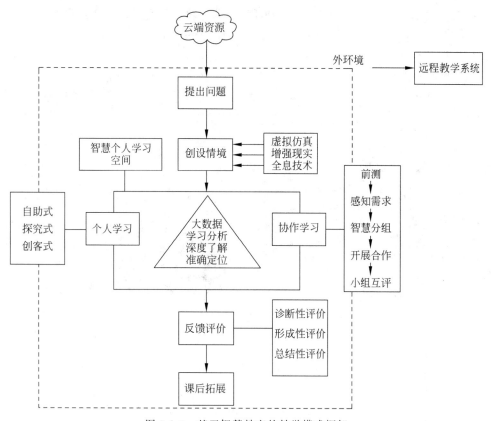

图 9-1-3 基于智慧教室的教学模式框架

(1) 自助式个人学习模式的应用。

在智慧教室环境下,利用学习分析技术和大数据,可以对学生的能力、学习进度及学习阶段等进行分析、评价,帮助学生在学习过程中根据个性偏好,自助地选择学习资源、工具和服务,形成个性化的智慧个人学习空间,通过提供个性化的学习支持服务,辅助学生完成教师布置的学习任务。

该模式具有个性化、自主化、自助化等特征,如学生获取学习资源如同在"资源超市"中获取丰富的"物品"一样,具有极强的自助性与自主性,可以按需采购学习"物品",即获取个性化的资源;教师如同"导购",为学生提供学习引导和咨询服务,如帮助学生快速、准确地获取所需的学习资源。

(2) 探究式个人学习模式的应用。

在智慧教室环境下,可以利用虚拟仿真技术创设学习场景,通过多种互动交流工具来支持学生学习,从而达到个性化探究学习的目的,并对学生在探究过程中所遇到的难题进行远程指导,如图 9-1-4 所示。

在该模式下可以采用探究学习的教学方法,培养学生的创新意识和提升他们的学习兴趣。例如,利用 3D 打印、全息投影等技术可形成可视化的虚拟学习场景,将探究内容虚拟地呈现在学生面前;通过沉浸式的虚拟学习环境,可有效提高学生的探究兴趣;通过思维导图等技术媒介,可完成师生间一对一或一对多的个性化指导与沟通交流。

(3) 创客式个人学习模式的应用。

在智慧教室环境下,每个学生都可以是创客,都能够利用智慧教室所提供的各种平台开展个性化的创造性学习。学生在理论知识的探究学习基础上,还可以运用多种新技术手段,完成各种创造性学习。

该模式可使学生大胆突破学习上的"舒适区",敢于尝试不同风格、不同领域的学习内容。例如,运用 3D 打印技术制作出各种创意作品,或通过虚拟仿真技术完成各种创意设计,如图 9-1-5 所示,并最终形成自己最满意的创意产品等。

图 9-1-4 智慧教室远程指导

图 9-1-5 智慧教室创造学习室

(4) 小组协作学习模式的应用。

在智慧教室环境下,小组协作学习模式可以最大化地显示每位成员的能力。该模式利用云计算、大数据、学习分析等技术手段对学生进行测评,可分析出学生的学习内容、学习风格、学习过程等个人信息,并将这些学生信息存储在云空间中。通过对学生的前测,平台可根据学生的个性特征、学习风格以及学习偏好等进行快速智慧分组;通过对学生的学习需求感知,平台提供协作资源等个性化的学习支持服务;通过后台实时的评测数据,教师能够全面、客观地完成对学生的评价,学生也可以通过这些评测结果,更好地调整自己的学习目标、改善自己的学习方法,并提升自己的学习绩效。

该模式可培养学生主动与他人协作的团队意识。组内各成员首先阐述自己的见解,通过云学习平台智能分析出与大多数成员观点接近的学习目标,最终各成员通过协商明确本小组的团队学习目标;接着,云学习平台对每位学生进行需求感知和数据挖掘,结合组内讨论形成统一的学习任务和学习计划;师生间、生生间可以通过即时通信工具、思维导图等进行同步或异步的讨论交流、成果展示、互相点评等活动,以获取有效的学习建议等;然后各组共享学习成果,互赏互评、共同参与,通过自我评价、同伴互评、集体评价、教师点评等进行总结与反馈,达到通过团队协作最大化个人习得成果的目标;最后学生的学习情况、学习过程、学习成果等,都可以在云平台上有量化的结果,还可以可视化地呈现给学生、教师及相关管理人员,如图 9-1-6 所示。

图 9-1-6　小组协作学习模式

2. 智慧教室可实现教育教学的数据挖掘与分析利用

智慧教室可实时记录网络平台中产生的大量过程数据，如教学行为数据、学习行为数据、评价数据等，并将这些数据存储于数据云中。

通过数据挖掘技术，可对这些云端数据进行分析，从而根据每个学生的学习需求、学习个性和学习进度，为其制定个性化的学习方案，按需推送适当的学习资源与学习建议，从而节约了学生查找学习资料的时间，可有效地提升学习效率与学习效果，如图 9-1-7 所示。

图 9-1-7　智慧教室云端存储

同时，教师也可以通过对云端存储的数据分析，提出问题、布置学习任务，利用虚拟仿真、增强现实、全息技术、可穿戴设备等技术手段对问题进行虚拟情境创设，使学生能够体验到"真实"的学习场景与"身临其境"的学习氛围。

课程结束后，智能环境的感知系统将根据学生的相关学习数据，智慧地推送符合学生个性特征的学习资源，帮助学生进行课后学习的拓展与探究。

3. 基于智慧教室可以实现对学生综合素质的全面评价

对学生的学习进行正确的评价应包括三个方面的基本含义：一是评价要准确地反映学

生的学习状态；二是评价要从多个方面反映学生的综合状况；三是评价要有激励性，要能够促进学生在学习上做出进一步的努力，即用评价来促进教育教学的开展。基于智慧教室中的云端数据库及数据分析就可以实现对学生综合素质的全面评价。

（1）可用多种工具或手段进行学习状态的评价。

基于智慧教室，教师可以通过云平台的即时通信工具、思维导图工具等与学生进行实时互动，对学生的学习过程进行指导、激励和评价，以发现每个学生的潜质，强化学生的学习动机；还可以通过基于量规的教学评价、基于电子文件夹的教学评价和基于概念图的教学评价等多种教学评价工具和手段，实现定性评价与定量评价相结合、知识能力评价与学习态度评价相结合等多种个性化的评价，让被评价者不是处于消极被动的评价地位，而是教师、学生、管理者等多主体共同参与、交互作用的评价模式，从而更加全面地评价学生的学习状态。

（2）可对学生开展多元化的评价。

在智慧教室环境下，其教学过程可产生大量的过程数据。通过大数据和学习分析技术，教师不单单可以了解学生的成绩信息，还可以了解知识点的掌握程度或知识结构的健壮性；不仅仅可以得到行为信息等学习状况的量化分析，还可以得到可视化的结果对比分析等。除此以外，通过平台上的成果展示与点评，学生的协作能力、实践能力、创新能力、心理素质以及情绪、态度和习惯等综合素质都可以得到考查。这些基于数据的分析和量评，使得教师对学生的评价更加多元化、全面化，从而为教育教学提供科学的指导意见，如图9-1-8所示。

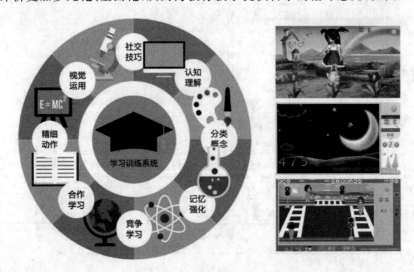

图9-1-8　学习训练系统

（3）通过全过程的评价，可用评价结果来激励学生。

基于智慧教室的诊断性评价可以为教师提供学生的一些基本情况，如知识基础、学习风格、个性特征等；基于智慧教室的形成性评价，可以对学生进行实时诊断，确定学习是否符合预期的目标，并设计出可以满足不同层次、不同水平和不同学习风格的学生所需的学习辅导；基于智慧教室的总结性评价，可以评定学生成绩，确定后续教学起点，对学生学习成绩提供反馈等。不仅如此，基于智慧教室还可以提供真实性评价、表现性评价、发展性评价等全过程的评价。可以说，数据驱动促成了评价的转型，并将它作为教学活动的一个重要环节，其结果必然是更关注评价的教育功能，用评价来激励学生各方面的成长。

未来，平板电脑、数码笔、可穿戴设备等将进一步在智慧教室中得到应用，还可以实现对学生学习全过程的数据采集，为教育评估与决策提供相应的数据证据；并通过数据分析，还可挖掘各类隐含的教育信息和规律，帮助大家更好地理解学生个人知识体系的构建过程与演化规律等。

综上，智慧教室的特征主要体现为智能化、虚拟化、网络化和交互性这四个方面。

(1) 智能化：在智慧教室的设计和建设中引入越来越多的教育专用的技术与装备，从而为学生营造更加丰富、有趣、便捷、高效的学习环境。例如，在课堂上，摄像头能自动跟随大家的手势识别，虚拟影像让学习更加有趣，双轨教学模式既方便了资源展示又方便了同学们记笔记等。

(2) 虚拟化：应用虚拟现实、计算机视觉、图像处理等先进技术，建立沉浸式虚拟学习环境。

(3) 网络化：从传统的课堂教学，逐步延伸到教室和学校以外。当生病在家或外出有事时，学生依然可以通过网络进入课堂进行学习，让学习更加随时、随地、随身。而且课后回家，打开网络，仍然可以重新回顾课堂要点，并补充笔记。

(4) 交互性：从传统的课堂问答，向教师与数字化教学资源的互动、学生与数字化学习资源的互动、师生的网络化互动方向发展。在智慧教室的白板上，既可以完成虚拟实验，也可以完成练习后上传给教师点评，还可以向教师个别提问。

事实上，智慧教室还有个好处体现在远程教学的共享上。在课堂上，师生可以与异地师生一起学习。这对于那些没有优秀师资或没有良好实验条件的乡村学校有重要的意义，除了异地共同讲授、辅助学习，还可以将课程录制下来，与对方分享。

不久的将来，智慧教室会在各大、中、小学课堂中普及。这种基于智慧教室的教学模式，不仅能依托优质教学资源来共享辅助教师的备课，还能依托个性化学习支持服务帮助学生对知识点进行理解与掌握。同时，智慧教室还可给学生提供自定步调的个性化学习方式，给教师提供制定教学策略的数据参考。因此，不同教学风格、不同学习风格的师生都会从中受益。未来的智慧教室，将促使教的模式与学的模式都发生质的变化。

9.2 虚拟实验室在教学中的应用

9.2.1 虚拟实验室概述

学校里很多课程都需要通过实验来辅助教学，尤其是理工科。但由于很多实验器材价格昂贵，且实体实验器材会随着时间及使用次数的增加而慢慢老化、损坏，这就使得许多实验课程难以开展。但虚拟实验室却不存在上述问题，虚拟实验室可以减轻学校的经济负担与管理压力。同时，在传统的教学方式中，学校可以通过让学生在实验室做实验的方式来更好地理解课程内容，而远程教育则无法在学习上提供实体实验的场所。这时，虚拟实验室就是较好的解决方案。

虚拟实验室(Virtual Laboratory，VL)最早在 1989 年由美国弗吉尼亚大学的威廉·沃尔夫教授提出，其初衷是为了方便不同实验室中的科研人员共享彼此的数据、仪器，以交流学术思想并开展远程科研合作。后来，随着科技的进步，使得虚拟实验和远程共享实验逐步成为一种新的科研和教学形式。

目前,虚拟实验室主要分为三大类。最常见的是纯虚拟实验室,如完成各种动画实验的虚拟实验室;其次是虚实相结合的实验室,如可完成增强现实类实验的虚拟实验室;还有一种是远程共享实验室,主要用于大型实验室的昂贵仪器设备的分享使用。虚拟实验室与真实实验室类似,学生们可以自己动手配置、连接、调节和使用实验仪器设备,教师也可以利用虚拟器材库中的器材自由搭建实验,便于课堂实验的展示与实验课教学的开展,如图9-2-1所示。

(a) 虚拟实验室

(b) 虚实相结合的实验室

(c) 远程共享实验室

图 9-2-1　虚拟实验室平台

虚拟实验室提供虚拟实验的教学环境，一般由在线实验子系统、知识学习子系统、交流互动子系统、实验管理子系统等若干个部分组成，如图 9-2-2 所示。

1. 在线实验子系统

这是虚拟实验室的核心功能，是为学生提供相应的虚拟实验器材、帮助学生完成在线实验项目的空间。在该子系统中，还有实验报告子模块，学生在该模块中提交实验报告，教师在该模块中完成对实验报告的批改。在实验成果展示子模块中，可以展示优秀的实验成果。

2. 知识学习子系统

在该子系统中，学生不仅可以学习实验过程中所需要的理论知识，还可以学习实验仪器的相关知识，从而完成实验前的知识储备。同时，这里还有其他人的实验视频，使得一些不方便现场

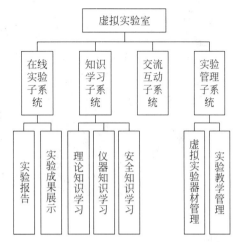

图 9-2-2　虚拟实验室功能图

开展的实验或无法虚拟化的实验，可以通过这种方式让学生进行观摩学习。除此之外，虚拟实验平台还为学生提供了安全知识学习子系统，对于危险性实验，实验平台会给予危险性知识的相关讲解和示范。

3. 交流互动子系统

交流互动子系统可以让学生与众多名校教师进行在线一对一同步或异步答疑。在该系统中，除了师生之间可以互动，各地的学生之间也可以进行实验心得交流，与其他同学一起讨论实验中的疑难问题，还可以对已经完成的实验和其他人进行经验分享，如操作步骤中的注意事项等。同时，学生还可以设计自己的探索实验，听取他人的相关建议，再通过在线实验子系统模块对自己的设想进行验证。

4. 实验管理子系统

传统的实验室管理困难，网络中的虚拟实验平台可以很方便地实现对虚拟实验器材和实验教学的管理。虚拟仪器的查找一目了然，实验教学的流程也规范明了。虚拟实验的管理子系统提高了管理效率，减少了管理难度。

综上，虚拟实验室为师生提供了一个可以通过 Internet 在任何地点、任何时间进行开放性、设计性、创新性等实验的环境。基于 Web 的虚拟实验室作为一个实验教学、技术交流、共同研究、协同工作的交互式平台，是一种特殊的、分布式的解决实验教学问题的环境，虚拟实验室不但大大降低了购建仪器设备的成本，而且提高了资源的使用效率和成员之间的协作。

9.2.2　虚拟实验室典型应用案例

（1）基于虚拟实验室可方便地开展验证型实验教学，让学生理解相关知识点。

以"电是怎么制造的"这款虚拟实验软件为例，该软件为学生提供了四个独立的假想实

验室,让学生体验如何利用原电池、水力发电机、火力发电机和太阳能电池板等设备产生电能的过程,从而了解"电的产生与利用"等知识点。手机端下载该软件如图9-2-3所示。

利用该应用软件,可以通过左上角的视图切换功能,观察到现实世界中无法观察到的现象,如电路中电子的移动、音响的振动发声等,让学生更能直观地通过"观察电路运行状态"来掌握相关的基本概念、基本原理等内容,如图9-2-4所示。

图9-2-4(b)的"科学视图"模式使得实验现象易观察、实验原理易理解。例如,电路中电子的移动速率越大则电流越大,反之则电流越小;同时,电流越大,电灯越亮,反之则电灯越暗;测量仪表的指针也会发生偏转,其偏转方向显示电流的方向,偏转角度显示电流的大小;电风扇的转动也会发生变化,电流越大转动越快,反之则转动越慢;音响的声音也是电流越大声音越大,反之则声音越小。通过这样直观的方式让学生观察电路的运行状态,从而对相关基本概念、基本原理等内容形成一定认识。

图9-2-3 手机端下载界面

(a) "真实场景"的视图

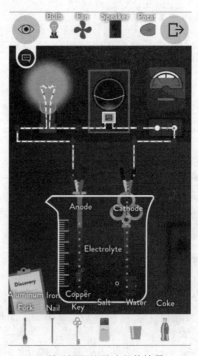

(b) 科学视图(电路内部的情景)

图9-2-4 虚拟实验中的视图切换效果

在实体实验室中,由于要保证实验的安全,对器件的组合会有一定的限制,而有些实验则由于条件限制,不方便学生亲自操作。但在模拟实验中,可以不用担心这些安全问题、条件限制等,让学生自由探索和自己体验。

(2) 基于虚拟实验室可方便地开展设计型、探究型实验教学,让学生自行探究某些科学原理与规律。

如图 9-2-5 所示,利用虚拟实验平台让学生探究接入电路阻值的不同对电路的影响。学生通过自己操作滑动变阻器,在电路中接入不同阻值的电阻。通过科学视图的观察,会发

(a) 滑动变阻器接入电路的电阻阻值偏小时的现象

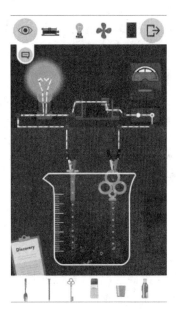
(b) 接入电路电阻阻值偏小时的科学视图

(c) 滑动变阻器接入电路的电阻阻值偏大时的现象

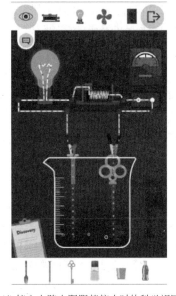
(d) 接入电路电阻阻值偏大时的科学视图

图 9-2-5　滑动变阻器接入不同阻值时引起的不同现象

现接入电阻阻值不同,则电子的移动速率不同:接入阻值小,则移动速率大即电流大,反之则移动速率小即电流小。

再如图 9-2-6 所示,该虚拟实验需要学生设计并探究原电池的相关原理。在虚拟实验环境中,学生可以更改负载、电极和电解质的材料,通过电灯、风扇、电流表、音响等器件的工作状态反应电能的产生条件及影响因素,让学生在动手实践与细心观察中,通过实验来回答自己的假设问题,从而激发学生的好奇心,培养其科学探究能力,并加深对理论知识的理解。

图 9-2-6　原电池实验室

可见,虚拟实验环境为设计型、探究型实验教学提供了便利的条件,这使得学生在事先不知晓实验结果的情况下,可以通过自己的探索、分析和实验,得出研究结论,然后形成自己对相关科学概念与原理的认知。

(3) 利用虚拟实验室可远程辅导学生,通过仿真实验,实现师生间的交流互动。

如图 9-2-7 所示,教师可以注册成为虚拟实验室的在线教师,通过单独在线辅导和集体交流两种形式来帮助或指导学生完成在线实验,解决学生在实验过程中遇到的疑难问题。学生也可以针对自己在实验中遇到的问题向在线教师进行请教,在线教师可以对学生进行远程答疑,帮助学生整理思路、分析问题,以帮助学生得到实验结果。这些在线教师,可以是本班实验课的指导教师,也可以是别的班级、甚至是别的学校的在线教师,因此学生可以自行选择在线教师指导自己完成实验。学生之间也能互帮互助、成果互鉴,通过向其他学霸们求助或分享自己的实验心得,共同完成实验。特别是对于探究性实验,不同师生间的设计思路都可以一起分享,从而优化自己的实验设计方案,达到预期的实验目标。

(4) 利用虚拟实验室实现移动办公,减轻教师批改实验报告的工作量。

在知识学习子系统中,教师可以利用录播课向学生进行实验辅导,如理论知识、仪器知识和安全知识等讲解,也可以引导学生观看其他教师的讲解,如图 9-2-8 所示。同时,在学生完成实验并提交实验报告后,教师可以通过实验报告模块远程批改。与传统的实验报告提交方式相比,缩短实验报告的提交周期,教师可以随收随改,这既方便了教师对实验报告的管理,也方便了对学生实验成果的收藏。

(5) 利用虚拟实验室,可扩展学生的知识面。

学生通过在线实验子系统中的实验成果展示模块,可以通过观看其他人的成果视频,学

第9章 新技术在信息化教学中的应用及展望

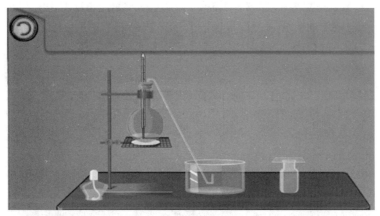

(a) 远程虚拟实验

(b) 指导学生实验

图 9-2-7 教师远程指导学生开展虚拟实验

图 9-2-8 虚拟实验平台办公

习他人的实验经验或实验成果,如图9-2-9所示。这一方面能够扩展学生的知识面,另一方面又能把难以实际操作的实验通过虚拟的方式展示出来,从而更好地帮助学生理解相关知识与原理。特别是一些危险性实验,也能利用这种方式加以呈现,大大扩展了学生的"感性认知"。

图 9-2-9　虚拟实验成果展示

综上,虚拟实验室向实验者提供通过软件实现的虚拟实验场景及虚拟仪器设备,或通过硬件接口技术将真实仪器与计算机相连,利用计算机强大的处理能力扩充仪器的功能,使其成为一台虚拟仪器。因此,研究人员或学生可以完全占据主导地位,他们将不受时空限制,能随时随地进行虚拟实验操作、共享仪器设备、共享数据和计算机资源,进行协作或得到远程指导等,突破了传统实验教学的局限性和被动性。

虚拟实验室因其巨大的现实价值越来越受到人们的重视,高端虚拟实验室应用多种前沿技术,弥补传统实验室的不足。但目前虚拟实验室不能完全取代传统实验室,在锻炼学生实际操作能力方面与传统实验室还有一定差距。所以在未来的发展中,应将两者的优势互补、协同发展,共同为科研和教学服务。这样一定会激励和启发学生,通过实验进一步培养自己的创新意识与探索精神。

9.3　电子书包在教学中的应用

9.3.1　电子书包概述

智能手机和平板电脑的普及为电子书包的发展提供了基本的硬件支持,而软件产业和技术的逐渐成熟又为电子书包提供了丰富的内容与应用。

电子书包最早源于电子书的发展,它使用的工具主要是便携式显示设备,即电子阅读器。目前,电子书包已经不仅是一种具备基本信息处理和无线通信功能的个人便携式信息终端了,还是兼具阅读电子课本、管理学习资源、记录个人学习档案、支持多种有效学习方式等功能的个人学具,如图9-3-1所示。

华东师范大学祝智庭教授指出:一方面,电子书包是一种学生便携式学习终端,如

(a) 电子书包工具　　　　　　(b) 电子书包界面　　　　　　(c) 电子书包课堂

图 9-3-1　电子书包介绍

iPad、智能手机、笔记本电脑、平板电脑等；另一方面，对电子书包的关注应该从关注"实"的发展到关注"虚"的发展（如应用服务层面），突出电子书包教育教学的系统功能架构，从而使电子书包成为有效的学具。显然，电子书包的出现，带来了教的方式与学的方式的变革。

从某种意义上说，电子书包可视为一种以网络通信、移动设备为基础，以促进学生有意义地学习的软件为架构，以动态开放教学资源为灵魂，支持移动学习甚至终身学习的数字化学习空间，其主要功能如图 9-3-2 所示。

（1）教学资源云平台：由教师客户端、学生客户端、服务器端等部分构成。教学资源云平台不仅包含有数字化的电子教材、课件等类型的文档，还包含有知识点解析的视频与音频文件，且集成了同步练习与测试、同步拓展阅读等多种其他类型的教学资源。构建了全方位、立体化的教学与学习资源库，通过信息化的教育方式来辅导学习，提升学生的学习积极性，并开阔学生的视野，拓展学生的思维。

（2）教学管理平台：主要包含教师备课和电子教室远程管理系统这两个模块。

① 教师备课子系统提供有电子教案母版

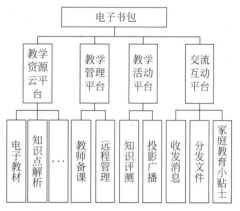

图 9-3-2　电子书包功能示意图

等，教师可远程备课、编辑试卷、为学生准备各类教学资源等，这些在线制作的教学资源可同步到学校网络教室的教师主机上，通过账号密码登录即可直接使用。

② 电子教室远程管理系统可方便教师对网络课堂教学进行高效、有序的控制。例如，通过"监控转播"功能，在不影响学生操作的情况下，即可远程监看学生机屏幕；教师可设定学生机屏幕的显示数目、相邻屏幕的切换时间及是否显示警告信息等，并可保存学生机屏幕的画面截图；当学生上课开小差或扰乱课堂秩序时，可通过"黑屏"功能将学生机变成黑屏，提醒其集中注意力；班级教师可以查看教学班级和添加学生，也可以给学生们分成学习小组等。

（3）教学活动平台：主要包含投影广播和知识评测这两个模块。

① 投影广播：教师利用该功能，无须安装专用软件，只需将自带的笔记本电脑与网络机房的教师机连接，然后通过"投影广播"功能，将笔记本电脑中的画面直接广播给学生平

板，不仅避免了以往U盘传输数据的不安全性，也便于教师直接操作自己笔记本电脑中的各类软件并直接演示给学生观看。同时，教师通过"视频直播"，可将外接VCD、DVD、录像机、摄像机的音视频信号广播给学生，拓展了教师可利用的教学资源，最大限度地丰富课堂教学的内容。

② 知识评测：教师利用该功能，可以发布考核题目，对学生进行知识评测。学生测验后，系统会给予学生及时反馈，帮助学生查漏补缺。教师也可以根据测验结果了解学生的学习情况，做出针对性的集体或个别辅导。

(4) 交流互动平台：主要包括收发消息、文件分发、家庭教育小贴士这三个模块。

① 收发消息模块功能包括发布消息、查看消息以及请假。教师和学生通过构建虚拟的网上班级系统，教师可在班级互动系统中发布班级消息、预习任务、作业和课后练习、在线答疑等。

② 文件分发模块功能非常人性化，教师单击"文件分发"，以"拖曳"的方式将教师机上的相关文件分发给学生，并可以分发不同目录下的文件或分发目录。

③ 家庭教育小贴士是网上家长学校，是包含各类家庭教育资料的资源库。在家庭教育小贴士平台上，家长可以通过查阅找到适当的教育方法，也可以在该平台上交流各自的教育经验，还可与在线教师进行交流。

利用电子书包，学生可以通过上述功能，实现与教师的远程互动学习，进一步提高学习效率。还可以与全国众多名校的教师进行在线一对一答疑，帮助学生完成学习活动，将指导学习和协作学习融为一体。其中"文件分发"的功能便于教师快速发放作业、资料等，节省了课堂时间，进一步提高了课堂效率。另外，教师也可以利用电子书包实现远程办公等，节省了大量时间。未来，电子书包将让学子们摆脱沉重的"大书包"！

9.3.2 电子书包典型应用案例

(1) 基于电子书包可以实现翻转课堂、协同学习、探究学习等多种教学模式。

电子书包可连接多个数据库，包括教学资源、练习与考试、消息、反馈、书城、个人中心设置等，如图9-3-3所示。因此，电子书包可支持大多数信息化环境下的教学活动，如演示、研讨、同步练习等。

图9-3-3 电子书包使用界面

以电子书包支撑下的探究学习教学模式为例,其能支持的教学活动如图9-3-4所示,包括情境构建、问题确定、制定探究方案、成果展示及课题拓展、小组讨论五个环节。

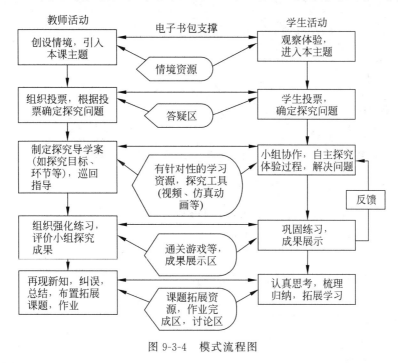

图9-3-4 模式流程图

在该教学模式中,探究问题是由学生投票得到的。首先,每个学生在电子书包所提供的答疑区中,写出通过本次课程学习希望解决的问题。考虑到课堂时间有限,不可能对每个问题都能够进行探究解答,因此教师经过问题筛选后,让学生对提出的问题进行投票,教师对获取票数最多的问题进行答疑,从而确定探究的问题。

(2) 电子书包自带丰富多样的教学资源,可帮助学生有效地理解知识点,并方便知识点的收藏与查找等。

教师通过教学资源云平台模块上传多种格式的教学资源,学生可以通过该平台方便地查看丰富的教学资源。由于传统的教学资源多以纸质的教材为主,这就让学生有携带不方便、查找知识点困难等问题。但电子书包能很好地解决这些问题。电子书包的书城模块包含多学科、多种形式的电子资源,不仅很容易携带,而且对知识点的查找也更方便和快捷。在开课前,打开对应的课程资源并下载,学生就可以方便地完成预习。对于不懂的知识点,通过搜索可以快速定位,如图9-3-5所示。

(3) 基于电子书包,可以实现导航性学习。

以探究型教学为例,学生探究问题的设定是重中之重。探究问题的设定,不仅关系到教师的教学目标能否更好地实现,还关系到学生迫切需要探究解答的问题。为了更好地完成探究性学习,教师应该通过电子书包设定并提供导学案,以明确探究目标、探究环节和探究任务时间点。为了防止学习过程中信息迷航和信息过载,教师还应该事先设置好探究学习资源包。

在探究环节的设计过程中,不同的学生在探究问题的能力上有高有低。针对不同层次

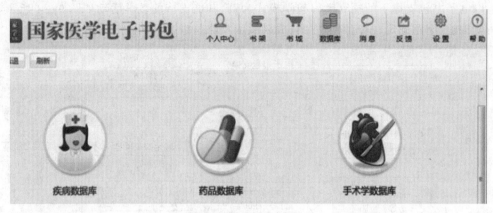

图 9-3-5　教学资源云平台

的学生,教师应该关注个体差异,对不同学生进行个性化的引导。电子书包不仅提供了导航性学习的功能,在电子书包的答疑区板块,还提供了在线指导和在线讨论平台的小组协作探究功能。

在学生的探究过程中,教师可以通过任务控制、进度控制、及时巡回指导等方式帮助学生学习。学生也可以通过电子书包的相关任务导航,自觉管理自己的探究学习过程,并满足自己个性化的学习需求。

(4) 利用电子书包,可以方便地实现师生间互动。

通过电子书包,教师不仅可以随时随地为学生答疑,还可以通过远程办公的方式指导学生学习,方便师生间交流。与传统的教学方式相比,教师通过及时上传文件等方式,让学生能够按时按需学习,避免了资料交流不及时造成的时间损失,如图 9-3-6 所示。

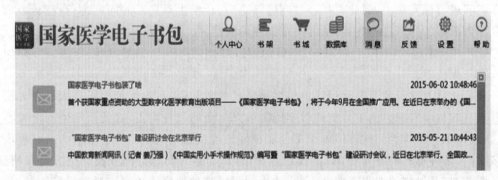

图 9-3-6　文件分发

电子书包为教师提供了多种评价方式,其中最常见的方式是对每个学生进行测试。电子书包也提供了多样化的强化练习,如通关游戏等,让学生在轻松愉快的游戏中对新知识进行巩固强化。还有一种方式是,先通过电子书包清晰、全面地展示各个小组的学习成果,然后以让一个小组提问、另一小组作答的形式来进行互评,如图 9-3-7 所示。

学生探究完成后,教师应对知识点做进一步的讲解,以便学生正确和深层次地理解知识。在探究过程中,若遇到学生的共性问题或共性错误,教师应及时纠正并给予正确的示范。在帮助学生总结归纳本课知识点后,对于学有余力的学生,还可以在电子书包的"作业中心"推送拓展（选做）作业，如图 9-3-8 所示。

（5）利用电子书包，可以实现交互性学习，交互模式更加人性化。

电子书包对交互性方式的设计更具人性化。例如，教师可以通过投影广播的方式，让学生观看教学视频。这种教学方式不仅可以扩展学生的知识面，还可以加深学生对知识的理解。电子书包还允许学生将问题以手写形式上传，如图 9-3-9 所示，这样的交互设计，很适合低年级教学，解决了学生打字速度慢、技术能力低、占用课堂教学时间等问题。

图 9-3-7　小组作答

图 9-3-8　拓展知识的推送

图 9-3-9　手写上传

综上，随着透明计算、云计算、人工智能等技术的发展，平板电脑、手机等移动便携设备的不断涌现，电子书包的硬件载体日趋多样化，其内容与应用也不断丰富与多元化。未来 AR、VR 等教学资源将不断地融入电子书包，使之成为一种新兴的、多功能的信息化教学工具与学习工具，进而实现对学生的个性化培养，让学生感受到学习的快乐！

9.4　3D 打印技术在教学中的应用

9.4.1　3D 打印概述

3D 打印技术是一种以三维数字模型文件为基础，运用粉末状金属或塑料等可黏合材料，通过逐层打印的方式来构造物理对象的快速成型技术，无须使用传统的刀具或模具，可以实现对传统工艺难以或无法加工的复杂结构的制造。3D 打印技术包括三维建模、计算机辅助设计及计算机辅助断层摄影等技术，可以将计算机里的虚拟物品转化成现实中的真实物品，并且可以有效简化生产工序，缩短制造周期，如图 9-4-1 所示。

随着 3D 打印技术的发展，3D 打印在教育领域中的应用开始受到教师们的广泛关注，

(a) 机械工程模型　　　　　　　　　　(b) 人物肖像模型

图 9-4-1　3D 打印技术展示

例如依托 3D 打印技术开展创客教育、SETM 教育、设计教学等，这些都将创新元素融入信息化教学中，为信息化教学提供了变革性的手段。它不仅满足了主动探究、动手验证理论设计、协作学习等教学方式的需要，而且从教育教学理念方面，不断地促进新信息技术与现代教育方法的深层次融合与变革，构建了新型的教学环境，从而可以更好地激发学生的想象力，提升学生的学习兴趣，促进学生创新能力的培养。

9.4.2　3D 打印技术典型应用案例

1. 借助 3D 打印技术开展创客教育

近年来，在"创客"思想的影响下，基于 3D 打印技术的创意设计与制作的教学模式日益兴盛。在多元智能理论支持下，这些课程利用学生对 DIY 的兴趣，将学生的构思转变为真实的立体彩色模型，从而将抽象的概念设计转入现实世界，使学习更加生动且多元化，进而满足学生个性化发展的需求，并为学生创新思维及想象力的施展提供了一种实践途径。

以小学实践课程中的"印章制作"为例，应用 3D 打印技术的教学活动，可以培养学生的创造性思维、培养学生的动手实践能力等，其教学活动过程如图 9-4-2 所示。

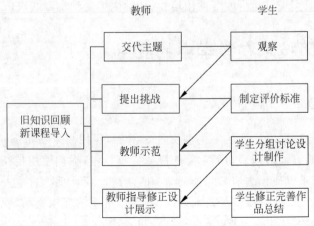

图 9-4-2　应用 3D 打印技术的教学活动过程示意图

在整个教学活动过程中，教师首先向学生展示课件中的印章及实物，如图 9-4-3 所示，要求学生观察并提出相应的自制印章的任务与要求，学生在教师的帮助下，可以借助网络媒体去查阅资料。这样，一方面可以培养学生的观察能力和总结能力，另一方面也可以培养学生查阅资料的能力，帮助学生提高信息素养。同时，为接下来的印章制作做好铺垫，学生通过观察和查阅资料弄清印章的组成部分和特点，为印章的数字化三维建模建立基础。

图 9-4-3　课件中展示的印章

例如，通过学习，让学生明确印章核心由两部分组成，分别是圆柱形的印章托和印章的图案突起部分，学生应该分别制作这两部分的 3D 模型。对于印章图案突起部分的制作，需要学生首先选定图案，可以是自己设计的图案，也可以采用网络中的图案，还可以选择教师提供的素材图片。其中，自己设计图案，需要借助画图软件完成画图，这有利于学生创造性思维的锻炼。将选定的图片导入 Autodesk 3ds Max 软件中，根据图案的轮廓勾画闭合的线条，最终完成 3D 打印的绘图工作，如图 9-4-4 所示。

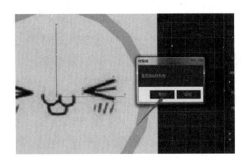

图 9-4-4　3D 建模中勾画闭合的线条

接下来设计和完成作品的关键是如何使用三维设计软件将印章的上下两部分制作完成。教师通过讲授、演示，可以培养学生的观察能力，帮助学生学习打印机的使用方法，然后教师对印章尺寸进行统一要求，这样就完成了 3D 打印的前期准备工作。

学生通过分组讨论确定印章的图案样式，学生可根据自己的喜好自主选择素材的颜色。通过教师的指导，学生开始制作确定好的印章图案。在制作过程中，教师应该时刻关注每个小组的分工合作情况，对每个小组在图案制作过程中出现的错误及时指正，避免学生由于技术失误而导致无法正确输出 3D 模型。学生设计的印章模型如图 9-4-5 所示。

学生设计的 3D 模型必须交由教师审查，教师查漏补缺、确认模型后，方可使用 3D 打印机输出作品。各小组互相展示作品（如图 9-4-6 所示）、交流经验、相互盖章留念，共同总结提高。通过上面的案例可以看出，3D 打印为创客教育提供了丰富的想象空间，构建了创新想法与实际作品之间的桥梁，这有助力于学生创新能力的培养。

图9-4-5　印章的两部分

图9-4-6　打印出的印章

2. 借助3D打印技术，开展SETM教育

2016年教育部出台的《教育信息化"十三五"规划》中明确指出，要有效利用信息技术推进"众创空间"建设，探索STEM教育、创客教育等新的教育模式，使学生具有较强的信息意识与创新意识，养成数字化的学习习惯，具备重视信息安全、遵守信息社会伦理道德与法律法规的素养。

STEM是科学（Science）、技术（Technology）、工程（Engineering）、数学（Mathematics）四门学科英文首字母的缩写，其中，科学在于认识世界、解释自然界的客观规律；技术和工程则是在尊重自然规律的基础上改造世界、实现对自然界的控制和利用、解决社会发展过程中遇到的难题；数学则作为技术与工程学科的基础工具。STEM除了科普教育，更重视对学生解决问题和动手能力的培养。不仅是生活中遇到的大多数问题，需要应用多种学科的知识来共同解决，未来的工业4.0、智能制造等，也都需要具有这种综合素质与动手实践的能力。3D打印需要学生的实践操作，从设计到打印，都需要他们参与完成，这将促进学生操作能力、观察能力和制作能力的全面发展，提高学生的动手能力和主动参与意识，进一步发展其研究能力和创新能力。这是推动学生提升创新精神和创造能力的重要环节，对创新型人才的培养具有积极意义。

以研究性学习"桥梁的研究"为例，教师首先向学生阐述本节课的主题意义，然后展示现实中的各种桥梁图，如图9-4-7所示，接着提出课程目标，即学生自主设计并制作一个桥梁模型，如长度80厘米、重量200克、承重10公斤等。

图9-4-7　教师展示环节

基于学生对设计桥梁的理解程度，以及学生对桥梁模型的愿望和想象，进行自由分组。接着，利用课程中学习过的受力分析等相关知识，小组通过协作学习展开桥梁受力分析研

究,并判断自己所设计的桥梁模型是否符合力学结构,能够承受多大的荷载等。然后在教师的指导下,小组进行桥梁部件的三维建模,如图 9-4-8 所示。经过教师确认后,学生可以用 3D 打印机制作自己设计的桥梁部件,如图 9-4-9 所示。

图 9-4-8　教师指导下的部件三维建模

图 9-4-9　3D 打印桥梁部件

最后,小组协作完成桥梁部件的安装,如图 9-4-10 所示,并进行荷载承重验证,如图 9-4-11 所示。

图 9-4-10　桥梁部件安装

图 9-4-11　桥梁荷载承重测试

在整个教学过程中,通过小组协作,学生可以用 3D 打印机制作自己设计的桥梁,并与其他小组成员分享自己的设计心得。在动手实践的过程中,学生可以深入地理解桥梁受力的原理,加深记忆,使学习效果达到最佳。

可见,借助 3D 打印技术,学生可以从设计、参与、制作、展示等多角度融入学习过程中,有效地培养了学生的科学素养,并有效激发了学生的学习兴趣和完成挑战的信心,如图 9-4-12 所示。

图 9-4-12　研究性学习成果展示交流

3. 借助3D打印技术,开展科普课程,培养学生的科学素养

以"分子结构"的知识点为例,在传统的化学课堂中,教师通过书本等教材讲解分子的结构。由于分子结构摸不着、看不到,直观性差,学生很难理解空间中的分子形态。有了3D打印技术后,完全可以按某种比例把这些微观的东西放大并呈现出来。这种变微观为宏观的办法,对于初中学生的学习非常有帮助,能够很容易地突破学习难点。

如图9-4-13所示是课件中的乙烯分子结构模型示意图,教师可以将它导入建模软件中,如图9-4-14所示,再通过3D打印输出。这样,学生就可以感性地"接触"到乙烯分子结构,帮助学生理解相关分子的结构构造、功能等知识点。学生们也可以在教师的支持下,自己动手利用建模软件设计出所要学习的分子结构3D模型,然后3D打印输出,如图9-4-15所示。在构建数字模型文件的过程中,提升学生探究事物本质、规律的能力。

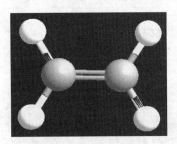 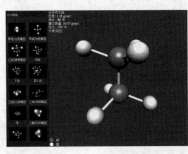 

图9-4-13　乙烯分子结构模型　　　图9-4-14　化学分子建模　　　图9-4-15　分子结构展示

可以看出,3D打印给科普教学提供了新手段,传统教学中某些难于理解的模型可以通过3D打印输出。这一过程不仅让学生对分子模型等抽象的概念有了更加直观的印象,同时增加了科学知识学习的趣味性,提升了学生的科学素养。

借助3D打印技术的教学活动在创新性教育、虚拟实验及技能训练等方面正逐步彰显其优势。一方面,3D打印可以激发学生的创造力,如艺术设计和工业设计等课程中的产品展示,它使得改善设计不再仅仅是改善错误,而是成为设计过程中的一部分,这种学习方式可以激励学生的信心;另一方面,3D打印可以将复杂抽象的概念或不可触摸的知识变成可触摸的实物,例如历史文物可以被打印并用于科学研究,而不用担心会损坏原始文物。所以,3D打印技术在教学上的恰当应用,可以捕捉学生兴趣、激发师生的互动,它给信息化教育教学应用提供了新的技术支撑,带来了教学方式和学习方式的创新。可以预见,3D打印技术在各学科的教学中,将会得到越来越丰富的应用。

9.5　VR技术在教学中的应用

9.5.1　VR技术概述

虚拟现实(Virtual Reality,VR)是以计算机技术为核心,结合相关科学技术,生成在视、听、触感等方面与真实环境高度近似的数字化环境,是一种基于三维动态视景的、多信息融合的、交互式的、实体行为仿真的模拟信息系统。通过利用计算机生成的模拟环境,能够使

用户沉浸到该环境中,如图 9-5-1 所示。借助必要的装备,用户还可以与数字化环境中的对象进行交互作用,从而产生"身临其境"的感受和体验。

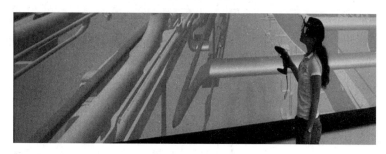

图 9-5-1　用户与虚拟环境中的对象交互

虚拟现实是人类在探索自然、认识自然过程中创造产生,逐步形成的一种用于认识自然、模拟自然,进而更好地适应和利用自然的科学方法和科学技术。

虚拟现实技术的演变大体上可以分为以下五个阶段。

(1) 基于仿真视觉,构成用户的多感官体验阶段(1963 年以前):1962 年,Morton Heilig 的"全传感仿真器"的发明,就开始蕴含了虚拟现实技术的思想,这是虚拟现实技术的开端。

(2) 虚拟现实萌芽阶段(1963—1972 年):1968 年美国计算机图形学之父 Ivan Sutherlan 开发了第一个计算机图形驱动的头盔显示器 HMD 及头部位置跟踪系统,这是虚拟现实技术发展史上一个重要的里程碑。此阶段也是虚拟现实技术的探索阶段,为虚拟现实技术的理论发展奠定了基础。

(3) 虚拟现实概念及理论的初步形成阶段(1973—1989 年):由 M. MGreevy 领导完成的 VIEW 系统,在装备了数据手套和头部跟踪器后,通过语言、手势等交互方式,形成虚拟现实系统。

(4) 虚拟现实的初步应用阶段(1990—2015 年):在这一阶段,虚拟现实技术从研究型阶段转向为应用型阶段,以 Virtual Boy 为代表,应用于游戏中。

(5) 虚拟现实的应用井喷阶段(2015 年至今):虚拟现实技术广泛应用到了科研、航空、医学、军事、影视等人类生活的各个领域中。特别是任天堂新推出的 Pokémon GO 游戏(上街抓精灵)、微软研发的 HoloLens(全息眼镜)、谷歌研发的 Project Glass(智能眼镜)等,更是掀起了"VR 元年"的商用热潮。

目前,随着社会生产力和科学技术的不断发展,各行业对 VR 技术的需求日益旺盛,VR 技术也取得了巨大进展,并逐步成为一个新的科学技术应用领域。它融合了多种技术,如图 9-5-2 所示。

(1) 语音输入输出技术:使用人的自然语言作为计算机输入,即虚拟环境能听懂人的语言,并实现人机实时交互。

(2) 触觉反馈技术:在手套内层安装一些可以振动的触点来模拟触觉。使人在与虚拟物体交互时有触摸的感觉。

(3) 广角立体显示技术:通过双目视觉技术,产生立体视觉显示在关联的显示器上,形成一个关于周围世界的整体景象,这个景象中包括了距离、落差、方向等信息。

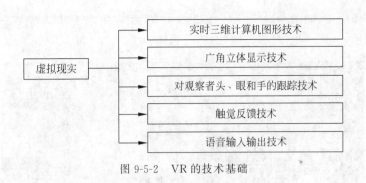

图 9-5-2　VR 的技术基础

（4）对观察者头、眼、手的跟踪技术：将用户的视觉系统和运动感知系统相结合，例如用户可以通过头部的运动去观察环境，让体验更逼真。

（5）实时三维计算机图形技术：通过足够准确的模型，实时生成不同光照条件下各种物体的"精确"图像。

将 VR 技术应用于教育，将是教育与技术融合的一个飞跃。它营造了"自主学习"的环境，由传统的"以教促学"的学习方式变为学生通过自身与信息环境的相互作用来得到知识、技能的新型学习方式。

9.5.2　VR 技术典型应用案例

1. 基于 VR 技术可以实现交互式教学

以"宇宙空间"的知识点学习为例。在传统教学模式中，学生只能通过图片、模型、观看视频等来了解宇宙中星球的位置分布。但引入 VR 技术后，学生可以"身处"宇宙（人造虚拟环境）中，通过双目立体视觉去认识环境，从而感知各星球的相对位置、了解相关的天文知识等。这是由于，每个星球（物体）都有一个相对于系统坐标系的位置与姿态（绝对坐标），其他星球（物体）对于它的位置和姿态就是一种相对关系（相对坐标）。学生通过头盔及头部的转动，所看到的影像是由学生的位置和头（眼）的方向来确定的，如图 9-5-3 所示。VR 系统把学生的视觉系统和运动感知系统联系起来，通过跟踪头部运动来改变呈现的图像，让学生体验不同星球的空间位置，使学生沉浸其中，感觉更加逼真。

再以"杯子材质"的学习为例。在传统的教学模式中，材料的特性只能通过课本上的描述去学习，教师很难搜集齐所需的材料展示给学生观察。在 VR 系统中，学生不但可以看到一个虚拟的杯子，而且可以与虚拟的杯子实现互动。例如，学生可以通过 VR 眼镜，仔细观察杯子的构造。由于数据手套内层安装了一些可以振动的触点来模拟触觉，学生还可以通过"触觉"感受不同的材质。如图 9-5-4 所示，学生还可以设法去抓住它，体验不同材质的触感，即真正接触杯子的感觉。甚至，虚拟环境可以理解人的指令，并能与人实时交互，因此学生还可以通过手势、语音等控制杯子的移动。最有意思的是，利用 VR 眼镜可以让手直接穿过虚拟杯子的"表面"，而这在现实中是不可能的，大大增加了学习的趣味性。

除了上述交互式教学以外，利用 VR 技术还可以建立虚拟实验实训基地，利用虚拟交互完成对学生操作技能的训练。同时，基于 VR 的交互性还可以帮助学生完成角色扮演，促使其更全身心地融入学习过程中。

图 9-5-3　用户头部跟踪　　　　　　　　图 9-5-4　触觉反馈

2. 基于 VR 技术可以开展探究型教学活动

VR 技术可以给学生带来沉浸式的教学体验。对于复杂的、危险的职业技能训练,包括军事作战技能、外科手术技能、体育技能、汽车驾驶技能、果树栽培技能、电器维修技能等,由于虚拟的训练系统的沉浸性且无任何危险,学生可以反复练习,直至掌握操作技能为止。

例如,传统的飞行训练,训练场地耗资昂贵,且危险性较高。在虚拟的飞机驾驶训练系统中,学生可以反复操作控制设备。通过设置不同的天气模式,让学生学习在各种天气情况下驾驶飞机起飞、降落。戴上虚拟现实眼镜,学生在操作时可以看到导航数据、飞行速度、限速提示等信息。整个练习过程中,学生只专注眼前的一个屏就可以实现安全飞行,处理各种操作。通过反复训练,达到熟练掌握驾驶技术的目的,如图 9-5-5 所示。

3. 基于 VR 技术可以实现学生的虚拟校园生活

通过 Web 方式访问学校网站,常常难以获得学生的归属感与认同感。引入 VR 技术后,学生就可以以虚拟替身的身份进入虚拟校园,通过控制自己替身的动作,在"校园"里学习和生活,与场景中存在的其他用户交互,从而增强了学生的认同感,如图 9-5-6 所示。

图 9-5-5　虚拟驾驶教学　　　　　　　　图 9-5-6　虚拟替身展示

虚拟校园实现了实体校园的"虚拟化"和想象校园的"现实化",如图 9-5-7 所示,可以为学生提供在线学习、娱乐和校园生活等常用功能。一方面,三维立体环境给学生带来较强的沉浸式体验感;另一方面,学生对环境中的对象不仅可以操作甚至可以重建,支持学生构建一个属于自己的虚拟世界;再者,它为用户提供了丰富的交互方式,不仅支持实时的文本和语音交互,还可以通过化身的动作、表情来传递信息;最后,虚拟校园使得不同地理位置的学生聚集在一起,他们选择不同的协作学习伙伴,针对某主题展开交流与协作。

(1)"虚拟教室"和"学术报告厅"可以模拟传统的课堂教学和报告讲座现场。学生通过 VR 技术可"真实"地参与其中,这不仅使远程教学突破了时间、地点、人员、场地的限制,还

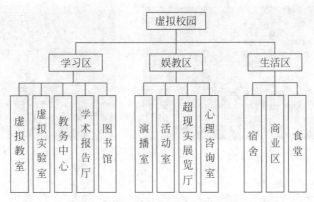

图 9-5-7　系统主要模块设计图

让学生有身临其境之感。其中,"虚拟教室"向学生展示虚拟的教室场景,并可以显示教学内容。学生可以通过音视频的方式,与他人交互、完成在线答疑等。

(2)"图书馆"可以模拟现实图书馆,学生可以在"网上阅览室"里读书、借书、还书等。对于不清楚的问题,"网上大厅"设有前台接待和固定咨询台,方便学生咨询。虚拟图书馆为学生营造了一个良好的视觉环境、文化环境和自由轻松的学术氛围。

(3)"虚拟实验室"可以模拟传统实验室。在虚拟实验室中,学生通过键盘或鼠标可对虚拟场景中的实验对象进行操作和数据处理,像在真实环境中一样完成各种预定的实验项目、观察实验过程、获得实验结果。

虚拟校园不仅可为学生提供真实感强的虚拟学习环境,而且可以提供完整的学习过程支持服务,实现对学习内容的跟踪和聚合,以及学习过程的管理和记录。由于在虚拟校园中,可以开展各种形式的学术交流和丰富多彩的校园文化活动,所以依托虚拟校园也可完成校园文化建设。

4. 基于 VR 技术为学生提供职场实训和虚拟创业功能

在传统的学习模式中,教师很少关注学生的职业素养,很难为学生提供一个相应的职场培训及创业平台。引入 VR 技术后,可以为学生提供虚拟的职场实训基地,以此培养学生的专业能力。学生可以通过观看、模仿进行学习,还可以通过角色扮演等方式参与其中。例如,通过 VR 建立融入真实情境的虚拟法庭,供法律专业的学生进行实际演练,以提升其步入职场时的专业技能等,如图 9-5-8 所示。

图 9-5-8　虚拟职场实训

学生也可以发挥想象，创造自己的虚拟空间。例如，在一块原始而荒芜的土地上，学生可以建设网上社区、交友聚会；还可以创建公司，完成公司注册、招聘员工等过程；也可在此租赁他人的"店面"成立工作室、商店、培训中心等。通过这些角色扮演，让学生紧密联系社会，尽早地融入职场。

5. 基于 VR 技术为学生提供虚拟学伴

在传统的教学模式下，每个学生都有自己独特的学习习惯，因此教师很难对每个学生都提供个性化的指导。在基于 VR 的学习系统中，可以给每个学生安排个性化的虚拟学伴和心理导师，为学生提供陪伴与学习支持服务。例如，学生可以自由选择虚拟学伴，邀请他一起自习，也可以与他讨论问题、向他请教等，如图 9-5-9 所示。

图 9-5-9　与虚拟学伴交互

基于 VR 技术的虚拟心理导师不仅可以对学生的疑问进行分析、解答，还可以满足学生各个方面的需求。例如，在学习方面，当学生遇到瓶颈而焦虑不安时，虚拟心理导师会根据学生所选择的书籍推荐先行知识和后续知识，这些建议对学生进行系统性的学习有很大的帮助；在生活方面，虚拟心理导师可以根据学生不同阶段的需求（学习阶段、减肥阶段、生病阶段），为学生提供健康食谱以及科学饮食。通过与虚拟心理导师交流，可以有效解决学生的心理问题，提高学习效率，保证学生的身心健康。

通过以上几个案例可以发现，将 VR 技术应用于现代教学具有非常明显的优越性：利用 VR 技术构建的虚拟校园可以打破时空的限制，实现学生与知识的真正交互；可以让学生构建一个属于自己的虚拟世界，为学生营造良好的教学环境，从而达到提高学生的学习效率和学习积极性的目的；可以为学生安排个性化的虚拟学伴和心理导师，为学生排忧解难等。可以预言，VR 技术将是继多媒体、计算机网络之后，在现代教育教学过程中最具有应用前景的技术之一。

9.6　AR 技术在教学中的应用

9.6.1　AR 技术概述

增强现实技术（Augmented Reality，AR）是一种将真实世界信息和虚拟世界信息"无缝"集成的新技术，它包含了三维建模、实时视频显示及控制、多传感器融合、实时跟踪及注册、场景融合等多种新技术与新手段，把原本在现实世界的一定时间空间范围内，人们很难体验到的实体信息，如视觉信息、声音、味道、触觉等，通过计算机模拟、屏幕立体呈现等技术，将虚拟的信息叠加到真实世界，被人类感官所感知，从而达到超越现实的感官体验，如图 9-6-1 所示。

虽然 AR 技术并不是全新的，但 AR 在教育领域的应用才刚开始。AR 技术特别适用于教育教学，因为它很好地匹配了情景教学与建构主义思想，可以让学生自主探索各种有趣的学习材料，是教育技术学上的一次飞跃。AR 教育目前已经应用于物理教学、医学教育、虚拟驾驶等多方面，如图 9-6-2 所示。学生通过置身于混合环境中，可通过与虚拟对象或实体对象交互而开展探究活动，这大大丰富了学生的学习体验。

图 9-6-1　真实世界与虚拟世界叠加　　　　图 9-6-2　AR 在医学教育中的应用

9.6.2　AR 技术典型应用案例

1. 基于 AR 技术可实现将 2D 概念转化为 3D 模型的教学模式

"读万卷书不如行万里路"，学生都希望通过旅游等方式开阔眼界，领略异域风情。不过在传统教学中，学生上学期间课业繁重，频繁地周游世界并不太现实，而 AR 技术可以很好地解决该问题。

如图 9-6-3 所示的增强现实地球仪，它和普通的地球仪有所不同。除了清晰地印制着每个国家的位置，学生还可以通过智能手机或平板电脑以增强现实的方式环游世界。简单来说，地球仪上的每个图片，就像是一个特定的二维码，手机中的软件就像是微信中的"扫一扫"，学生只需要用特定的软件来扫描地球仪上的图片，与之所对应的 3D 视频就会在智能终端上播放出来，让学生足不出户地"周游世界"。

同时，学生还可以通过故事关联的方式认识世界，可以充分发挥想象力，甚至培养冒险精神，在开阔视野的同时培养成熟的心智，如图 9-6-4 所示。

图 9-6-3　AR 环游世界　　　　　　图 9-6-4　AR 故事关联

AR 地球还能够展示地域文化及艺术创作。比如中国的春节、新奥尔良狂欢节、巴西桑巴舞等各地不同的文化习俗和艺术作品。

2. 基于 AR 技术可以开展随时随地的学习

在传统的教学模式中，学生需要在课堂中听取教师的讲解，往往受到时间、地点的限制。

特别是对于复杂的操作性教学而言,更是需要教师手把手地传授,但即便这样,学生还是会出现操作失败的状况,尤其是在那些操作机会少、学习间隔时间长的情况下更是如此。如今通过使用 AR 技术,佩戴 AR 相关设备,学生可以随时随地学习相关操作、边做边学,下面以汽车维修培训为例进行介绍。

对于传统汽车维修培训来说,主要由师傅一遍遍教,学生一遍遍反复练习,效率较低。只要时间上有拖延或空间上有阻隔,就会导致操作失败,这是人固有的遗忘规律所导致的。通过智能眼镜,可以识别现实汽车中需要维修的部件,然后将相关的培训文字、图片、视频、音频等信息进行处理,叠加到真实操作对象上,在语音提示下完成相关的维修操作,包括使用何种工具、何种操作姿势及如何搭配物料等。由于视觉中的 3D 动画和维修对象无缝贴合,可使得学生在复杂的设备中迅速找到要操作的对象,并可以在操作对象的同时,从眼镜中获得实时操作的指导,如图 9-6-5 所示。

不仅如此,如果学生操作错误,还会有语音报警提示,如图 9-6-6 所示。此时,学生还可以选择以第一视角的方式,将操作过程远程发送给指导教师,教师无须到场即可对学生进行语音指导,大大提高了操作学习的效率。

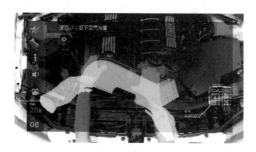

图 9-6-5　基于增强现实汽车维修

图 9-6-6　错误操作报警提示

这种基于 AR 的操作培训系统,可以达到即需、即学、即用、即评的教学效果。

3. 基于 AR 技术实现交互式学习

学生通过 AR 技术可进入一个和现实高度仿真的环境。虚拟和现实交融在一起,学生可以基于视觉实现交互式学习。下面以 AR 足球教学为例,介绍基于 AR 技术的交互式体育教学。

传统的足球教学,需要学生在体育场上观看教练亲身的演示。但是,由于场地有限,学习时间短,学生在场地练习时可能会缺少教练的指导。现在,将 AR 技术融入足球教学,可更新足球教练的教学方式,通过虚拟人的技术演示来辅助足球训练。例如,学生只需要对着教材上足球训练图片扫一扫,就可以看到虚拟的立体球员在做示范,让学生更好地理解动作要领,如图 9-6-7 所示。

其次,学生还可以跟屏幕里的虚拟人物互动。例如,学生用自己的手为守门员抛球,通过手势识别,虚拟球员会做出相应的接球动作,学生能够针对自己不明白的动作,有选择性地学习,从而增加了感性认识,并大大提升了学生的学习兴趣,让足球教学充满科技感,如图 9-6-8 所示。

图 9-6-7　扫描图片　　　　　　　　　图 9-6-8　互动体验

通过上述案例，可以看到，AR技术无缝地融合了虚拟数字世界和现实世界，可以将学习体验从2D时代提升到3D时代，适应多种学习场景。AR这种先进技术的出现，为学生创造了更丰富的虚拟学习环境，直击想象力薄弱学生的痛点，可视化地呈现教学资源，并让学生在"更真实"的环境中主动获取知识和技能。因此，AR技术将在教育领域中有着更广阔的应用前景，其发展方兴未艾。

9.7　交互技术在教学中的应用

9.7.1　交互技术概述

人机交互指机器通过各种输出设备（如显示设备）给人提供大量的信息及提示等，也包括人通过输入设备给机器输入相关数据、信息、提示及回答问题等，如图9-7-1所示。交互技术是人机交互技术（Human-Computer Interaction Techniques）的简称，即有效保障人机交互的各种技术，它实现了让机器理解人的指令，让人明白机器输出结果的目标。交互技术的发展经历了如下五个阶段。

图 9-7-1　基于触控屏的人机交互

1．计算机发展的早期（1946—1955年）：人工输入输出为主的交互方式

在计算机诞生与发展的早期，人与计算机之间的交互很不方便，需要使用穿孔卡片或纸带输入设备完成程序与数据的输入，使用控制面板上的指示灯显示寄存器内容。并且，当时只能用二进制的机器语言编程，调试起来也相当烦琐。

2. 第一代人机交互技术(1955—1969年)是以键盘数码管为主的交互方式

人与机器最初的交互缘于打字机,由此诞生了键盘。键盘的出现,将人类带入了字符用户界面时代,其可称为第一代人机交互技术。1878年,美国发明家克里斯托夫·拉森·肖尔斯获得了第一个QWERT键盘专利,被应用于打字机上,到了20世纪中期,其作为计算机的基本输入设备一直被沿用至今。该阶段的主要输入方式是命令语言与功能键,它们的表达功能强,至今仍是专业工作者不可舍弃的交互方式,但是该方式记忆负荷重且敲键盘难免会出错,一般人普遍感到不方便。该阶段的输出方式以数码管为主,以显示计算机的输出结果。

3. 第二代人机交互技术(20世纪70年代后期):鼠标+键盘、屏幕+打印机为主的交互方式

1968年,随着图形用户界面的出现,鼠标也被人发明出来了。直接操纵技术受到了用户的普遍欢迎,因为要控制的对象在屏幕上有一个代表(仿真表示),可以用鼠标或键盘对其进行操作,即以动作代替了复杂的语法,且可立即看到作用的效果(反馈信息),因而也称为"用户界面"。用户界面是人机交互技术中的重大进步,使得外行人也更容易与计算机进行对话。80年代初,出现了第一代光电鼠标,这类光电鼠标具有比机械鼠标更高的精确度。但是它必须工作在特殊的印有细微栅格的光电鼠标垫上,且该鼠标成本过高,因而限制了其应用范围。

1970年,GaP、GaAsP同质结红、黄、绿色低发光效率的LED已开始应用于指示灯、数字和屏幕文字显示,从此LED显示屏开始进入多种应用领域,包括宇航、飞机、汽车、工业应用、通信、消费类产品等,遍及国民经济各部门和千家万户。

4. 第三代人机交互技术(20世纪80年代):触控技术的发展

1983年,第一个触摸屏"惠普PC-150"的诞生,改变了"鼠标+键盘"输入一统天下的局面。20世纪80、90年代,大量的科技公司如IBM、Microsoft、Apple、HP和Atari等不断加大了触摸屏的研发力度,1992年,IBM公司的Simon是首部配置触摸屏的手机,1998年,Finger Works(一家手势识别公司,后被Apple收购)生产出了多点触控的产品。至此,触摸屏技术成为推动交互技术发展的重要诱因,智能终端和多点触控技术的发展,带领人机交互进入指尖时代,完全替代了过去的键盘和鼠标的交互方式。

5. 第四代人机交互技术(20世纪80年代中期):多媒体输入输出的技术

在智能用户界面和自然交互技术取得突破之前,多媒体输入输出的技术被认为是一种过渡技术。多媒体技术的迅速发展为人机交互界面的进步提供了契机,话筒、摄像机、喇叭等多媒体输入输出设备也逐渐为人机交互所利用。随着认知心理学、人工智能、图形图像处理等新兴学科的兴起与发展,基于多媒体的多通道人机交互也逐渐成为研究的热点。多媒体技术的引入,极大地丰富了计算机的表现形式,计算机的输出形式不再局限于单一的文本,而是文本、图形、图像、声音、动画或影视等多种媒体的集成。这样,用户可以交替或同时利用多个感觉通道,提高了用户感知信息的效率,这以1984年美国Apple公司推出

Macintosh 系列机为代表。

6. 第五代人机交互技术(21世纪至今)：VR技术和AR技术的发展

虚拟现实技术是一种可以创建和体验虚拟世界的计算机技术，它利用计算机技术生成一个逼真的、具有视、听、触等多种感知的虚拟环境，用户通过使用各种交互设备，同虚拟环境中的物体相互作用，从而产生具有身临其境感觉的交互式视景仿真和信息交流，是一种先进的数字化人机接口技术，以 2012 年 4 月 Google 公司发布的谷歌眼镜为代表。

现阶段，人机交互的输入方式包含多种技术，如图 9-7-2 所示。

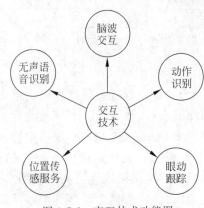

图 9-7-2　交互技术功能图

(1) 无声语音(默读)识别。通过默读识别，使用者不需要发出声音，系统就可以将喉部声带动作发出的电信号转换成语音，从而破译人想说的话，但该技术尚处于初级研发阶段。

(2) 动作识别。系统通过采集并运用图像分析等技术，识别出人的肢体动作，如通过识别手势而做出相应的响应，从而实现手势控制等功能。

(3) 眼动跟踪。眼动跟踪的基本工作原理是利用图像处理技术，使用能锁定眼睛的特殊摄像机连续地记录视线变化，追踪视觉注视频率以及注视持续时间长短，并根据这些信息来分析被跟踪者的状态或发出的指令。

(4) 位置传感服务。基于位置传感器能够实时地获取人的位置信息，并通过相关设备发送给用户，同时完成交互功能。

(5) 脑波交互。脑电波本质上就是一种电信号。人类的各种活动都会产生能量不等的电信号，如心脏的跳动、人体的运动等。脑波交互最根本的思路就是采集人类思考时产生的电信号，利用大数据技术找出其规律性，进而翻译成机器可识别的信号。这样，通过"脑机接口"在人脑(或者脑细胞的培养物)与外部设备之间建立一条连接通路，即使不通过直接的语言和行动，大脑的所思所想也可以借由这条通路向机器传达，从而让机器设备从"被动"响应用户的指令升级为"主动"响应用户的需求。

综上，人机交互技术与认知学、人机工程学、心理学等有密切的联系。可以预见，通过人机交互技术，未来计算机甚至可以直接与人脑的意识进行沟通，即脑电波交互或心灵感应。

9.7.2　交互技术典型应用案例

随着信息技术与教育教学的不断融合，新兴教学媒体交互技术受到越来越多的重视和推广。在课堂教学中应用先进的交互技术，不仅能够实现多样化的交互功能以辅助知识的意义建构，还能为课堂师生互动提供一个方便、有趣、富有人性化的教学环境。

1. 交互技术是互动式教学的最好技术支撑

在传统的教学模式中，教师使用电子白板或黑板等方式授课。然而，良好的学习氛围、有效开展的教学策略都离不开互动交流。交互技术的出现，为师生良好的课堂互动提供了技术支持，师生间的信息传递变成了多通道交流，有效地提升了学生对课堂讲授内容的关注度。以交互式墙面互动投影为例，它突破了传统触摸屏的尺寸限制，可以采用多个投影系统组合的方式，将触摸屏扩展到任意尺寸。同时，该系列还可以支持多人同时交互而彼此之间互不影响，如图 9-7-3 所示。

课堂上，教师只需要打开交互式投影设备，就能实现"计算机＋投影"的演示功能。这样就可以给学生展示各种图片、视频、音频媒体文件，还可以直接用鼠标笔将要插入的媒体拖曳到投影软件窗口，如图 9-7-4 所示。教师打开需要演示的文件后，通过手势识别等交互操作，可以实现将展示的内容进行放大缩小、组合、改变位置、变换角度等效果。例如，在做分组练习、学习几何图形相似性等内容时学生可以亲历操作过程。

图 9-7-3　交互式墙面互动投影

图 9-7-4　交互式投影演示

交互式投影具有回放功能，可以将教师的整个教学过程及学生的答题操作等细节保存下来。这样教师可以回顾整个教学过程，反思教学问题，改进教学方法，还能批改、点评学生所做的题目等，如图 9-7-5 所示；学生可以回顾学习内容、重温思维过程、把握学习重点、查缺补漏、总结归纳等，并通过反复回放加深学习印象。

除了交互式墙面互动投影，还有一种交互式桌面互动投影，如图 9-7-6 所示。它可以让学生的桌面变成一个多媒体娱乐中心和信息资讯平台。该平台图文并茂、形式新颖。学生只需轻轻单击，就能获取丰富的信息资源。与传统触摸屏不同的是，交互式桌面互动投影具有小体积、大面积的独特优势，同时可以支持多个学生参与互动，互相不影响，大大提高了学生的查阅速度和对媒体资源的利用效率。

图 9-7-5　教师批改题目

图 9-7-6　交互式桌面互动投影

当然，还有地面互动投影，如图9-7-7所示，可以展示更逼真的交互环境。如在仿真森林中，通过观察动物的行为、给它喂食等了解相关的生物学知识。

通过上面的教学应用可以看出，交互式投影技术在课堂上的应用，可使抽象的学习内容具体化，在培养发散思维的同时也可以提升学生的学习兴趣和对学习内容的关注度，使师生间、生生间的交流互动气氛和谐、交互活动丰富多彩。

2. 基于交互技术可激发学生学习兴趣，促进学生自主学习能力的培养

传统的集体参观教学中，学生需要在教师的组织下，边看边听教师讲解。由于教师组织的学习时间短，有时参观又比较枯燥，导致参观学习效果差。通过引入交互式电子书，可以让学生在参观的同时，自行"翻阅"电子书，如图9-7-8所示。

图9-7-7　地面互动投影

图9-7-8　交互式电子书翻页

交互式电子书，外形犹如一本打开的书，其实是交互式投影的成像。学生只需站在展台前方，用手在空中挥动做出翻书的动作，电子书就会随着手臂的左右挥动进行前后的翻页。同时，当手放在书签上方时，书本会按照对应的书签触发相应的动作，如翻至某页，这样就可以通过触摸投影画面上设置的书签进行专题浏览。因此，交互式电子书可方便学生获取个性化的学习资源，从而提高学生的学习乐趣，满足学生的个体学习需求。

3. 基于LBS的交互技术，可以实现户外探究式教学模式

传统的教学多局限于课堂，学生很少有机会去参加户外实践。所谓"纸上得来终觉浅"，有时户外学习有助于加深学生的学习印象，强化相关知识点的理解。随着LBS技术的兴起，基于LBS的交互式教学，可以让学生走出课堂，在实践中学习。未来，基于LBS的教学资源主动推送将是教育资源研发的一大亮点，因为只有这样才能满足用户移动学习和不确定性学习的需求。

下面以"平均速率的计算"为实例，介绍基于LBS的交互技术在教学中的应用。

首先，教师说明本次活动总路线，从学校的田径场出发，沿着田径场→篮球场→博雅广场的路线开展测量任务，如图9-7-9所示。

然后，学生自由组队，每小组配备一个智能手机，根据地图指示到达目的地。

接着完成任务一——计算田径场一周的距离和跑步的平均速度，如图9-7-10所示。地点在田径场，每小组中的一位同学进行一次400m测试，用智能手机上的计时软件计时，然后算出平均速度，并与咕咚等软件给出的跑步距离、平均速度等数据进行对比。

再接着完成任务二——计算跑完整个活动路线的平均速度。活动路线图如上图9-7-9所示，每小组中的一位同学进行一次测试，用智能手机上的计时软件计时，利用咕咚等软件

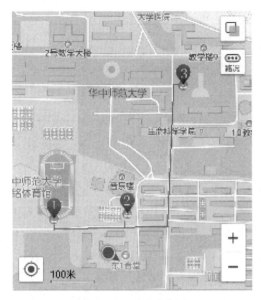
图 9-7-9 活动路线图

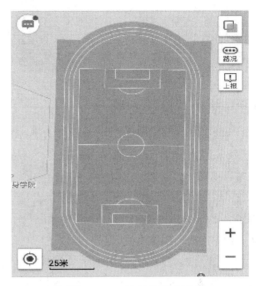
图 9-7-10 田径场示意图

给出的跑步距离,算出平均速度。

在所有任务完成以后,将所有的学生聚集在一起,让学生分享自己解决问题的过程和心得。学生可以通过照片、图画、任务卡等方式与其他同学分享学习成果及心得。

同理,结合交互技术、移动地图及基于位置的定位服务,设计并实现一套户外地理教学系统,与户外传统教学相比,该方法不仅能提升学生的学习效率,而且还能协助教师从技术和教学方面创建更有教育意义的户外探究活动。

从以上应用可见,基于LBS交互技术的户外探究教学可让学生利用各种感官直接感知事物而获得相应的知识和能力。通过户外探究学习,教师给予学生实证、操作的机会,充分调动了学生的学习兴趣和探究欲望。户外探究学习更加强调参与性,可改变被动接受式的学习模式,能够使学生的主观能动性最大限度地发挥出来。

建构主义认为,兴趣是建构新知识的原动力。以计算机为媒介的交互教学模式的应用,为传统教学改革带来实质性、革命性的变化。它改变了教师传统课堂讲授的教学方式,让学生主动参与到学习活动中,从而成为学习的主体,教师的角色则从传统教学中知识的提供者转变为学生学习的激发者和引导者。交互式教学模式可以充分发挥学生的积极性、主动性和创造性,促进学生自主学习能力的培养,可满足不同层次学生对知识的需求。

9.8 "未来教学"展望

信息技术的本质其实是对人体信息器官功能的扩展,如表9-8-1所示。例如,感测与识别技术就如同感觉器官,能够让人们更敏捷地获取信息,图像技术、音频技术、传感器技术等都极大地拓展了人类的感觉器官;通信技术就如同传导神经,能够让人们准确地、快速地、远程地传递信息;计算机和智能技术如同思维器官,让人们加工和再生信息;控制技术如同效应器官,车辆技术、运载技术等让人类的体能得到了更广阔的延伸。

表 9-8-1　信息技术与人体信息器官类比表

人体器官	信息功能	信息技术
感觉器官	信息获取	感测和识别技术
传导神经	信息传递	通信技术
思维器官	加工和再生信息	计算机和智能技术
效应器官	使用信息	控制技术

信息技术的飞速发展，也让我们不断探索新的教学方式。为此，本书从网络课程教学模式、翻转课堂教学模式、面向协同探究学习的教学模式、移动学习教学模式、基于微信的学习支持服务系统、信息化环境下的教学评价以及其他一些社会性软件在教学中的应用等方面，详细介绍了各种信息化环境下的教学设计、资源制作与平台部署等问题。为了帮助教师们理解和掌握这些基本内容，本书还提供了教学设计实例，供教师们在教学过程中参考借鉴。而智慧教室、虚拟实验室、电子书包、3D打印技术、VR技术、AR技术、交互技术等各种新技术的不断涌现，使得信息化教学的模式越来越多样、信息化教学的手段越来越新颖、信息化教学的体验也越来越丰富。未来，教师们可以充分利用这些信息化教学方式，让学生使用更丰富的学习资源，从而使得学生们获得更好的学习体验和更高的学习效率，并使得未来教学向着更加智能化、个性化、社交化等方向发展。

1. 未来教学将使用富媒体化的教学资源

未来教学是基于网络环境下的教学，其富媒体技术使得资源呈现形式丰富、交互能力强、便于访问控制等特点。富媒体技术在游戏、广告、展示等领域获得的应用效果值得教育领域学习、借鉴和利用，从而推进教学信息资源建设的创新与发展。例如，通过开设智慧教室或探究实验室等形式，可以让学习资源从单一的书本，变为音频教学资源、动画教学资源、流媒体教学资源、AR/VR沉浸式教学资源等多种教学资源的组合，通过多元化的学习资源让学生能够更好地理解所学内容，并实现学习成果的网络化共享。

未来教学中，基于富媒体的交互技术，更可以让个人学习环境虚拟化、学习生态化。众所周知，课堂中的教学交互行为直接影响着课堂的教学质量。传统教师在讲台上讲授知识，学生在讲台下听讲的教学模式，不足以让学生深刻理解所学知识。有了交互技术，学生及教师可以很好地和教学资源进行互动，深化学生的理解。有了虚拟现实技术，学生可以在虚拟教室、虚拟实验室中完成真实课堂难以完成的实验，学生的学习环境更加多样化。因此，信息技术的介入，使得课堂教学不再是传统的、单一的师生交互行为，而是促进了教师、学生与教学媒体三者之间的相互作用，从而使师生间、生生间、学习环境间、人与学习资源间等，构成了一个生态化的教学环境，共同构成信息技术教学环境下的课堂教学交互行为。

2. 未来教学中非正式学习方式成为学校教学的有益补充

随着服务于学习个性化、终身化的技术的不断研发与应用，如基于情景的主动知识推送服务、基于知识导图的碎片化学习课程、基于增强现实的知识提示服务等。这些使得非正式学习成为学校教学的有益补充，并因其不受教学时间、学习场所的限制而成为受欢迎的学习方式。正式学习与非正式学习的对比如表9-8-2所示。

表 9-8-2　正式学习与非正式学习对比

项　　目	正式学习	非正式学习
学习场所	有固定的场所：教室、课堂等	随时随地学习，不受限制
学习时间	有明确固定的学习时间	不限制，随学生需求
学习动机	来自于教师或培训人员等	自发、自组织，满足自我需求
学习目的	有明确固定的课堂学习目标	依学生需求动态随机变化
学习周期	有严格的课时、学期学年制度	按照学生自身学习状态变化
学习方式	教师主导的班级授课或小组培训	自主安排学习进度、内容及方式
学习内容	学校或统一组织和安排	学生自行组织和分配学习资源

由表 9-8-2 可见，非正式学习利用碎片化的时间随时学习，大大提高了学生的学习效率。非正式学习是满足学生个性化学习需求的一种学习方式，也是学生成年离开学校教育后的一种终身学习的需要。

3. 未来教学趋向于使用大数据的深度学习服务

传统的教育兴盛于工业化时代，学校的模式映射了工业化集中物流的经济批量模式：铃声、班级、标准化的课堂、统一的教材、按照时间编排的流水线场景，这种教育为工业时代"标准化"地制造了可用的人才。而基于大数据的教育，将呈现另外的特征：弹性学制、个性化辅导、社区和家庭学习、每个人的成功。世界也许会因此安静许多，而数据将火热地穿梭在其中，人与人（师生、生生）的关系，将通过人与技术的关系来实现。

教育环境的设计、教育实验场景的布置、教育时空的变化、学习场景的变革、教育管理数据的采集和决策，这些过去靠拍脑袋或者理念灵感加经验的东西，在云、物联网、大数据的背景下，变成一种数据支撑的行为科学。教育大数据与传统的教学数据相比，有非结构化、分布式、数据量巨大、数据分析由专家层变化为用户层、大量采用可视化展现方法等特点，这些特点正好适应了教学的个性化和人性化的需求。

运用大数据技术，可以建立实时统计系统。该系统可以对教学资源等方面的使用情况进行全面的监测，包括统计与分析用户的各种行为数据，如信息资源的总体播放次数、完全播放次数、单击数、单击率、下载次数、下载率等。这不仅可以对教学资源的使用情况进行监测，还可以通过挖掘、分析学生的网络学习模式、学习行为、学生关联等内容，追踪学生的学习兴趣、知识层次、学习偏好等信息。例如，经数据分析发现，某一时期学生所关注的教学资源是哪种主题、哪种形式、哪种类型的。进而基于大数据分析主动挖掘出学生的困难点、知识遗漏点等。这些既为教师制定教学策略提供支持，也为优化资源配置提供依据。

大数据技术的引入使得教与学的活动监测、数据的获取与分析变得更加便捷、高效，使得学生的学习印记得以显化、教学决策的制定更为精准化，能更好地辅助教学过程的开展。

4. 未来教学会是一种以评促学的教学模式

在信息社会里，知识的数量已经大大地超越了人类记忆的极限，知识更新又是如此之快，人们不得不终身学习。已经掌握的知识会很快地过时，自己需要的知识，不仅可以通过聆听教师讲课获取，更可以跨越时间和空间的限制，自己在浩瀚的知识海洋中查获。因此，学习并应用新知识的能力才是立足于高科技信息时代的根本。

据此,评价就转向以学生为中心的教学评价,即将评价对象从教师转变为学生,评价的标准从知识评价转向了学习能力评价,特别是学生自主学习能力的评价。当然以学生为中心的教学评价体系,仍需对教师进行评价,但是因为教师已经从中心主导地位转变到了意义建构的帮助者、促进者、学生的伙伴,所以评价的标准也相应地转变成了教师是否为学生创设了一个有利于意义建构的情境、是否能激发学生的动机与主动精神和保持学习兴趣、是否能引导学生加深对基本理论和概念的理解等。

显然,无论评价标准怎么变,都要充分发挥评价的导向性功能,即通过评价来促进学习质量的提高。这里的评价,可以是教师对学生的评价、学生对学生的评价、学生对自己的评价和学生对教师的评价等,是以学生为主、教师为辅的对整个学习过程的评价。评价的内容应包括学习态度、学习方法、学习效果、学习体会,甚至是教材和教师的教学等多个方面。其中,教师是参与评价,却始终处于导评的地位。整个评价过程穿插于教学活动的过程中,其目的是以评促学,培养了他们敢学、爱学、乐学、会学的精神。

首先,在整个评价过程中,学生不仅可以评价自己和同学的学习,还可以评价教师的教学甚至可以评价教材,发表对教材的不同看法,从而让学生打破评价的束缚,敢于挑战权威,增强了敢学的心态;其次,同一内容,不同的学生掌握的情况有所差异,应给予学生多次评价的机会,让他们在多次鼓励性的评价中不断成长,并让参评的学生能体验到成功的喜悦,树立起爱学的信念;再次,通过同桌评价、小组评价、全班评价,可以让学生结成对子互评,以拓展评价学习的时空,促进学生主动参与,培养起乐学的兴趣;还有,教师的导评有利于帮助学生矫正学习方法,启迪学习思维,化解学习矛盾,更进一步促进学生的主动发展,从而掌握会学的本领。

总而言之,未来教学中将开设个性化的评价服务,不为评价而评价,而是为了让学习绩效个性化,即学习质量更加高效,是一种以评促学的教学模式。

5. 未来教学将使用游戏化的教学资源

游戏和教学的结合,是指在同一个学习目标引导下,学生的自主游戏活动和教师指导下的教学活动,这二者之间的结合。游戏化教学是将教育性与娱乐性融为一体的教学模式,在渗透教学内容的同时有助于激发学生的学习兴趣,提高学生综合能力的一种教学模式。

游戏可以是教学的先导活动,学生在游戏中获得相关经验以后,教学将成为在这些具体经验基础上的理性升华,抽象出一般的道理。经验越丰富,教学情景中的学习就越具有令人豁然开朗的效果。以"力的三要素"为例,通过对增强现实游戏的体验,学生可以融入教学情景、初步体验新环境中所蕴含的知识,然后教师对其中的相关现象进行细致的知识点讲解,从而帮助学生掌握相关知识点,理解"力的三要素"的游戏体验。

游戏也可以是教学的后继活动,教学过程中获得的新知和技能在游戏过程中进行多种尝试和灵活运用,以获得充分的发展。例如,通过教师讲授受力分析之后,学生再运用3D打印技术,DIY自己的桥梁模型,在制作的过程中,既体验了游戏的乐趣,又巩固了所学知识。

更为重要的是,学生在游戏中,一般都是全身心地投入,调动起触觉、听觉、视觉、嗅觉、味觉等各种感观,全身心地与同伴们嬉戏、玩耍。这个过程中,他们实际上是在用各种感官接触世界、认识世界。对于厌学的学生,通过游戏等辅助手段,让学生对学习产生兴趣。但游戏总归有沉迷性,要用之有度,并且要和教学内容紧密相连。

游戏化教学,对于解决教师厌教、学生厌学这一问题有着独特的意义。在教学中,游戏的趣味性不仅可以调节课堂气氛、调动学习积极性、挖掘学生潜能、让学生对知识的理解更加深刻,还可以让师生间、生生间的感情更加紧密。

综上,信息技术在飞速地发展,教学方式也在不断地变化。不管是从传统教育的故步自封到未来教育的开放化、共享化,还是由过去教育的应试化、灌输化、管制化、约束化到未来教育的协作化、个性化、学生主体化、智能化,这些教学上的变革都值得我们思考。

大家对教学方式的探索从未止步,想要信息技术更好地为教学服务,则需要教师去掌握现代化的教学技巧,让学生从传统的教学模式中解放出来,让新技术走入课堂,让未来信息化教育惠及更多的学生。

本章小结

当纸质书慢慢转变为电子书、黑板渐渐被电子屏替代、讲堂里的讲座变成了慕课、人们拿着手机开始碎片化学习,越来越多的优质教学资源与师资可以共享,大数据使得个性化的学习与评价成为可能。为此,本章介绍了智慧教室、虚拟实验室、电子书包、3D 打印技术、VR 技术、AR 技术、交互技术等新技术在信息化教学中的应用,这些为教师提供了更多的教学手段。

要真正掌握新技术在未来教学模式中的应用,首先必须对新技术的定义、发展历程以及特点有基本的把握,对其原理有一定认识,了解其在教育中的应用,从而形成认知体系。掌握这些新技术在教学中的发展新动态,是为了更好地教学应用,因此还需要读者勤思考、勤摸索、勤总结,通过实际的教学应用摸索出适合自己的使用技巧。

思考与探索

1. 谈谈未来哪些新信息技术将被应用于教学中?对未来的学习,你的设想是怎样的?
2. 基于虚拟教室的教学模式有哪些?
3. 举例说明 VR、AR、LBS 等技术是如何应用于教学中的?

参考文献

[1] 刘雨果,戴娟秀,翟璐,等.虚拟实验室在食品理化检验实验教学中应用的可行性探讨[J].教育教学论坛,2017(13):275-276.
[2] 祝晓.基于大学生实践创新项目的园林虚拟实验室建设研究[J].中国教育信息化,2017(2):22-23.
[3] 闫寒冰,李曼曼,黄小瑞.中小学教师应用电子书包教学的准备情况调查[J].电化教育研究,2016(11):100-107.
[4] 王德宇,宋述强,陈震.增强现实技术在高校创客教育中的应用[J].中国电化教育,2016(10):112-115.
[5] 蔡苏,王沛文,杨阳,等.增强现实(AR)技术的教育应用综述[J].远程教育杂志,2016(5):27-40.

[6] 杨熊炎.创客教育下的"3D设计与打印"课程应用实践[J].美与时代(上),2016(9):106-108.

[7] 江丰光,孙可.电子书包教学应用家长态度的调查研究——以北京、海南和河北为例[J].中国电化教育,2016(7):73-79.

[8] 陈莹.小学3D打印课程的学习适应性研究[D].上海:上海师范大学,2016.

[9] 周晨蕊,孙众.电子书包满意度影响因素研究[J].中国远程教育,2016(2):17-25.

[10] 孙江山,吴永和,任友群.3D打印教育创新:创客空间、创新实验室和STEAM[J].现代远程教育研究,2015(4):96-103.

[11] 沈书生,刘强,谢同祥.一种基于电子书包的翻转课堂教学模式[J].中国电化教育,2013(12):107-111.

[12] 张屹,祝园,白清玉,等.智慧教室环境下小学数学课堂教学互动行为特征研究[J].中国电化教育,2016(6):43-48.

图书资源支持

感谢您一直以来对清华版图书的支持和爱护。为了配合本书的使用,本书提供配套的资源,有需求的读者请扫描下方的"书圈"微信公众号二维码,在图书专区下载,也可以拨打电话或发送电子邮件咨询。

如果您在使用本书的过程中遇到了什么问题,或者有相关图书出版计划,也请您发邮件告诉我们,以便我们更好地为您服务。

我们的联系方式:

地 址:北京市海淀区双清路学研大厦 A 座 714

邮 编:100084

电 话:010-83470236 010-83470237

客服邮箱:2301891038@qq.com

QQ:2301891038(请写明您的单位和姓名)

资源下载: 关注公众号"书圈"下载配套资源。

资源下载、样书申请

书 圈

获取最新书目

观看课程直播